하나님 중심적
신학으로 읽는

사도행전

| 정창교 지음 |

THEOCENTRIC READING
OF ACTS OF THE APOSTLES

쿰란출판사

| 머리말 |

필자의 사도행전에 대한 구체적인 연구는 2000년 독일 하이델베르크 대학의 클라우스 베르거(Kalus Berger) 교수님의 자그마한 연구실에서부터 시작되었습니다. 논문지도교수(Doktorvater)이셨던 그분은 사도행전에서 연구할 만한 가치가 있는 주제 5가지를 추천해 주셨는데, 그 중 한 가지 '사도행전에서의 부활'은 후에 박사학위 논문의 제목이 되었습니다. 그리고 논문을 작성한 후 2005년 학과에 제출하기 전 콜로키움에서 간략하게 필자의 논문에 대해 발표할 기회가 있었는데, 그 때 람페(Peter Lampe) 교수님은 추후 누가 문서에서의 '낙원'사상에 대해 그리고 타이센(Gerd Theissen) 교수님은 논문 가운데 '하나님 중심적 신학'(Theocentric Theology)을 더욱 발전시켜 나가면 좋겠다는 조언을 해 주셨습니다.

이 책은 하나님 중심적 신학(Theocentric Theology)으로 사도행전을 해석하려고 합니다. 이러한 해석은 두 가지 측면에서 의의가 있습니다. 가장 먼저 성령 중심의 선교역사가 아니라 하나님 중심적 선교역사로 해석하고자 합니다. 지금까지 사도행전을 해석하는 데 있어서 주로 복음이 전세계로 퍼져나가는 성령의 선교사역에 초점 맞추어 해석하였습니다. 하지만, 필자는 조금 더 광범위하게 역사가인 누가가 초대교회의 역사를 기술하면서 역사의 주관자 되신 하나님을 드러내는 데 진력(盡力)하고 있음을 부활 선포(1부)와 선교 이야기(2부)를 통해 발견하고자 노력하였습니다. 사도행전은 다름 아닌 하나님이 이끄시는 초대교회 역사 이야기라는 것입니다. 진부한 이야기처럼 들릴지라도 사도행전의 본문 가운데 구체적으로 그러한 신학적 증거를 탐색해내는 시도라는 측면에서 의의가 있습니다. 이러한 관점에서 바라보면 초대교회 역사의 궁극적인 중심이 하나님께 있음을 발견하고 또한 선교 이야기도 하나님 선교(Missio Dei)로 해석할 수 있는 길도 열려집니다.

또 한 가지 시도하고자 하는 바는 누가 문서의 수신자가 이방인 그리스도인만이 아니라 유대인 그리스도인들도 포함되며, 그들을 누가는 상당히 비중 있게 다룬다는 사실을 드러내고자 합니다. 이방인 선교의 정당성을 확보하는 누가의 구원의 보편주의 사상과 인도주의 사상은 이방인 그리스도인 수신자들에게 의미가 있지만, 누가 문서 내에서의 율법에 대한 긍정적 인식과 유대인 우선적 선교방침은 유대 그리스도인들 수신자를 향한 메시지가 매우 강조되어 있음을 이 책은 입증해 주고 있습니다. 아울러 디벨리우스-헨헨-콘첼만의 편집사적 시각에서 드러나는 사도행전 저자의 불특정성과 역사성 배제가 아닌 전통적인 입장을 존중하며 실제 저자로서의 누가를 전제하고 기술해나가고자 시도하였습니다.

이 책은 박사학위를 받고나서 지금까지 집필한 사도행전에 관한 글들 가운데, 하나님 중심적 신학으로 해석한 글들을 모은 것입니다. 1부에는 사도행전에 나타난 부활과 관련된 본문들을 집중적으로 다루었고, 2부에서는 주로 이방인 선교와 관련된 본문들을 중심으로 살펴보았습니다. 지금까지 제가 써 온 논문들 가운데 아래의 글들을 수정 및 보완하였음을 밝힙니다.

1장: "사도행전의 부활신학." 『그말씀』 (2010년 3월호), 67-81.

2장: "사도행전에서의 죽은 자의 부활의 의미." 『신약논단』 제 14권 2호(2007년 여름호), 387-420.

3장: "사도행전에서의 부활 관련 구약 인용 -사도행전 2장과 13장을 중심으로-." 『신약논단』 제 19권 4호 (2012년 겨울호), 1141-1172.

4장: "바울의 비시디아 안디옥 설교 연구." 『신학과 문화』 제 16집(2007), 165-191.

5장: "에디오피아 내시의 전도 이야기(행 8:26-40)에 나타난 그의 정체성과 하나님의 주도적 장벽 허물기." 『신약논단』 제 20권 3호(2013년 가을호), 721-750.

6장: "헤롯 아그립바 1세의 죽음의 문학적 기능과 신학적 의미"(행 12:20-23). 『신학과 문화』 제 20집(2011), 65-88.

7장: "서기오 바울과 사도 바울"(행 13:4-12). 『신약논단』 제 21권 4호(2014년 겨울호), 1029-1058.

8장: "유럽으로 향하는 발걸음"(행 16:6-10). 『신학과 문화』 제 17집(2008), 119-143.

9장: "과거가 깨끗한 사람." 『성서마당』 (2006년 7월호), 53-61.

10장: "사도행전에서의 예수 말씀"(행 20:35). 『예수말씀연구』 제 2권(2013), 94-116.

부록: "사도행전에서의 율법의 의미." 『신학과 문화』, 제 18집(2009), 99-123.

신학의 여정 가운데 제게 도움을 주신 분들이 참 많습니다. 가장 먼저 저를 지금까지 신약학으로 오리엔테이션 하셨을 뿐만 아니라 힘들고 어려울 때마다 적절한 조언으로 신학의 길과 신학자로서의 삶(vita theologiae)으로 이끌어주신 김지철 목사님께 감사드립니다. 김기홍 목사님께는 탁월한 복음적 설교를 가르쳐 주셨을 뿐만 아니라 늘 저를 위해 새벽마다 기도해주심에 감사드립니다. 교회를 위한 신학(theologia ecclesiae) 형성에 큰 도움을 주신 상당교회 원로목사 정삼수 목사님께도 감사드립니다. 많이 부족함에도 불구하고 기쁜 마음으로 졸저의 출간을 허락해 주신 쿰란출판사 이형규 사장님과 성의껏 그리고 꼼꼼하게 본문을 편집해주신 직원 여러분께도 감사드립니다. 늘 든든하게 기도로 후원하는 사랑하는 아내 한나와 두 아들 엘과 사무엘에게도 감사를 전합니다.

Soli Deo Gloria!

2016년 2월 오정골에서

정창교

| 차 례 |

2장 사도행전에서의 죽은 자의 부활

3장 사도행전에서의 부활 관련 구약 인용

4장 바울의 비시디아 안디옥 설교 연구(행 13:16-41)

Chapter 2 선교 이야기에 나타난 하나님 중심적 신학

8장 유럽으로 향하는 발걸음(사도행전 16장 6-10절의 주석적 연구)

9장 바울의 밀레도 설교(행 20:17-38)

Chapter 1

부활 이야기에 나타난 하나님 중심적 신학

1장

사도행전에서의 부활 신학

예수의 부활은 초기 기독교 선포의 가장 핵심적인 주제일 뿐만 아니라 사도행전에서도 역시 중요한 주제이다. 왜냐하면 누가는 사도행전에서 부활과 관련하여 24회나[1] 언급하고 있기 때문이다. 사도행전에서의 부활은 내용적으로 크게 '예수의 부활'과 '죽은 자의 부활'로 양분할 수 있다. 이 단어가 나타나는 경향을 살펴보면 사도행전의 전반부에서 12사도의 선포 가운데 '예수 부활의 확실성'에 초점이 맞추어져 언급되며, 후반부에서는 바울의 재판 과정 가운데 '죽은 자의 부활'이 집중적으로 언급되고 있음을 알 수 있다.

전반부에서 강조되고 있는 예수 부활의 확실성은 주로 유대인들을 청중으로 하는 설교에서 강조되어 나타나며(행 2:14-36, 3:12-26, 4:9-12, 5:29-32, 13:16-41), 후반부에서는 주로 바울의 재판 과정에서 바울이 재

1) 사도행전에서 부활에 해당하는 단어는 24회 언급된다: a. 명사 - ἀνάστασις: 12회(1:22, 2:31, 4:2, 33, 17:18, 32, 23:6, 8, 24:15, 25:19, 26:23), b. 동사 - ϵςγϵιῤω: 7회(3:15, 4:10, 5:30, 10:40, 13:30, 37, 26:8), c. 동사 - ἀνίστημι: 5회(2:24, 32, 4:10, 5:30, 10:40, 13:30, 37, 26:8). 그 외 사도행전 13장 33절의 ἀνίστημι는 '예수의 보내심'을 의미하는지 논쟁 중이며, 또한 25장 19절의 "살아 있다"라는 간접적인 표현도 있다.

판받게 된 이유에 대한 논쟁과 바울 자신의 변호 연설 가운데 나타나고 있다. 즉 바울 재판에서 그를 율법을 범했다고 고소하는 유대인들과 또 그러한 시각으로 재판하는 로마 관료들의 이해와는 달리 항상 바울 자신은 '죽은 자의 부활' 때문에 재판을 당한다고 언급(행 23:6b, 24:21, 26:6-8)하고 있다. 이러한 '부활 때문'이라는 언급은 그의 변호에 있어서 그 정점을 이루고 있다.

본 장에서는 예수 부활의 증인들은 누구이며, 어떠한 자격 조건을 갖추어야 하는지, 그리고 예수의 부활과 죽은 자의 부활이 언급된 본문들을 차례대로 설명해 나갈 것이다. 아울러 누가가 오늘을 살아가는 우리에게 어떻게 부활에 대한 믿음을 가르치고 있는지 살펴볼 것이다.

1. **예수 부활의 증인들**(행 1:21-22, 10:41, 13:31)

예수 부활의 확실성은 사도행전에서 두 가지 방법으로 증명되고 있다. 첫째는 부활의 증인들을 통해서('증인 모티브'), 둘째는 구약의 예언을 통해서('성서로부터의 증명')이다. 여기에서는 먼저 '증인 모티브'를 살펴보자. 사도행전에서의 부활 증인들은 고린도전서 15장에 나타난 목록(고전 15:5-8)과 달리 단지 12명의 예수의 제자와 그 기능을 이어받은 사도 바울뿐이다. 특히 12명의 '사도'로(눅 6:13) 불린 부활의 증인들은 '열둘'이라는 상징적인 숫자를 회복해야만 한다. 왜냐하면 12지파를 상징하는 '열둘'이라는 숫자를 통해 이스라엘 백성들과의 교감을 갖기 위해서이다. 이러한 점에서 신약의 다른 어떤 곳에서도 평행을 찾을 수 없는 '맛디아 선출 이야기'를 굳이 보도하고 있는 누가의 의도를 파악할 수 있다. 실제로 맛디아의 두드러진 활약상에 대해서는 사도행전 내에서 알려지지 않고 있다.

맛디아 선출 이야기를 통해 분명하게 드러난 12명의 사도들의 주된 과제는 '예수 부활(의 확실성)을 증거(함)'(행 1:22)이다. 누가는 예수 부활의 증인들로 부름 받은 사람들에 대해 세 곳(행 1:21-22, 10:41, 13:31)에서 조금씩 다르게 그 자격조건을 언급하고 있지만, 세 가지 점이 중요하다.

첫째, 하나님에 의한 선택이다(행 1:26, 10:41). 사도행전 7장과 13장의 이스라엘 역사 회고에서도 드러나듯이 하나님의 역사의 주관자 되심이 예수 부활 사건에 있어서도, 또한 그 증거하는 일에 있어서도 소위 하나님 중심적인(Theocentric) 사건임을 보여주기 위함이다. 둘째, 시간적 조건으로는 '세례 요한의 때부터 승천 때까지'와 '예수의 부활 후'라는 조건을 만족시켜야 한다. 예수의 공생애와 부활 사건 이후 모두를 증명할 수 있는 사람이 필요하다는 것이다. 셋째, 부활한 예수님을 직접 대하거나 접촉한 사람들이라는 점 등이다.[2] 즉 하나님의 주도적인 선택과 아울러 예수의 부활 후 시공간적으로 예수와 함께한(σύν) 사람들이라는 공통점이 강조되고 있는 것이다. 이 세 가지 완벽한 증인의 조건들을 갖춘 사람들은 열두 사도밖에 없다.

여기서 한 가지 유의할 점은 예수 부활에 대한 열두 사도의 증거는 이방인들을 향한 선포에서는 언급되지도 않을 뿐 아니라 전혀 의미가 없

---

2) Cf. 정창교, "바울의 비시디아 안디옥 설교 연구", in: 〈신학과 문화〉(16집) (대전: 도서출판 이화, 2007), 165-191. 특히 175의 도표 참고.

고, 오직 유대인들을 향한 설교에서만 효력이 발생된다는 것이다. 이방인을 향한 설교에서는 바울이 증인으로서의 사명을 열두 사도를 대신하여 감당하고 있다.

2. 사도행전에 나타난 예수의 부활

1) 유대인들을 향한 설교에서의 예수의 부활(행 2:24, 31, 32, 3:15, 4:10, 5:30, 13:30, 34, 37)

사도행전에서의 설교 내지 연설문은 그 분량이(전체 1,000절 중 300절 이상) 전체의 3분의 1 이상을 차지할 정도로 방대하다.[3)] 그러므로 누가의 사도행전 집필 의도를 잘 파악하기 위해서는 사도행전에 나타나는 연설문과 설교문들을 잘 이해하는 것이 중요하다. 유대인들을 향한 설교에 있어서 그 선포의 핵심내용은 예수이며, 특히 제1초점이 예수의 부활이라는 점은(2:24, 31, 32, 3:15, 4:10, 5:30, 13:30, 34, 37)[4)] 소위 대조도식(Kontrastschema)이라고 불리는 구조 가운데 분명하게 드러난다. 대조도식의 가장 기본적인 틀은 이와 같다: "너희가[예루살렘 거민들] 십자가에서 죽인 예수를 ↔ 하나님이 죽은 자 가운데서 다시 살리

---

3) 사도행전에서 설교 내지 연설문을 몇 개로 볼 것인가 하는 문제는 28개(J. Fitzmyer), 26개(W. Eckey), 또는 24개(M. Dibelius, J. Zmijewski, G. Schneider, 김득중) 등으로 학자들마다 조금씩 차이가 난다.

4) J.D.G. Dunn, 김득중/이광훈 공역, 《신약성서의 통일성과 다양성》 (서울: 도서출판 솔로몬, 1988), 40.

셨다!(ὅν ὁ θεὸς ἤγειρεν ἐκ νεκρῶν.(행 2:23-24, 32, 3:13b-15, 4:10b, 5:30-32, 10:39-41, 13:27-31). 이 도식의 핵심적 요소는 '유대인들의 예수 죽음에 대한 책임성'(2:23, 3:15, 5:30, 10:39, 13:28)과 '12사도들의 증거'(2:32, 3:15, 5:32, 10:41, 13:31), 그리고 '하나님의 예수를 일으키는 행위'(2:24, 3:15, 4:10, 5:30, 10:40, 13:30)이다.

이 도식은 유대인들을 향한 설교에서 예수의 죽음과 부활에 관한 표현에서만 나타나며 유대인들의 행위, 즉 예수를 십자가에 못 박고 죽이는 행위와 하나님의 행위, 즉 죽었던 예수를 다시 살리는 하나님의 구원적 행위가 극명하게 대조되어 나타난다. 또한 유대인 청중을 향한 회개의 요구와 예수만이 죄 사함을 가져다준다는 선포가 이어진다. 이 대조도식에서 가장 강조되고 중요한 것은 죽었던 예수를 다시 살리시는 주체가 오직 하나님이시라는 사실이다. 아직 이른 초기의 기독교 공동체의 선포의 핵심이 잘 드러나 있는 공식이다.

대조도식에 이어 나오는 부활의 확실성에 관한 선포 중에 또 한 가지 중요한 내용은 부활의 증인들은 "우리가 이 일에 증인이다"(ἡμεῖς ἐσμεν μάρτυρες)(행 2:32, 3:15, 5:32, 10:39, 13:31)라고 표명한다는 점이다. 이 표현은 사도행전 내에서 5회 나타나며, 모두 12사도들이 유대인 청중을 향해 예수 부활의 확실성을 주장하는 가운데 나타난다. 다만 사도행전 13장에서는 비시디아 안디옥에서 유대인 청중을 향해 바울이 설교하면서 '그들' 즉 열두 사도가 증인이라고 말하며, '너희가 죽였다'는 표현 대신 예루살렘의 유대인들을 가리키면서 '그들이 죽였다'고 증언한다.

– 예수의 부활을 입증하는 구약의 인용들(시 16:8–10/행 2:25–28, 13:35; 사 55:3/행 13:34)

부활의 증인 모티브 이외에 사도행전에서 예수 부활의 확실성을 입증하는 또 다른 방법은 성서로부터의 입증이다. 이러한 구약의 본문을 통한 입증은 유대인들을 향한 설교에서만 나타난다. 사도행전 2장과 13장에서 한 번은 베드로의 설교에서, 한 번은 사도 바울의 설교에서 나타나는데, 공통적으로 시편 16편이 인용된다. 2장 25-28절에서는 조금 길게 시편 16편 8-10절이, 그리고 13장 35절에서는 시편 16편 10절만 인용되고 있다.[5] 미세한 차이를 제외하고는 모두 칠십인역의 본문과 일치됨을 알 수 있다. 특히 이 본문은 사무엘하 7장 12절 이하의 내용과 관련이 있으며, 초대교회의 이미 오래된 예수 부활에 대한 성서 본문의 근거로 사용되고 있었음을 보여준다. 이 시편 본문을 이해하는 열쇠는 '썩지 않음'(διαφθορά)에 있으며, 누가는 이것을 다윗이 아닌 예수에게 적용하고 있는 것이다.

사도행전 2장에서 베드로는 구약의 두 본문, 즉 시편 16편 8-10절과 시편 110편 1절을 통해 예수의 부활을 입증하고 있다. 특이한 점은 다윗을 선지자로(행 2:30) 지칭하고 있다는 것이며, 그가 음부에 버림이 되지 않고 썩음을 당하지 않게 될 것이라고 하였는데, 그것이 자신에게 향한 예언이 아니라 바로 예수를 향한 예언이었음을 다윗의 무

---

5) 와일더(A.M. Wilder)는 어떻게 시편 16편이 예수 부활을 가리키는 가장 사랑받는 구약 본문이 되었는가에 대한 질문에 다음과 같이 답변한다: "[……] After serving as an eschatological Psalm for the rabbies, it became favored proof-text for the resurrection of Christ, and that probably among the earliest Christians." Cf. A.M. Wilder, Variant Traditions of the Resurrection in Acts, in: *JBL 62* (1942), 307-318.

덤을 통해 증거하고 있다(행 2:29).

2) 이방인들을 향한 설교에서의 예수의 부활(행 17:18)

바울의 아덴에서의 아레오바고 설교는 루스드라 설교(행 14:15-17)와 함께 전형적인 이방인들을 대상으로 한 설교이다. 이 설교는 유대인들을 향한 설교와 비교했을 때 성서로부터의 부활 증명이 나타나지 않지만 청중에 대한 회개 요구(행 17:30)와 소위 부활의 대조 공식에서 하나님께서 예수를 일으키는 행위에 대한 언급(행 17:31)이 그대로 나타난다. 특히 사도행전 17장 18절에서 누가는 바울이 아덴의 청중에게 전한 것이 "예수와 부활"(τὸν Ἰησοῦν καὶ τὴν ἀνάστασιν)이라고 요약한다. 예수와 함께 언급된 아나스타시스(ἀνάστασις)는 대부분의 학자들이 동의하듯이 '여성신의 이름'으로 보인다.[6] 부활 개념을 이해하지 못하는 헬라 이방인들에게는 부활을 의미하는 헬라어 단어 '아나스타시스'(ἀνάστασις)가 남성신과 짝을 이루는 여성신을 소개하는 것으로 보였다는 것이다. 왜냐하면 헬라 이방인들에게는 17장 32절의 바울의 설교 후 반응이 말해 주듯이 부활은 전혀 이해되지 못하는 개념이기 때문이다.

---

6) 아나스타시스(ἀνάστασις)를 여성신으로 보는 학자들은 J. Roloff; R. Pesch; H. Conzelmann; E. Haenchen; G. Schille; G. Schneider; W. Eckey; J. Zmijewski; F. Muner; J. Fitzmyer 등이다.

3) **요약 보도에 나타난 예수의 부활**(**행** 4:33)[7]

사도행전의 세 번의 요약 보도 중 4장 32-35절에 단 한 번 예수의 부활이 언급되었지만 이 예수의 부활에 대한 언급은 이 요약 보도의 핵심이다. 그리고 이 사실은 그 당시 초대교회 공동체에서 예수의 부활이 그만큼 중요한 주제였다는 것을 반증하고 있다. 사도행전 4장 33절에서 "큰 권능으로 (δυνάμει μεγάλῃ) 주 예수의 부활을 증언하였다"는 표현은 1장 8절의 "오직 성령이 너희에게 임하시면 너희가 권능(δύναμις)을 받고……내 증인(μάρτυς)이 되리라"라는 표현과 깊은 관계가 있음을 암시한다. 즉 2장에서 성령이 임하시고 곧바로 12사도가 부활의 증인으로(행 2:32, 3:15, 5:32, 10:38, 13:31) 나타나는 것은 특별한 의미를 지니고 있다.[8] 12사도는 성령의 부음을 받고 나서야 비로소 성령이 충만한 상태에서 온전하게 예수의 부활을 증거하고 있는 것이다.

4) **바울 재판 과정에서의 예수의 부활**(**행** 25:19, 26:23)

바울의 재판 과정에서 예수의 부활은 두 번 언급된다(행 25:19, 26:23). 한 번은 베스도 총독이 아그립바 왕에게 바울의 재판에 대한 상황을

---

7) 사도행전에서는 세 번의 요약 보도가 나타난다: 1) 행 2:42-47, 2) 행 4:32-35, 3) 행 5:12-16.

8) 누가복음 24장 49절에 예수는 위로부터 능력으로 입혀지기까지 이 성에 머물라고 말한다. 그리고 1장 8절에서의 능력은 '성령의 능력'이며, 5장 32절에서는 성령도 부활의 증인으로서의 역할을 하는 것으로 나타난다.

보고하면서 "오직 자기들의 종교와 또는 예수라 하는 이가 죽은 것을 살아 있다고 바울이 주장하는 그 일"(행 25:19)에 관한 것이라고 언급한다. 또 한 번은 아그립바 왕 앞에서 바울이 "곧 그리스도가 고난을 받으실 것과 죽은 자 가운데서 먼저 다시 살아나사……"(행 26:23)라고 주장할 때 나타난다. 이러한 표현은 바울의 재판 과정에서 예수의 부활이 죽은 자의 부활과 긴밀하게 연결되어 있음을 잘 보여준다. 사도행전 4장 2절, 그리고 또 3장 15절에서 "생명의 주"(ἀρχηγὸν τῆς ζωῆς)와 5장 31절에서 예수를 가리켜 '임금'(ἀρχηγος)이라고 규정한 것은 예수가 죽은 자의 부활의 시작임을 알리고자 함이다.

3. 사도행전에 나타난 죽은 자의 부활(행 4:1-2, 17:32, 23:6, 8, 24:15, 21, 25:19, 26:8, 23)

사도행전에서 예수의 부활과 함께 또 다른 큰 축을 이루는 죽은 자의 부활이 세 곳에서 중요하게 다루어지고 있다. 가장 먼저 바울의 재판 과정에서다. 그곳에서 7번(행 23:6, 8, 24:15, 21, 25:19, 26:8, 23)이나 언급되고 있다. 두 번째, 이방인들을 대상으로 한 아덴에서의 아레오바고 설교에서 언급되고 있는데, 죽은 자의 부활은 그 설교의 핵심으로 요약된다(행 17:32). 마지막으로, 사도들이 복음을 선포하는 과정에서, 사도들이 죽은 자의 부활을 – 예수를 들어 – 전했다는 이유로 공회에서 잡혔다고 언급된다는 점이다(행 4:1-2). 이제 세 본문을 자세히 살펴보자.

1) 박해의 근거로서의 죽은 자의 부활(행 4:2, 18)

사도행전 4장 2절에서 '죽은 자의 부활'은 사도들의 선포와 가르침의 대상과 핵심으로 나타난다. 누가는 사도행전 3장까지 단지 예수의 부활에만 초점을 맞추어 선포하고 있는 상황을 보도하였다. 그러나 누가는 사도들이 '죽은 자의 부활'을 가르치고 선포하였다고 이곳에서 처음으로 보도하며, 아울러 '죽은 자의 부활'을 '예수의 부활'과 연결시키고 있다.[9] "예수 안에서"(ἐν τῷ Ἰησοῦ)라는 표현은 대부분의 학자들이 받아들이듯이 '예수로부터 일반적인 부활이 시작되었다'는 의미이다.

사도들은 과연 무엇을 가르쳤을까? 사도행전 4장 18절에 의하면 사두개파 계열의 유대 지도자들은 "예수의 이름으로 말하지도 가르치지도 말라"고 위협한다. 다시 말해 사도들이 '일반적인 죽은 자의 부활'에 대해 가르쳤기 때문에 그들을 체포한 것이다. 여기서 우리는 대립되는 두 그룹을 발견할 수 있다. 사도들에게 긍정적인 성향의 백성들과 그들을 두려워하며 사도들과 적대적인 관계에 있는 사두개파 계열의 지도자 그룹이다:

- 백성들(바리새파 성향)–지도자들(사두개파 성향)[10]

9) O. Schwankle, *Die Sadduzäerfrage (Mk 12,18-27 parr) (BBB 66)* (Frankfurt a. M., 1987), 462.

10) 봐이저(A. Weiser)는 백성은 바리새파에, 지도자들은 사두개파에 속한다고 주장한다: A. Weiser, *Die Apostelgeschichte (ÖTK V/1) (Gütersloh/ Wüzburg,* 1981), 125.

여기서 주목할 만한 사실은 사도들의 부활 가르침에 시기한 그룹, 즉 사도들의 적대자들 그룹에 바리새인은 전혀 언급되지 않고 있다는 점이다. 그것은 바리새인들이 그리스도교의 신앙의 핵심 개념인 '부활' 사상에서 맥을 같이하고 있기 때문이다.

2) **바울의 재판 이유로서의 죽은 자의 부활**(행 23:6, 24:15, 21, 26:7, 23, 28:20)

바울의 재판 이야기는 사도행전 21장 27절에서 바울이 아시아에서 온 유대인들에게 붙잡힘으로 시작된다.[11] 그들이 바울을 처음으로 체포할 때의 근거는 "각처에서 우리 백성과 율법과 이곳[예루살렘 성전]을 비방하여 모든 사람을 가르치는 그자인데 또 헬라인을 데리고 성전에 들어가서 이 거룩한 곳을 더럽혔다"(행 21:28)고 정죄한다. 그러나 그 죄목은 약간의 차이가 있으나 '유대인의 율법'을 어겼다는 것으로 요약될 수 있다.

그래서 재판을 바라보며 해석하는 세 가지 다른 관점이 나타나게 된다. 첫 번째는 유대인들의 관점이다. 그들은 핵심적으로 바울을 율

11) 바울 재판에 관한 고전적인 연구서: J. Jervell, Paul: The Teacher of Israel. The Apologetic Speeches of Paul in Acts, in: ders., *Luke and the People of God: A New Look at Luke-Acts* (Minneapolis, 1972). 최근 독일의 연구서: Omerzu, H., *Der Prozess des Paulus. Eine exegetische und rechtshistorische Untersuchung der Apostelgeschichte* (BZNW 115), (Berlin, 2002). 한국 학자들의 연구서: 유상현, 《사도행전 연구》 [서울: 대한기독교서회, 1996, 2000(3쇄)]; 윤철원, 《신약성서의 그레꼬-로마적 읽기》 [서울: 한들출판사, 2000, 2002(2쇄)], 207-316. 제3부: 그레꼬-로마적인 관점에서 바울 재판의 새롭게 읽기.

법을 어겼다는 이유로 고소하고 있다(행 21:27): 성전을 더럽혔고, 염병이라고 하지만 '율법을 어겼다'고 압축할 수 있다. 두 번째는 로마 관리들의 관점이다. 이들은 직접적인 판단을 주저하고 있다. 단지 바울이 로마 시민권을 주장하여 '가이사에게' 재판 받기를 원하기 때문에 바울을 더 높은 상급기관으로 한 단계씩 미루고 있을 뿐이다(행 25:12, 25, 26:32). 재판 원인에 있어서 한편으로는 '유대인 간의 율법 문제'로, 또 다른 한편으로는 '예수의 부활 문제'로 파악하고 있다(행 23:29, 25:19). 그러나 이들의 공통된 입장은 1) 바울의 무죄를 입증하며, 2) 이 사건이 정치적 사건이 아니라는 것을 확인해 준다. 마지막으로, 바울의 관점이다. 바울은 동사 κρίνομαι(행 23:6b, 24:21)와 ἐγκαλέω(행 26:6-8)를 사용하여 '죽은 자의 부활' 때문에 재판을 받고 있다고 언급한다. 이러한 표현은 사도행전 4장 1절 이하에서 사도들의 체포 이유와 같은 맥락에서 이해될 수 있다.

3) **이방인들 가운데에서의 죽은 자의 부활**(**행** 17:16-31, 32)

아레오바고 설교에서 바울이 '예수와 부활'을 전했다고(행 17:18) 하지만 다시 한 번 누가는 바울이 전한 것이 '죽은 자의 부활'이었다고 17장 32절에서 요약하고 있다.

사도행전 17장 18절이 보여주듯이 이방인에게는 '죽은 자의 부활'이 이해될 수 없는 주제라는 것을 다시 한 번 확증한다. 젤러(D. Zeller) 역시 당시 그레꼬-로마 시대의 문헌들을 살핀 결과 종말적인 죽은 자의 부활, 그리고 일반적인 부활의 시작으로서의 예수의 부활과 같은

유사 본문을 찾지 못한 채, 유대적인 근원에서만 찾을 수 있는 개념이라고 주장한다.[12)]

이방인 청중들은 유대인 청중들에게서의 괄목할 만한 성과(행 2:41-3,000명; 4:4-5,000명)와는 전혀 다른 '조롱'과 '미루어버림'(행 17:32)의 부정적인 두 반응만 보일 뿐이었다. 즉 이방인들에게는 이해될 수 없는 개념이다. 그러므로 바울이 선포하는 죽은 자의 부활의 개념은 일차적으로 유대인들을 향한, 그리고 유대인들에게만 이해될 수 있고 그들에게만 의미를 지닌 개념이라는 것이다.

4) **이스라엘의 소망으로서의 죽은 자의 부활**[13)](**행** 23:6, 24:15, 26:6-8, 28:20)

ἐλπίς는 사도행전에서 명사로 8번,[14)] 동사로 2번 나타난다. 특히 4번은 바울의 법정진술에서 언급되는데, 모두 '이스라엘의 소망 때문에'(행 23:6, 24:15, 26:6-8, 28:20) 법정에 서게 되었다는 것이다. 에카이(W. Eckey)가 언급하듯이 '이스라엘의 소망'은 바울의 재판 과정에서 가장 중요한 주제이다.[15)] 그리고 누가는 그것을 누가복음의 서두에서부터

12) R. Hoppe/U. Busse (Hrsg.), *Von Jesus zum Christus. Christologische Studien - FS für Paul Hoffmann zum 65. Geburtstag (BZNW 93)* (Berlin/New York, 1998), 71-91.

13) K. Haacker, Das Bekenntnis des Paulus zur Hoffnung Israels nach der Apostelgeschichte des Lukas, in: *NTS 31 (1985)*, 437-451.

14) 행 2:26, 16:19, 23:6, 24:15, 26:6, 7, 27:20, 28:20. 명사로서 ἐλπις는 신약 중 사도행전에서 가장 많이 등장한다.

15) W. Eckey, *Apostelgeschichte* (Neukirchen-Vluyn, 2000), 589.

사도행전의 끝까지 언급하고 있으며, 이 소망은 다름 아닌 죽은 자의 부활에 대한 소망이다.

(1) 사도행전 23장 6절

먼저, 사도행전 23장 6절에서 바울은 공회에서 재판 받는 이유를 '죽은 자의 부활에 대한 소망 때문에'(περὶ ἐλπίδος καὶ ἀναστάσεως νεκρῶν) 라고 말한다. 공회는 죽은 자에 대한 부활의 소망 때문에 두 부류로 나뉘어졌고 바울은 다분히 의도적으로 말한다:[16] "나는 바리새인이다. 또 바리새인의 아들이다. 죽은 자의 소망 곧 부활을 인하여 심문을 받는다." 이러한 과도한 바리새인으로서 바울의 출신에 대한 강조는 곧 이어질 바리새인들의 도움을 기대하게 한다. 누가는 이후에 공회에서의 소란에 대해 보도할 때도, 철저히 바리새파 입장을 대변하고 있다 (9절). 사두개파의 부정적 신앙, 즉 부활, 천사, 영에 대한 불신앙, 그리고 바리새인의 긍정적 신앙, 즉 '모두 다 믿는다'를 대조시키고 있다. 아울러 누가는 부정적인 사두개인의 입장은 전혀 반영하지 않고,[17] 바리새파 유대인들의 의견, 즉 바울의 무죄성을 다시 한 번 언급함으로, 자신의 바리새파에 대한 긍정적인 태도를 잘 보여준다. 이들에 대한

16) 슈나이더(G. Schneider)는 바울의 언급이 의도적(absichtlich)으로 선택되었으며, 바리새파의 종말론적 기대와 기독교의 부활신앙이 연결될 수 있다고 본다: G. Schneider, *Apostelgeschichte* II (Freiburg, 1982), 332.

17) Parker에 의하면 사두개인들이 천사와 영을 거절하는 이유는 두 가지이다: 첫째, 천사들은 종말론적인 세계관에 귀속되기 때문이다. 둘째, 천사는 종종 예정(predestination)과 섭리(providence)의 대리자로 봉사하기 때문이다: F. Parker, The Terms "Angel" and "Spirit" in Acts 23:8, in: *Biblica 84* (2003), 365.

긍정적인 태도는 근본적으로 부활 사상에 일치를 보기 때문이다.

(2) 사도행전 24장 15절

바울은 고발하는 무리를 향해서 그들과 공감대를 가지고 있다고 강조한다. "그들이(αὐτοὶ οὗτοι) 기다리는 바 하나님께 향한 소망을 나도 가졌다." 하지만 바울이 언급하는 구체적인 소망의 내용은 '의인과 악인의 부활'이다. 어떤 학자들은 이곳에서 기독교의 부활신앙과 유대교의 부활신앙의 차이가 분명하게 드러난다고 보지만,[18] 오히려 αὐτοὶ οὗτοι라는 강조용법에서 보듯이 '유대교와 기독교의 일치성(Gemeinsamkeit)'을 보여주는 것으로 이해해야 한다.

(3) 사도행전 26장 6-8절

바울은 아그립바 왕 앞에서 다시 한 번 죽은 자의 부활 때문에 재판을 받는다고 천명한다. 여기서 강조되는 것은 바울 자신이 율법을 범했다든가, 성전을 더럽혔다고 해서 그에 대한 변명을 늘어놓는 것이 아니라는 것이다. 바울은 23장과 마찬가지로 여전히 '바리새인'으로서 재판정에 서 있으며, 조상에게 약속하신 부활에 대한 소망 때문에 재판 당한다고 강조한다. 바울은 이번에 '죽은 자의 부활'을 유대인을 향한 선교 설교에서처럼 직접 성서로부터 증명하는 것이 아니

18) 예를 들면, E. Haenchen, *Apostelgeschichte* (Göttingen, 1977), 627. 그러나 Billerbeck은 그의 사도행전 주석에서 의인과 악인의 부활에 관한 다른 전승이 있음을 증거하고 있다. Cf. Billerbeck, *Apostelgeschichte*, 768; Exkurs: "allgemeine Auferstehung oder teilweise Auferstehung der Toten?"

라(예, 시 16편) 조상들에게 주어져 유래한 약속이라고 언급한다.

이 변호 연설은 세 번에 걸쳐 핵심을 강조하고 있는데, 6절의 이스라엘의 소망 때문에, 23절의 성서의 약속으로서의 '예수의 부활'이다. 비록 8절의 "당신들은 하나님이 죽은 사람을 살리심을 어찌하여 못 믿을 것으로 여기나이까?"라는 바울의 질문은 사도행전 전반부에서 집중적으로 강조된 예수 부활의 주체는 '하나님'이시라는 누가의 신 중심적(神中心的)인(Theozentrick) 신학이 깔려 있다.

여기서도 역시 바울의 무죄를 강조하는 긍정적인 면이 나타나지만 부활의 교리에 대하여는 이방인들에게서 나타나는 부정적 결과(행 17:32, 26:24)를 보여주고 있다. 이처럼 가장 핵심적인 부분－죽은 자의 부활 교리－에서 로마 당국자들은 바울과 하나가 되지 못한다. 이러한 것으로 보아 로마 당국을 염두에 두고 있다는 헨헨(Haenchen)의 주장보다는 유대인 독자에게 더 염두를 두고 있다는 것이 설득력을 갖는다. 예수 부활의 확실성과 죽은 자의 부활 사상을 이야기하고픈 대상은 이방인이 아니라 정작 예수를 죽인 유대인들이기 때문이다.

(4) 사도행전 28장 20절

사도행전 28장 16-20절에서 바울은 로마에 있는 유대인 중 높은 사람들을 청하게 된다. 여기서 문제는 바울이 '가이사에게 서기 위해'(행 25:11, 27:24) 로마에 왔지만 정작 누가는 바울의 가이사 앞에서의 심문 대신 유대인 중 높은 사람들과의 대화를 보도하고 있다. 그리고 다시 한 번 '이스라엘의 소망 때문에 쇠사슬에 매인 바 되었노라'고 그들에게 설명한다(행 28:20). 여기서 직접적으로 언급하지 않고 있지만 이미 독자들이 알고 있듯이 '죽은 자의 부활'을 가리키는 것이 분명하다. 간접적으로 표현되었을 뿐, 지금까지 일관되게 말해 오던 바울의 재판 이유이며, 여기서 문제가 되는 것은 메시아—종말적 소망으로서의 부활 사상이다.

4. 예수의 부활과 우리의 부활: 예수는 죽은 자의 부활의 시작(행 3:15, 5:31, 26:23)

사도행전 26장 23절이 언급하는 바와 같이 예수의 부활은 예수 한 사람의 부활로 끝나는 것이 아니라 이후의 믿는 우리 모두에게 적용될 수 있는 예표가 되는 사건이라는 점을 이야기한다. 그러므로 바울은 예수의 부활에 대해 이야기하면서 단회적인 사건임에도 불구하고 "죽은 자 가운데서 먼저(πρῶτος) 다시 살아나사"(행 26:23)라는 표현을 사용한다. 3장 15절의 예수를 가리켜 아르케고스(ἀρχηγὸς τῆς ζωῆς)(행 3:15-생명의 주, 5:31-임금)라고 규정한 것은 부활이 예수 자신만의 문제만이 아니라 믿는 모두를 염두에 둔 사건이라는 것을 지적해 준다.

5. 요약적 결론과 신학적 의미

예수의 부활을 입증한다는 것은 결코 쉬운 일이 아니다. 그렇다고 포기나 양보할 수 있는 부분도 아니다. 우리 신앙의 핵심이기 때문이다. 그러하기에 초대교회 선포자들은 예수의 부활 사실을 입증하는 데 그들의 열정과 목숨까지도 바쳤다.

그 일이 이렇게 쉽지 않은 것은 무엇 때문일까? 고린도 교인들 중의 일부는 아직 헬라 이방적인 사고에 머물며 죽은 자의 부활은 없다고 주장하였다(고전 15:12). 마찬가지로 사도행전에서 드러난 초대교회 시대의 이방사람들과 사두개파 계열의 유대인들이 그러했다. 사도행전 17장에서의 아레오바고 설교에서 드러난 바와 같이 이방인들은 바울의 죽은 자의 부활에 대한 선포를 들을 때 예수와 부활을 아나스타시스(ἀνάστασις)라는 여성신으로 오해하고 있으며 이해될 수도 없다.

또 한 가지 싸워야 할 전선은 유대인의 당파 중 부활을 부정하는 사두개파와 사두개파 성향의 사람들이다. 그들은 4장 2절에서 예수 안에 일어난 죽은 자의 부활을 사도들이 전함을 싫어하여 가두고 때리고 박해하였다. 그러나 바리새파 사람들은 늘 도움을 주며 신앙의 핵심 사상에 있어서 그리스도교와 일치된 사상을 공유하고 있었다. 그러하기에 바울 자신, 그리고 그의 스승 가말리엘(행 5:34-39), 그의 조카(행 23:16) 모두 바리새인으로서 그리스도교에 도움을 주고 있다. 이렇게 이방인들과 사두개파 성향의 유대인들에게 누가는 한편으로는 부활의 증인 모티브를 통해, 또 다른 한편으로는 성서로부터의 입증 방법을 통하여 이미 일어난 예수 부활의 확실성과 더 나아가 죽은 자의 부활의 확실성을 증거하고자 하였다. 이러한 두 가지 방법과 아울러 빠질 수 없는 특별히 중요한 것이 성령의 도우심이다. 성령 자신도(행 5:32) 예수 부활의 증인으로서의 역할을 감당하지만 특별히 증인들에게 성령 충만케 함으로(행 4:8, 13:9) 그 일을 완수하도록 돕는다. 그래서 맛디아 선출 사건이 먼저 있고 나서 재보충된 '열둘'의 증인들에게 성령이 부어져 담대히(파레시아를 가지고) "우리는 이 일에 증인이다"라고 증거할 수 있게 된 것이다.

21세기를 살아가는 사람들에게 '부활'을 소개한다는 것은 어불성설이라 할 정도로 쉽지 않은 일이다. 이해되지 않는다는 이방인들과 같은 사람들, 모세 5경에서 발견할 수 없다고 주장하며 부활을 부인하는 사두개파 유대인과 같은 사람들을 오늘도 만날 수 있다. 그럼에도 불구하고 누가가 증인 모티브와 성서로부터의 증명을 시도한 것처럼 우리에게도 그것을 오늘의 이 시대에 맞게 적용해야 할 책임과 의무가 있는 것이다.

한 가지 첨언할 것은, 언제나 그렇듯이 성경이 증언하는 이 모든 부활의 사건은 결코 오늘 우리에게 설득력 있는 과학적 진리와 논리의 개념으로 설명되지 못한다는 것이다. 하나님 나라 비유가 그렇고, 고린도전서 15장의 장황한 부활 개념과 모습이 그렇다. 또한 예수께서 죽은 자 가운데서 성경대로 분명히 부활하였지만 당시에 소수의 예수를 믿고 받아들인 자들에게만 그 기쁨과 감격이 더해진 것이다(눅 24:32, 45, 52). 우리에게 선명하고 깔끔하게 이해되지 못하는 것은 이 때문이다. 오직 믿음으로만 열리는 세계이기 때문이다. 이 부활신앙을 갖게 된 믿음이 우리에게 있음을 우선 감사해야 하고, 동시에 이 기쁨과 감격을 나누어야 할 책임과 의무가 주어져 있는 것이다. 바울이 자신의 재판 가운데 만난 가장 높은 사람 아그립바 왕에게 담대히 외쳤던 말을 기억해야 한다: "당신들은 하나님이 죽은 사람을 살리심을 어찌하여 못 믿을 것으로 여기나이까?"

2장

사도행전에서의 죽은 자의 부활*

1. 서론

케겔(G. Kegel)이 지적했듯이, 누가에게 있어서 '죽은 자의 부활'은 그리스도교 선포의 가장 핵심적인 주제이다.[19] 부활은 사도행전에서만 24회[20] 언급되고 있듯이, 누가는 이 주제를 비중 있게 다루고 있다. 사도행전에서의 부활은 '예수의 부활'과 '죽은 자의 부활'로 나누어질 수 있다. 이 단어가 나타나는 경향을 보면 전반부에서 12사도와 바울의 선포 가운데 '예수 부활의 확실성'이 집중적으로 증거되고 있으며, 후반부에는 바울 재판 가운데 '죽은 자의 부활'이 중요하게 언

19) * 이 장의 내용은 필자의 박사 학위 논문 중 일부를 수정 보완한 것임. G. Kegel, *Auferstehung Jesu - Auferstehung der Toten* (Gütersloh, 1970).

20) 부활에 해당하는 단어는 사도행전에서 24회 언급된다: a. 명사 - ἀναστάσις: 12회(1:22, 2:31, 4:2, 33, 17:18, 32, 23:6, 8, 24:15, 25:19, 26:23), b. 동사 - ἐγειρω: 7회(3:15, 4:10, 5:30, 10:40, 13:30, 37, 26:8), c. 동사 - ἀνίστημι: 5회(2:24, 32, 4:10, 5:30, 10:40, 13:30, 37, 26:8). 13장 33절의 ἀνίστημι는 논쟁 중이며, 24장 19절의 "살아 있다"라는 간접적인 표현이 있다.

급되고 있다. 즉 누가복음 24장(눅 24:36-43)부터 시작된 예수의 부활의 확실성은 12사도의 증거를 통하여, 특히 유대인들을 향한 설교(행 2:14-36, 3:12-26, 4:9-12, 5:29-32, 13:16-41)에서와 요약 보도(행 4:32-37)에서 핵심적인 요소로 드러나고 있다. 그러나 사도행전의 후반부에 해당하는 바울 재판에서는 죽은 자의 부활이 중요하게 다루어지고 있다. 왜냐하면 그를 고소하는 유대인들과 재판하는 로마 관료들의 이해와는 달리 바울은 항상 '죽은 자의 부활' 때문에 재판을 당한다고(행 23:6b, 24:21, 26:6-8) 언급하기 때문이다. 이러한 바울의 언급을 어떻게 이해할 것인가?

죽은 자의 부활은 세 곳에서 중요하게 언급되고 있다. 가장 먼저 사도들이 복음을 선포하는 과정에서 유대 지도자들에 의해 공회에서 잡히는데, 그 이유는 죽은 자의 부활－예수를 들어－때문이다(행 4:1-2). 두 번째로, 이방인들을 대상으로 한 바울의 아덴 설교에서 언급되며, 죽은 자의 부활은 그 설교의 핵심으로 요약된다(행 17:32). 마지막으로, 바울의 재판 과정에서이다. 그곳에서 7번(행 23:6, 8, 24:15, 21, 25:19, 26:8, 23) 언급되고 있다.

본 장에서는 먼저 사도행전 내에서 '죽은 자의 부활'에 대한 대표적인 학자들의 입장을 선별하여 소개한 뒤, 이 세 본문을 중심으로 주석하여 접근해 나갈 것이다.

2. 학자들의 접근

지금까지 학자들은 사도행전 내에서의 '죽은 자의 부활'이 언급된 곳을 주로 두 가지 관점에서 접근하였다. 즉, 사도행전의 저작 목적을 다루는 부분에서(Haenchen), 또는 그리스도교인과 유대인과의 관계 설정을 다루는 부분(Rese, Berger)에서 다루어 왔다.

1) 헨헨(E. Haenchen)

헨헨(Haenchen)은 사도행전이 로마 당국에 대한 호교론적 동기에 따라 쓰여졌다고 믿고 있다.[21] 그는 사도행전의 편집자가 유대인과 그리스도인의 관계를 바울 서신과는 반대로 그렸다고 보았다.[22] 유대인들이 그리스도인들에 대해 적대적인 입장을 취하게 된 이유를 처음부터 끝까지 기독교의 부활설교 때문이라고 말하는 것은 사실과 일치하지 않는다고 본다. 그리고 그 편집자는 바울의 동역자가 아니라 특별히 바울을 흠모하던 후대의 사람이라고 본다.[23]

그에 대한 두 가지 이유는 다음과 같다. 첫째, 바울의 부활교리와 기독교의 부활교리는 일치하지 않는다. 헨헨에 의하면 바리새인들은 이 시대(Äon)의 마지막에 올 죽은 자의 부활을 고대하고 있었고, 그리

21) E. Haenchen, "The Book of Acts as Source Material for the History of Early Christianity," in: *Studies in Luke-Acts*, ed. by L.E. Keck & J.L. Martyn (London: SPCK, 1968).

22) E. Haenchen, *Die Apostelgeschichte* (KEK III) (Göttingen: V&R, 1956, [7]1977), 121.

23) E. Haenchen, 앞의 책(1977), 123.

스도인들은 이 세대 가운데서의 부활을 고대하고 있었다는 것이다. 둘째, 유대인들의 바울과 이방인에 대한 적대감은 예수 부활에 대한 대사(Botschaft) 때문이 아니라는 것이다. 헨헨에 의하면 다른 이유가 있는데, 그것은 율법 때문이다.[24] 그리고 기독교와 유대교는 근본에 있어서는, 즉 부활신앙에 있어서는 동일하며, 다만 불행하게도 유대교 측의 오해로 인해 갈등이 빚어졌다고 하는 관점은 사도 시대 이후의 그리스도인에게나 받아들여질 수 있다고 보았다. 그래서 헨헨은 사도행전이 유대인을 설득하기 위한 것이 아니라 로마 당국(die römische Obrigkeit)을 염두에 두고 쓰여졌다고 하는 것이다.[25]

2) 케겔(G. Kegel)

1970년에 케겔(G. Kegel)은 그의 박사학위 논문에서[26] 콘첼만(Conzelmann)과 헨헨의 입장을 이어받아 사도행전 내의 부활의 본문들을 누가의 구성작품(Komposition)으로 본다. 그리고 그에 의하면 이 부활의 사상은 이방인들에게 의미가 있다는 것이다. 즉 '어떻게 기독교인의 부활선포를 이방인들에게 믿게 하느냐' 하는 것이다. 케겔에 의

---

24) E. Haenchen, 앞의 책(1977), 123.

25) E. Haenchen, 앞의 책(1977), 124. Haenchen을 비롯한 '정치적 호교론자들'의 입장들에 대해: 참고, 유상현, 《사도행전 연구》 (서울: 대한기독교서회, 2000), 202-214. 이방인 또는 로마 당국자를 향해 쓰여졌다는 입장에 대한 대표적인 반대 의견으로는 J. Jervell을 들 수 있다. 그의 Meyer 시리즈 주석(KEK)은 Haenchen의 정반대 입장에서 Haenchen의 주석을 뒤엎고 있다. Cf. J. Jevell, *Die Apostelgeschichte* (KEK III) (Göttingen: V&R, 1998).

26) G. Kegel, 앞의 책(1970).

하면 누가가 이 문제를 해결하기 위하여 일차적으로 성서로부터의 증명을 시도하고 있지만, 이것으로 충분치 않기 때문에 증인의 모티브를 활용하고 있다는 것이다. 12명의 사도들은 부활의 증인들로 이미 발생한 죽은 자의 부활의 실제성을 믿게 할 수 있으며, 그것으로 부활의 소망에 대한 확실성(Zuverlässigkeit)을 보증할 수 있기 때문이다.[27] 그러므로 케겔(Kegel)은 부활에 있어서 가장 결정적인 본문을 17장의 아레오바고 설교로 본다.

3) 레제(M. Rese)

레제(M. Rese)는 1984년에 헨헨의 입장을 고수하면서, 그의 논문에서 예수의 죽음과 부활에 대한 진술들은 가장 오래된 선포(das älteste Kerygma)에 기인한 것이 아니라 누가의 신학(Lukanische Theologumena)에서 나온 것이라고 주장한다.[28] 그는 예수의 죽음만 언급된 곳(행 1:3, 3:18, 4:27, 7:52)은 각각의 상황에 연관되어 나타나지만 예수의 부활만 언급된 5곳(행 1:22, 4:2, 33, 17:18, 31)은 분명히 누가의 의도를 반영한다고 주장한다.[29] 그는 사도행전 4장 1절과 5장 17절 등을 예로 들면서 당시 근본적인 초대 기독교인들과의 갈등의 대상은 유대 고위층(즉 사두개파)이라는 것이다. 그 싸움은 단지 사두개파와 기독교의 싸움이며,

---

27) G. Kegel, 앞의 책(1970), 99.

28) M. Rese, Die Aussagen über Jesu Tod und Auferstehung in der Apostelgeschichte, in: *NTS* 30 (1984), 335-353.

29) M. Rese, 앞의 논문(1984), 340.

이때 바리새인은 중재자의 역할을 한다는 것이다. 4장 2절과 33절은 이러한 묘사의 목적(Zweck der Darstellung)을 잘 보여준다는 것이다.[30)]

4) 베르거(K. Berger)

베르거(K. Berger)는 누가 문서가 교회론적인 목적으로 쓰여졌다고 본다.[31)] 그는 누가가 순전히 기독교의 유대적인 성격 때문에 유대인 그리스도인들과 이방인 그리스도인들이 병존할 수 있다는 것을 보여주려는 의도를 보여준다고 말한다.[32)] 같은 맥락에서 '부활'이라는 주제는 일차적으로 유대적인 수신자들에게 초점 맞추어져 있다고 본다. 그리고 당대에 가장 최상의 유대교 대표로 드러나는 바리새파적인 유대인들에게 '화친'(和親/Annherung)을 꾀하려고 한다고 본다.[33)] 그리고 그는 특히 누가 문서에 나타난 친 바리새파적인 경향은 3가지 의미를 지니고 있다고 보았다.

첫째, 같은 그룹 내에서 같이 살아가고 있는 바리새파적 기독교인들에게 사도훈령(Aposteldekret)을 지키는 이방인들의 무해성(Ungefährlichkeit)을 강조하며, 둘째, 기독교적인 바리새인이 있음을 전제하고, 바리새파 유대교와의 동족(Verwandschaft)임을 강조하여, 유대적 바리

---

30) M. Rese, 앞의 논문(1984), 340.

31) K. Berger, *Theologiegeschichte des Urchristentums* (Tübingen u.a., 1995^2), 756.

32) K. Berger, 앞의 책(1995), 756.

33) K. Berger, 앞의 책(1995), 762-763.

새주의와 기독교적 바리새주의는 한 뿌리임을 보여주려고 한다는 것이다. 마지막으로, 유대교와 기독교의 평화를 창출해 내려고 친 바리새파적 경향을 띤다고 보았다.[34)]

위에서 본 바와 같이 헨헨(E. Haenchen), 케겔(G. Kegel), 그리고 레제(M. Rese)는 누가의 부활 설교(또는 부활에 대한 언급)를 누가의 신학적 작업에 기인한 것으로 보고 있다. 그리고 그 동기를 헨헨은 누가가 로마 당국자들을 향해 평화를, 그리고 베르거는 바리새파 유대인들을 향해 평화를 시도하고 있다고 본다. 또한 레제는 베르거와 마찬가지로 문제의 핵심을 유대교 내의 갈등으로 보았지만, 레제에게 있어서 당사자들은 사두개파와 기독교이며, 서로의 대립과 대칭을 강조한다. 반면 베르거에게 당사자들은 기독교와 바리새파이며, 서로의 일치성을 강조한다는 데 차이가 있다.

필자는 예르벨(J. Jervell)[35)]과 베르거(K. Berger)의 사도행전의 '유대적 성

34) Cf. K. Berger, Jesus als Pharis er und frühe Christen als Pharisäer, in: *NovTest* 30 (1988), 254-257.

35) J. Jervell은 그의 Meyer 주석에서 사도행전이 기존 독일 신학계를 지배하고 있던 이방인을 위한 문서라는 입장(M. Dibelius; Ph. Vielhauer; H. Conzelmann; E. Käsemann)에 대항하여 유대인을 위한 문서라는 입장을 견지하고 있는데, 그 근거를 아래와 같이 7가지로 들고 있다: ① 누가의 기독론 - 신약 내에서 가장 유대적이다. ② 교회론 - '교회'라는 용어 대신 '백성'(λαός)을 사용하며, 하나님의 백성으로서의 하나의 이스라엘을 의미한다. ③ 구원론 - 모든 이스라엘과 그 권속에게 주어진 약속들은 포기되지 않고 여전히 유효하다. ④ 율법(Tora)의 성취는 죄 용서와 구원을 이루는 것이 아니라 하나님의 백성으로서의 정체성(Identität)과 이스라엘의 한 하나님에 대한 고백의 표식(Zeichen)이다. ⑤ 유대적인 단어들과 개념들 그리고 관습들이 누가복음 1장부터 사도행전 28장까지

격'을 강조하는 입장을 비판적으로 수용하여, 누가가 사도행전을 쓸 때 이방인들만을 향해서 쓴 것이 아니라는 것, 즉 '죽은 자의 부활'이라는 개념을 통하여 유대인들, 특히 바리새파 유대인들과의 일치점을 강조하고 그들과의 평화로운 관계를 모색하는 점을 보이고자 한다.[36)]

3. 사도행전 내에서의 죽은 자의 부활의 기능

1) 바울의 재판 이유로서의 죽은 자의 부활

바울의 재판 이야기는 21장 27절에서 바울이 아시아에서 온 유대인들에게 붙잡힘으로 시작된다.[37)] 그들이 바울을 처음으로 체포할 때는

나타난다. ⑥ 바울은 유대의 사도 그리고 세계, 즉 디아스포라의 사도라는 인식을 갖게 한다. 그리고 탈퇴한 바리새인(Expharisäer)이 아니라 영원한 바리새인이다. ⑦ 누가의 언어(Sprache)는 독특하게도 70인역으로 특징 지워진 '성서인용적'이다. 이것은 누가가 다른 신약의 저자보다 많이 성서로부터 증명하고 있고, 또 그것의 적절한 장소는 회당이다. Cf. J. Jevell, *Apg* (KEK III), 50-51. 그리고 그의 사상이 잘 반영되어 있는 사도행전 신학서: J. Jervell, *Luke and the People of God: A New Look at Luke-Acts* (Minneapolis, 1972); J. Jervell, *The Theology of Acts of the Apostles* (Cambridge University Press, 1994), 윤철원 역, 《사도행전 신학》 (서울: 한들출판사, 2000).

36) 사도행전에 보편적인 사상이 나타나 있음은 분명한 사실이나, 보편적인 사상뿐만 아니라 유대인과의 관계를 나타내는 부분도 분명히 있다는 것이다.

37) 바울 재판에 관한 고전적인 연구서로는 J. Jervell, Paul: The Teacher of Israel. The Apologetic Speeches of Paul in Acts, in: ders., *Luke and the People of God: A New Look at Luke-Acts* (Minneapolis, 1972). 최근 독일의 연구서적으로는 Omerzu, H., *Der Prozess des Paulus. Eine exegetische und rechtshistorische Untersuchung der*

"각처에서 우리 백성과 율법과 이곳(예루살렘 성전)을 비방하여 모든 사람을 가르치는 그자인데 또 헬라인을 데리고 성전에 들어가서 이 거룩한 곳을 더럽혔다"(행 21:28)고 정죄한다. 그러나 아래의 도표에서와 같이 유대인들이 주장하는 바울의 죄목은 재판 때마다 약간의 차이가 있으나 바울이 '유대인의 율법'을 어겼다는 것으로 요약될 수 있다.[38]

	외부의 이해 (로마 재판관)	유대인들의 주장 (원고인)	바울의 주장 (피고인)	핵심 주제 (사안)
1		유대인 무리들 앞에서 21:28 1) 가르침: 유대인과 율법과 성전을 비방함 2) 성전을 더럽힘		백성을가르침과 성전 더럽힘
2			공회 앞에서: 23:6 - 죽은 자의 소망 곧 부활로 인해	죽은 자의 부활

Apostelgeschichte (BZNW 115) (Berlin, 2002). 한국 학자들의 글로서는 유상현, 《사도행전 연구》 [서울: 대한기독교서회, 1996. 2000(3쇄)]; 윤철원, 《신약성서의 그레꼬-로마적 읽기》 [서울: 한들출판사, 2000, 2002(2쇄)], 207-316. 제3부: 그레꼬-로마적인 관점에서 바울 재판의 새롭게 읽기.

38) 율법에 관한 주제는 이곳뿐 아니라 15장에서도 '예루살렘 사도회의'의 시작이 '율법'으로부터 제기되고 있고(행 15:1), 그리고 율법을 제기하는 것은 '바리새파' 기독교인이다(행 15:5). 18장에서 갈리오 총독 앞에서 유대인들은 바울을 '율법'을 어겼다는 문제로 고소하고 있지만, 갈리오 총독은 그들에게 "스스로 처리하라"고 말할 뿐이다. 21장에서 바울은 유대인들에 의해 체포되기 전에 야고보를 접견하는데, 여기서 야고보와 장로들은 바울이 '율법을 지킨다'는 사실을 보여주라는 권고를 한다(행 21: 17-26). 그리고 바울은 서원한 네 사람과 함께 결례를 행함으로 야고보의 요구에 응한다. Cf. M. Klinghardt, *Gesetz und Volk Gottes* (WUNT 2. Reihe 32) (Tübingen, 1988).

3	천부장이 벨릭스 총독에게 보내는 편지: 23:29 - 유대인의 율법 문제			율법
4		벨릭스 총독 앞에서: 더둘로의 고소 24:5 - 1) 소요케 함 (염병) 24:6 - 2) 성전을 더럽힘	벨릭스 총독 앞에서: 24:15 - 의인과 악인의 부활 24:21 - 죽은 자의 부활	죽은 자의 부활
5	베스도가 아그립바 왕께 보고: 25:19 - 자기들의 종교 또는 바울의 주장(예수의 부활).			예수의 부활
6			아그립바 왕 앞에서: 26:7 - 조상에게 약속하신 것, 소망: 죽은 자의 부활 (26:8) 26:23 - 예수의 고난과 부활, 빛을 선전	죽은 자의 부활 예수의 부활
7			로마에 있는 유대인 중 높은 사람에게: 28:20 - 이스라엘의 소망 때문에 쇠사들에 매임 (=죽은 자의 부활)	죽은 자의 부활

위 도표가 보여주는 바와 같이 바울 재판의 중요한 두 가지 이유는 '율법'과 '죽은 자의 부활'(예수의 부활 포함)이다.

그리고 재판을 바라보며 해석하는 3가지 다른 관점을 볼 수 있다. 첫 번째는 유대인들의 관점이다. 그들은 핵심적으로 바울을 율법을 어겼다는 이유로 고소하고 있다(행 21:27): 성전을 더럽혔고, 염병이라고 죄목을 열거하고 있지만 '율법을 어겼다'라는 말로 압축할 수 있다. 두 번째는 로마 관리들의 관점이다. 이들은 직접적인 판단을 주저하고 있다. 단지 바울이 로마 시민권을 주장하여 '가이사에게' 재판 받기를 원하기 때문에 바울을 더 높은 상급기관으로 한 단계씩 미루고 있을 뿐이다(행 25:12, 25, 26:32). 재판 원인에 있어서, 한편으로는 '유대인 간의 율법 문제'로, 또 다른 한편으로는 '예수의 부활 문제'로 파악하고 있다(행 23:29, 25:19).

그러나 이들의 공통된 입장은 1) 바울의 무죄를 입증하며, 2) 이 사건이 결코 정치적 사건이 아니라는 것을 확인해 준다. 마지막으로, 바울의 관점이다. 바울은 동사 κρίνομαι(행 23:6b; 24:21)와 ἐγκαλέω(행 26:6-8)를 사용하여 '죽은 자의 부활' 때문에 재판을 받고 있다고 언급한다. 이러한 표현은 사도행전 4장 1절 이하에서 사도들의 체포 이유와 같은 맥락에서 이해될 수 있다.

2) 박해의 근거로서의 죽은 자의 부활

사도행전 4장 2절에서 '죽은 자의 부활'은 사도들의 선포와 가르침의 대상으로 나타난다. 누가는 지금까지 단지 예수의 부활에만 초점을 맞추어 선포하였다고 보도한다.[39] 그러나 누가는 사도들이 '죽은 자의 부활'을 가르치고 선포하였다고 이곳에서 처음으로 보도하며, 아울러 '죽은 자의 부활'을 '예수의 부활'과 연결시키고 있다.[40] "예수 안에

39) Cf. 행 2:24, 32, 3:15.

40) O. Schwankle, *Die Sadduzäerfrage (Mk 12,18-27 parr)* (BBB 66) (Frankfurt a. M., 1987), 462. 예수의 부활과 죽은 자의 부활이 직접적으로 연결되어 나타나는 경우는 사도행전 26장 23절(πρῶτος ἐξ ἀναστάσεως νεκρῶν)이다. 그리고 3장 15절과 5장 31절의 'ἀρχηγός τῆς ζωῆς'에서 찾아볼 수 있다.

서"(ἐν τῷ Ἰησοῦ)라는 표현은 대부분의 학자들에 의해 '예수로부터 일반적인 부활이 시작되었다'는 의미로 받아들여지고 있다.[41]

4장 2절에서 사도들이 백성들에게 가르친 부분에 대해 싫어한 사람들은 '제사장들'과 '성전 맡은 자'와 '사두개인들'이라고 밝히지만, 그들 모두는 사두개파의 신학적 성향을 가지고 있는 자들이다.[42]

사도들은 과연 무엇을 가르쳤을까? 사도행전 4장 18절에 의하면, 유대 지도자들은 "예수의 이름으로 말하지도 가르치지도 말라"고 위협한다. 다시 말해 사도들이 '일반적인 죽은 자의 부활'에 대해 가르쳤기 때문에 사도들을 체포한 것이다.[43] 여기서 우리는 대립되는 두 그룹을 발견할 수 있다. 사도들에게 긍정적인 성향의 백성들과 그들을 두려워하며 사도들과 적대적인 관계에 있는 사두개파 계열의 지도자 그룹이다.

- **백성들(바리새파 성향) – 지도자들(사두개파 성향)**[44]

츠미예브스키(J. Zmijewski)는 누가가 사두개파 사람들을 '적'(Feinde)으로 묘사하고 있다고 본다.[45] 여기서 우리는 봐이저(A. Weiser)의 예리

41) G. Schille, *Apg*, 131; R. Pesch, *Apg* I, 164 등. Cf. 행 26:23.

42) W. Schmithals, *Apg*, 48-49; J. Roloff, *Apg*, 80-81.

43) J. Zmijewski, *Apg*, 209; E. Haenchen, *Apg*, 212-213; 그 외의 다른 학자들은 첫째로, 백성을 가르쳤고, 둘째로, 부활을 선포했기 때문이라고 본다: J. Jervell, *Apg*, 175; G. Schneider, *Apg* I, 343.

44) Weiser는 백성은 바리새파에게, 지도자들은 사두개파에 속한다고 주장한다: A. Weiser, *Apg* I, 125.

45) J. Zmijewski, *Apg*, 210.

한 지적에 주목할 필요가 있다. 사도들의 부활 가르침에 시기한 그룹, 즉 사도들의 적대자들 그룹에 바리새인은 전혀 언급되지 않고 있다는 점이다.[46)]

3) 이해되지 않는 개념으로서의 부활: 아덴에서의 설교에서(행 17:16-31, 32)

아덴에서의 설교는 유대인을 향한 설교와 비교하였을 때 성서로부터의 부활 증명이 나타나지 않으나, 회개 요구와 하나님의 예수를 일으키는 행위는 그대로 나타난다. 누가는 사도행전 17장 18절에서 바울이 아덴의 청중에게 전한 것은 "τοὺ Ἰησοῦν καὶ τὴν ἀνάστασιν"이라고 요약한다. 예수와 함께 언급된 'ἀνάστασις'는 '여성신의 이름'으로 보는 데에 대부분의 학자들은 동의하고 있다.[47)] 그리고 이 설교는 결국 17장 32절에서 바울이 '죽은 자의 부활'을 전했다고 다시 요약된다. 그리고 예수의 심판자로서의 직무가 다시 한 번 강조되며,[48)] 하나님은 예수의 부활을 장차 모든 이에게 심판이 있다는 사실에 대한 증거로 사용하신다는 것이다. 그러므로 모든 사람에게 회개하라고 바울이 선포하는 것이다(행 17:30).

여기서 두 가지가 중요하다. 첫째, 17장 18절이 보여주듯이 이방인

---

46) A. Weiser, *Apg*, 77.

47) J. Roloff, *Apg*, 258; R. Pesch, *Apg* II, 134; H. Conzelmann, *Apg*, 105; E. Haenchen, *Apg*, 497; G. Schille, *Apg*, 354; G. Schneider, *Apg* II, 236; W. Eckey, *Apg* II, 293; J. Zmijewski, *Apg*, 639; F. Mu ner, *Apg*, 104; J. Fitzmyer, *Act*, 605.

48) Cf. 행 10:42.

에게는 '죽은 자의 부활'이 이해되지 못하는 주제이다. D. Zeller 역시 당시 그레꼬-로마 시대의 문헌들을 살핀 결과 종말적인 죽은 자의 부활, 그리고 일반적인 부활의 시작으로서의 예수의 부활과 같은 유사 본문을 찾지 못한 채, 유대적인 근원에서만 찾을 수 있는 개념이라고 주장한다.[49] 둘째, 청중들의 반응이다. 예르벨(Jervell)이 주장하듯이 이방 선교에 있어서는 유대인들과 같은(행 2:41-3,000명, 4:4-5,000명) 괄목할 만한 결과가 나오지 않았다는 주장은 누가의 문서가 유대적인 문서라는 근거가 된다.[50] 두 가지로 나누어진 청중들의 반응은 두 가지 모두 부정적이었다는 데 많은 학자들이 동의하고 있다.[51] 즉 이방인들에게는 이해될 수 없는 개념이다.

4) 이스라엘의 소망으로서의 죽은 자의 부활[52]

ἐλπις는 사도행전에서 명사로 8번,[53] 동사로 2번 나타난다. 특히 4

49) R. Hoppe/U. Busse, (Hrsg.), *Von Jesus zum Christus. Christologische Studien - FS für Paul Hoffmann zum 65. Geburtstag* (BYNW 93) (Berlin/New York, 1998), 71-91.

50) J. Jervell, *Apg*, 50-51. 그러나 Tyson의 Jervell에 대한 비판을 참고하시오: J.B. Tyson, *Luke, Judaism, and the Scholars, Critical Approach to Luke-Acts* (University of South Carolina Press, 1999), 91-109.

51) F. Muβner, *Apg*, 107; G. Schneider, *Apg* II, 244; J. Jervell, *Apg*, 451; J. Zmijewski, *Apg*, 647. 그러나 둘째 반응을 긍정적으로 보는 학자는 Weiser를 들 수 있다: A. Weiser, *Apg*, 265.

52) K. Haacker, Das Bekenntnis des Paulus zur Hoffnung Israels nach der Apostelgeschichte des Lukas, in: *NTS* 31 (1985), 437-451.

53) 행 2:26, 16:19, 23:6, 24:15, 26:6, 7, 27:20, 28:20. 명사로서 ἐλπίς는 신약 중

번은 바울에 의해 언급되는데, 모두 '이스라엘의 소망 때문에'(행 23:6, 24:15, 26:6-8, 28:20) 법정에 서게 되었다고 바울은 진술한다. 에카이(W. Eckey)가 언급하듯이 '이스라엘의 소망'은 바울의 재판 과정에서 가장 중요한 주제이다. 그리고 누가는 '누가복음의 서두에서부터 사도행전의 끝까지 언급한다.'[54] 이 소망은 각각 죽은 자의 소망을 가리킨다.

(1) 사도행전 23장 6절

사도행전 23장 6절에서 바울은 공회에서 재판 받는 이유를 "περὶ ἐλπίδος καὶ ἀναστάσεως νεκρῶν"라고 말한다. 이 구절은 두 가지 해석 가능성이 있다: 첫째는, '소망 때문에, 그리고 죽은 자의 부활 때문에'. 둘째는 '죽은 자의 소망 때문에.'[55] 그러나 이 구절을 Hendiadioyn[56]으로 보는 것이 옳다. 왜냐하면 그 이후에 죽은 자의 부활과 소망의 직접적인 관계를 나타내기 때문이다. 공회는 죽은 자에 대한 부활의 소망 때문에 두 부류로 나뉘었다. 그리고 바울이 하는 말은 다분히 의도적으로 보인다:[57] "나는 바리새인이다. 또 바리새인의 아들이다. 죽은 자의 소망 곧 부활을 인하여 심문을 받는다." 이러한 과도한 바리새인으로서의 바울의 강조는 곧 이어질 바리새인들의 도움을 기

사도행전에서 가장 많이 등장한다.

54) W. Eckey, *Apg*, 589.

55) Cf. R. Pesch, *Apg* II, 240.

56) Cf. H. Conzelmann, *Apg*, 137; F. Blass/A. Debrunner/F. Rehkopf, *Grammatik des neutestamentlichen Grieschisch* (Göttingen: V&R, [15]1979), § 442, 9b.

57) Schneider는 바울의 언급이 의도적(absichtlich)으로 선택되었으며, 바리새파의 종말론적 기대와 기독교의 부활신앙이 연결될 수 있다고 본다: G. Schneider, *Apg* II, 332.

대하게 한다. 누가는 이후에 공회에서의 소란에 대해 보도할 때도 철저히 바리새파 입장을 대변하고 있다(9절). 사두개파의 부정적 신앙, 즉 부활, 천사, 영에 대한 불신앙, 그리고 바리새인의 긍정적 신앙, 즉 '모두 다 믿는다'를 대조시키고 있다. 아울러 누가는 부정적인 사두개인의 입장은 전혀 반영하지 않고,[58] 바리새파 유대인들의 의견, 즉 바울의 무죄성을 다시 한 번 언급함으로 자신의 바리새파에 대한 긍정적인 태도를 잘 보여준다.

(2) 사도행전 24장 15절

바울은 고발하는 무리를 향해서 그들과 공감대를 가지고 있다고 강조한다: "저희의 기다리는 바 소망을 나도 가졌다." 하지만 바울이 언급하는 구체적인 소망의 내용은 '의인과 악인의 부활'이다. 헨헨(Haenchen)은 이곳에서 기독교의 부활신앙과 유대교의 부활신앙의 차이가 분명하게 드러난다고 본다.[59] 그러나 αὐτοὶ οὗτοι 라는 표현은 여기서 강조용법으로, '유대교와 기독교의 일치성(Gemeinsamkeit)'을 보여주는 것이다.[60] 물론 부활신앙을 부정하는 사두개파는 여기에서

---

58) Parker에 의하면 사두개인들이 천사와 영을 거절하는 이유는 두 가지이다: 첫째, 천사들은 종말론적인 세계관에 귀속되기 때문이다. 둘째, 천사는 종종 예정(predestination)과 섭리(providence)의 대리자로 봉사하기 때문이다: F. Parker, The Terms "Angel" and "Spirit" in Acts 23:8, in: *Biblica* 84 (2003), 365.

59) 예를 들면, E. Haenchen, *Apg*, 627. 그러나 Billerbeck은 그의 사도행전 주석에서 의인과 악인의 부활에 관한 다른 전승이 있음을 증거하고 있다. Cf. Billerbeck, *Apg*, 768; ders., Exkurs: "allgemeine Auferstehung oder teilweise Auferstehung der Toten?"

60) G. Schneider, *Apg* II, 348.

배제된다.

(3) 사도행전 26장 6-8절

바울은 아그립바 왕 앞에서 다시 한 번 죽은 자의 부활 때문에 재판을 받는다고 천명한다. 여기서 분명히 강조되는 것은 바울 자신이 율법을 범했다든가, 성전을 더럽혔다고 해서 그에 대한 변명을 늘어놓는 것이 아니라는 것이다. 여기서 바울은 23장과 마찬가지로 여전히 '바리새인'으로서 재판정에 서 있으며, 조상에게 약속하신 부활에 대한 소망 때문에 재판 당한다고 강조한다.[61] 바울은 '죽은 자의 부활'을 선교 설교에서처럼 직접 성서로부터 증명하는 것이 아니라(예, 시 16편) 조상들에게 주어진 유래한 약속이라고 언급한다.

그리고 이 변호 연설은 세 번에 걸쳐 '부활'을 강조한다. 즉 바울이 6절에서 조상들에게 약속하신 '이스라엘의 소망' 때문에 재판을 받는다는 것이며, 7절에서 다시 한 번 그 소망 때문에 심문당한다고 강조한다. 그리고 23절에서는 성서의 약속으로서의, 즉 선지자들과 모세가 예언한 내용으로서의 '예수의 부활'을 언급한다. 세 곳 모두 '부활'을 가리키며, 세 곳 모두 바울의 변명에 있어서 '핵심'으로 간주된다.

8절의 "당신들은 하나님이 죽은 사람을 살리심을 어찌하여 못 믿을 것으로 여기나이까?"라는 질문에는 사도행전 전반부에서 집중적으로 강조된 예수 부활의 주체가 '하나님'이시라는 하나님 중심적인(Theozentrik) 누가의 신학이 깔려 있다.[62]

---

61) 행 26:7.

62) 예수의 부활에 있어서 그 주체는 항상 하나님이시며, 예수는 그 대상이 된다.

여기서도 역시 바울의 무죄를 강조하는 긍정적인 면이 나타나지만, 부활의 교리에 대하여는 이방인들에게서 나타나는 부정적 결과(행 17:32, 26:24)를 보여주고 있다. 이처럼 가장 핵심적인 부분－죽은 자의 부활 교리－에서 로마 당국자들은 바울과 하나가 되지 못한다.[63)]

(4) 사도행전 28장 20절

28장 16-20절에서 바울은 로마에 있는 유대인 중 높은 사람들을 청하게 된다. 여기서 문제는 바울은 '가이사에게 서기 위해'(행 25:11, 27:24) 로마에 왔지만 정작 누가는 바울의 가이사 앞에서의 심문 대신 유대인 중 높은 사람들과 대화를 보도하고 있다.[64)] 그리고 다시 한 번 '이스라엘의 소망 때문에 쇠사슬에 매인 바 되었노라'고 그들에게 설명한다(행 28:20). 여기서 직접적으로 언급하지 않고 있지만 이미 독자들이 알고 있듯이 이스라엘의 소망은 '죽은 자의 부활'을 가리킨다.[65)] 간접적으로 표현되었을 뿐, 지금까지 일관되게 말해 오던 바울의 재판 이유이다.

그리고 유대인을 향한 설교에서 공통적으로 나타나는 핵심적 요소는 '유대인들의 예수 죽음에 대한 책임성'(2:23, 3:15, 5:30, 10:39, 13:28)과 '12사도들의 증거'(2:32, 3:15, 5:32, 10:41, 13:31), 그리고 '하나님의 예수를 일으키시는 행위'(2:24, 3:15, 4:10, 5:30, 10:40, 13:30)이다.

63) 행 26:28.

64) 사도행전의 결말 부분에 관한 토론에 관해: 유상현, 앞의 책(2000), 232-251.

65) J. Jervell, *Apg*, 624.

4. 사도행전에서의 친바리새파적 경향의 본문들[66)]

바리새인들은 신약에서 두 가지 면에서 중요하다. 첫째는 복음서에서 예수의 주 대적자(Hauptgegner)로 나타나며, 둘째는 유대교의 근원을 바리새파에서 찾고 있기 때문이다.[67)] 그러나 사도행전에서 그들은 더욱 중요한 역할을 한다. 사도행전 내에서 단수로 세 번 나타나며(행 5:14, 23:6, 26:5), 단체로 네 번 나타난다(행 15:5, 23:6f., 23:8, 9). 그들은 기독교와 가르침에 있어서 매우 가까우며,[68)] 특히 죽은 자의 부활에 있어서 공감대를 형성한다.[69)] 사도행전 내에서 바리새파에 대한 부정적인 표현은 찾아볼 수 없는 반면 바리새파에 대한 긍정적인 표현들은

---

66) 누가의 친바리새파적 경향은 학계에서 이미 보편화되어 가고 있다: R.L. Brawley, *Luke-Acts and the Jews* (Atlanta: Scholars Press, 1987), 84-106; U. Kellermann, "συνέδριον", in: *EWNT* III, 717-721. 특히 720. F.W. Horn, *Glaube und Handeln in der Theologie des Lukas* (GTA 26) (Göttingen, ^{2}1986), 225f.; K. Berger, 앞의 책(1995) 141; A.J. Saldarini, *Pharisees, Scribes and Sadducces in Palestian Society* (Michiagan/ Cambridge, 2001), 185; R. Maddox, *The Purpose of Luke-Acts* (FRLANT 126) (Göttingen, 1982), 40-42. 그리고 누가가 '바리새인'일 가능성에 대하여: 임인호, "누가복음서 독자와 바리새(파)", 〈신약논단〉 제13권 제1호(2006년 봄), 75-109; Cf. J.T. Sanders, *The Jews in Luke-Acts* (Philiadelphia: Fortress Press, 1987). Sanders는 사도행전에 나타나는 바리새인들을 두 부류로 구분하고 있다. 첫째는 토라에 대해 잘못된 생각을 가지고 있는 그리스도인인 바리새인과 둘째, 교회에 대해 아주 친절하고 도움이 되는 비그리스도인인 바리새인이다. 앞의 책(1987), 96-97.

67) Cf. J. Neusner, *Judentum in frühchristlicher Zeit* (Stuttgart, 1988), 49.

68) Cf. G. Schneider, *Apg* I, 398, 각주 115번.

69) 사도행전 24장 15절의 '의인과 악인'의 부활을 바리새파 유대인들이 믿었는가에 대해서 대부분의 학자들은 회의적 입장을 취하고 있다. 그리고 물론 그들이 '예수의 부활'을 믿지 않았다는 결정적인 차이점을 가지고 있다.

곳곳에서 찾아볼 수 있다. 한편 유대교 내에서 '죽은 자의 부활'을 부정하는 사두개파 유대인들과 사두개파 부류의 지도자들은 부정적으로 나타난다.

1) **바리새파 가말리엘의 조언**(행 5:33-42)[70]

바리새파 사람 가말리엘의 조언은 중요한 의미를 지닌다. 가장 먼저 그를 소개할 때 바리새파 사람이며, 모든 백성에게 존경을 받는다고 소개하고 있는 점이다(행 5:34). 그는 두 가지 사건을－드다와 갈릴리 유다와의 사건－[71] 예로 들면서 "상관 말고 내버려두라"는 관망의 자세를 취할 것을 공회 중에서 이야기한다. 왜냐하면 "사람에게서 났으면 무너질 수밖에 없고, 하나님께로서 났으면 무너뜨릴 수 없고, 도리어 하나님을 대적하는 자가 될 수 있기 때문"이다(행 5:38-39).[72] 그리

---

70) 가말리엘의 태도가 매우 긍정적이고, 누가의 친 바리새파적 경향을 드러낸다고 보는 학자들: A.J. Saldarini, 앞의 책(2001), 185; R. Maddox, 앞의 책(1982), 41: "Clearly, then, Luke is appealing to the common ground between Christians and Pharisees on the doctrine of resurrection. It is not because of the Law that Luke has a positive attitude to the Pharisees."

71) 드다(행 5:36)와 갈릴리 유다(행 5:37). 이 사건의 보도는 요세푸스에 의하면 순서가 뒤바뀌었다. Cf. Josephus, *Jüd. Altert.* XVII, 10, 8. Haenchen은 드다의 사건이 가말리엘이 이야기하는 시점보다 20년 후에 발생한 사건이라고 본다: E. Haenchen, *Apg*, 246.

72) '사람의 뜻'과 '하나님의 뜻'의 대조는 베드로의 4장 19절 이하와 5장 29절의 대답을 상기시킨다. "하나님 앞에서 너희의 말을 듣는 것이 하나님의 말씀을 듣는 것보다 옳은가 판단하라"(행 4:19); "사람보다 하나님께 순종하는 것이 마땅하니라"(행 5:29).

고 가말리엘의 의견은 그들 가운데 "옳게 여김"을 받았고(행 5:40), 그 결과 사도들은 더욱 득의하여 기쁨으로 공회를 떠나게 된다. 그런데 단순히 풀려난 것이 아니라 한 가지 조건, 즉 '예수의 이름으로 말하지 말 것'을 전제하고 풀려났다는 것이다(행 5:40).

이 한 가지 조건은 바로 직전 5장 28절에서 언급된 '예수의 죽음과 부활 사건'이다. 그리고 초대교회의 상황을 요약 보도하고 있는 4장 33절에서는 '예수의 이름으로 말하는 것'의 핵심이 바로 '예수의 부활'이다. 조금 더 거슬러 올라가면 4장 18절에서 공회원들은 "예수의 이름으로 말하지도 말고 가르치지도 말라"고 금한다. 4장 2절에서 사두개파 성향의 사람들은—제사장들과 성전 맡은 자들—'백성을 가르침과 예수를 들어 죽은 자 가운데서 부활하는 도(道) 전함을 싫어하여' 사도들을 잡아 가두게 되는 것이다. 궁극적인 갈등의 원인은 예수의 부활과 죽은 자의 부활에 있음을 분명히 하고 있다. 즉 죽은 자의 부활의 가르침을 받아들이느냐, 못 받아들이느냐의 문제인 것이다.

결과적으로 가말리엘의 연설 이후에 갇혔던 사도들은 풀려나게 되었다. 이러한 보도를 하고 있는 누가의 태도에 대해 살다리니(A.J. Saldarini)와 매독스(R. Maddox)는 매우 호의적이라고 본다.[73]

2) 현재 바리새인으로서의 바울(행 23:6, 26:5)[74]

73) Cf. A.J. Saldarini, 앞의 책(2001), 185; R. Maddox, 앞의 책(1982), 40-42.

74) 이 문제에 대한 개괄적인 연구 상황을 소개하는 책들은 다음과 같다: Ch. Burchard, Paulus in der Apostelgeschichte, in: *ThL* 100 (1975), 881-895; G. Schille, *Das älteste Paulusbild. Beobachtungen zur lukanischen und zur deuteronomischen Paulusdarstellung* (Berlin, 1979), 9-52; W. Eckey, *Apg* II, 515-516; J.A. Fitzmyer, Acts,

예르벨(J. Jervell)은[75] 사도행전에서 바울이 자신의 편지에서처럼 과거의 바리새인이 아니라[76] 현재 바리새인으로 묘사된 부분에 주목하였다. 그리고 그것은 누가에게 결정적인 의미를 가진다고 보았다.[77] 과거의 바리새인으로 간주하는 바울 서신의 본문과 비교하여 역사적 사실과는 거리가 먼 것처럼 보이기 때문에 많은 학자들은 사도행전 23장 6-9절까지를 누가의 창작물(Schöpfung des Lukas)로 보고 있다.[78] 하지만 바레트(C.K. Barrett)와 같은 학자는 이러한 입장에 반기를 들며, 누가가 법정에서의 조서를 꾸민 것이 아니라고 강조한다.[79] 단지 유대교 측과 로마 권력 측, 그리고 바울과의 논쟁을 전달하는 데 초점을 맞추었다는 것이다. 우리는 이 본문을 통해 누가의 강조점이 무엇인지, 그리고 누가의 사상이 어느 파에 속해 있는지를 분명하게 간파할 수 있다. 바울은 두 파가 양립되어 있는 것을 알고, 바울은 자신이 바리새파 소속임을 밝힌다. 자신이 바리새파에 속한 것뿐 아니라 자신

129-152. 특히 145-147.

75) J. Jervell, Paulus, der Lehrer des Israels, in: *NovTest* 10 (1968), 164-190. 여기서는 174.

76) 빌 3:5 이하.

77) J. Jervell, 앞의 책(1968), 175.

78) J. Roloff, *Apg*, 326; W. Schmithals, *Apg*, 206; E. Haenchen, *Apg*, 615; G. Stählin, *Apg*, 288; A. Weiser, *Apg*, 340; 최근 Omerzu는 "역사적이거나 전승적인 연결점(Haftpunkt)이 없으며, 전적으로 누가에게서 기인한다"고 본다. Cf. Omerzu, H., 앞의 책(2002), 395. 하지만 R. Pesch 같은 경우는 '이해하기 힘든 장면(groteske Szene)'으로 이해한다. Cf. R. Pesch, *Apg* II, 240; C.K. Barrett는 누가가 전형적인 역사가가 아니며, 단지 3각의 논쟁을 보도하고 있다고 주장한다: 즉 유대인, 로마 관료, 그리고 바울: Cf. C.K. Barrett, *Acts* II, 1053.

79) Cf. C.K. Barrett, *Acts* II, 1053-1054.

의 아버지도 바리새파에 속함을 언급하고, 더 나아가 바리새파와 사두개파의 가르침 가운데 가장 본질적으로 다른 '죽은 자의 소망 곧 부활' 때문에 심문 당한다고 언급한다. 이러한 언급은 이후에 벌어지는 결과를 놓고 볼 때 다분히 의도적이라 볼 수 있다. 바울이 속한 바리새파에서 적극적으로 '바울의 무죄성'을 입증하고 나오기 때문이다.

전체적으로 볼 때 23장의 공회 앞에서의 바울에 대한 바리새파와 사두개파의 반응은 극명하게 대조되고 있다. 즉 사두개파의 입장은 다른 곳에서와 마찬가지로 매우 소극적이며 부정적으로 묘사되고 있지만, 반면에 바리새파 유대인들이 반응은 매우 적극적이다. 사두개파는 바리새파 중 몇 서기관이 나와서 바울의 무죄를 언급할 때 아무도 반박하는 사람이 없었다는 것이다. 그리고 이 사건을 보도하고 있는 누가도 바리새파에 대해 긍정적으로 부연 설명하고 있다.[80)]

사도행전 23장 8절에서 사두개파의 신앙에 대해 소개할 때 부정어 μή와 두 번의 μήτε를 사용하고 부활, 천사, 영을 부정한다고 전하지만, 바리새파의 신앙은 세 가지 모두 있다고 '고백한다'(ὁμολογοῦσιν)고 전한다.

그러므로 포코르니(Petr Pokorny)는 이 부분에서 사도행전의 편집자가 공공연히 바울의 입장과 바리새파의 입장에 서 있다고 본다. 특별히 이 이야기가 누가는 물론 누가의 공동체와 수신자들에게 중요한 의미를 지니고 있다. 왜냐하면 공회에서의 바울의 변호는 근본적인

---

80) Petr Pokorny, *Die Hoffnung auf das ewige Leben im Spätjudentum und Urchristentum* (AVTRW70) (Berlin, 1978), 7.

갈등인 바리새인파와 사두개파 사이의 갈등, 즉 유대교 내부의 갈등(innerjüdischer Konflikt)을 보여주기 때문이다.[81] 위와 같은 사실을 통해 알 수 있는 것은 사두개파는 바리새파의 적일 뿐 아니라 그리스도인들에게도 적이 된다는 점이다.

26장에서 바울은 자신이 속한 바리새파를 "우리 종교의 가장 엄한 파"(5절)라고 표현하는 것은 같은 유대교 내에서도 경쟁상대로 나타나는 사두개파보다 상대적으로 우위에 있음을 강조한다.

5. 요약적 결론과 신학적 의미

위에서 본 바와 같이 사도행전에서 '죽은 자의 부활'은 바울의 재판 이유로서, 박해의 근거로서, 이방인들에게는 이해되지 않는 개념으로서, '이스라엘의 소망'으로서 나타난다. 사도 바울은 그의 재판 과정에서 고소하는 유대인들의 '율법' 문제와는 달리 '죽은 자의 부활' 사상 때문에 심문 당한다고 반복하여 강조한다. 바울은 자신의 무죄성에 대해서 변명하는 데 그치지 않고 오히려 자신의 유대인 출신을 강조하며, 자신의 신앙에 대해 강조한다. 그러나 이 모든 개념들은 재판을 진행하는 로마 당국자들에게는 직접적인 관련이 없는 문제로 나타난다. 특히 23장의 공회 앞에서의 바울의 변명은 단지 유대교 내의 신학적 갈등을 적나라하게 보여주며, 문제의 핵심과 갈등의 원인

81) Cf. K. Berger, 앞의 책(1995), 763; R.L. Brawley, 앞의 책(1982), 99.

이 무엇인지 분명하게 밝혀 준다. 즉 '죽은 자의 부활'이다.

이방인들에게 '죽은 자의 부활'이라는 사상은 바울의 선포 결과가 말해 주듯이 이해되지 않는 개념으로 나타나 간접적으로 그 사상이 '유대인들에게만' 의미가 있음을 시사하고 있다. 그리고 이스라엘의 소망으로서 '죽은 자의 부활'은 직접적으로 '유대인', 특히 바리새파 유대인들과의 신학적 공감대를 재확인하는 중요한 매개체로 작용한다. 이러한 강조는 동시에 유대교 내에서 가장 영향력을 행사하는 두 그룹인 '바리새파와 사두개파'를 구분 짓는 중요한 가늠자이다.

누가는 기독교의 핵심 개념인 '죽은 자의 부활'이 바리새파 유대교의 부활 사상과 일맥상통함을 강조하고 있다. 같은 맥락에서 23장에 공회에서의 사두개파와 바리새파의 대립의 묘사는 기독교의 신학적인 공감대가 사두개파가 아닌 바리새파임을 분명히 보여주고 있다. 아울러 바울이 바울 서신과 달리 '현재의 바리새인'으로 남아 있는 이유도 설명된다.

사도행전 5장에 나타난 바리새인 가말리엘의 기독교에 대한 호의적 태도는 바리새파 유대교가 결코 기독교의 적이 아니라는 것을 입증한다. 하지만 기독교의 신학과 정반대에 놓여 있는 사두개파는 오히려 바리새파의 대적일 뿐 아니라 기독교의 대적자로 나타난다. 사도행전 4장에서의 '죽은 자의 부활' 때문에 사도들을 가두고 부활의 가르침을 전하지 못하게 하는 이유가 사두개파와 바리새파, 그리고 사두개파와 그리스도교의 관계성 속에서 이해될 수 있다. 그리고 바리새파는 사도행전에서 전반적으로 긍정적으로 드러나지만 사두개파는 복음 전파의 걸림돌로, 또한 가장 핵심적인 기독교 교리인 '죽은 자의 부활'을 거부하는 자들이다.

누가의 이러한 설정은 주후 70년 이후 설 자리를 잃어버린 사두개파에 대한 신학적 비판인 동시에 가장 대표적인 유대교의 핵심 세력으로 부상한 바리새파와의 '평화적 관계'를 모색하고자 하는 누가의 시도로 엿볼 수 있다. 결론적으로 '죽은 자의 부활'이라는 개념은 사도행전이 가지고 있는 유대적인 성격을 드러낸다.

3장

사도행전에서의 부활 관련 구약 인용

- 사도행전 2장과 13장을 중심으로 -

1. 서론

구약성서는 누가 문서에서 빼놓을 수 없는 중요한 역할(major role)을 하고 있다.[82] 인용 빈도수[83]뿐만 아니라 그 의미에 있어서도 핵심

82) "The OT plays a major role in Luke's work, particularly in the christological speeches of the first half on Acts", F. Bovon, *Luke the Theologian* (Waco: Baylor University Press, 2006), 2nd Edition, 89.

83) 사도행전에서 구약 인용의 수를 계산하는 데 있어서 학자들은 약간의 차이를 보이고 있다. E.E. Elis 같은 경우는 23회(*OT in early Christianity*, 53), M. Rese(*Funktion*, 69)나 H.B. Swete(*Introduction*, 388), C.J. Steyn(*Septuagint Quotation*, 29) 같은 경우는 24회로 계수한다. 구체적으로 살펴보면, 소예언서 네 곳(요엘 3:1-5 = 행 2:17-21; 암 5:25-29 = 행 7:42-43; 합 1:5 = 행 13:41; 암 9:11-12 = 행 15:16-18), 이사야서에서 다섯 곳(사 66;1-2 = 행 7:49-50; 사 53:7-8 = 행 8:32-33; 사 55:3 = 행 13:34; 사 49:6= 행 13:47), 시편 여섯 곳(시 69:26과 시 109:8 = 행 1:20; 시 15:16:8-11 = 행 2:25-28; 시 110:1 = 행 2:34; 시 2:1 = 행 4:25; 시 2:7 = 행 13:33; 시 16:10 = 행 13:35), 모세 오경에서 열 곳[신 18:15-20 = 행 3:22; 레 23:29 = 행 3:23(one combined quotation); 창 22:18= 행 3:25; 창 12:1= 행 7:3; 창 15:13 = 행 7:6-7; 출 2:14 = 행 7:27-28; 출 3:5,7-10 = 행 7:33-34; 출 2:14 = 행 7:35; 신 18:15 = 행 7:37; 출 32:1,4,8,23 =

적인 연구주제로 자리매김되고 있기 때문이다. 특히 사도행전에서의 설교 가운데 기독론적인 언급의 증빙 자료로서 그 기능이 두드러지게 나타난다. 누가 문서에서의 구약성서 인용에 대한 연구는 1950년대 이후 활발하게 이루어져 왔는데,[84] 그 연구는 주로 두 가지 방향으로 진행되어 왔다.[85] 즉 인용문과 암시문의 출처에 관한 질문과 신약 본문에서의 신학적 기능과 역할에 관한 연구이다.

본서에서는 누가가 인용하고 있는 구약성서의 본문들 중 예수 그리스도의 부활과 직접적으로 관련이 있는 본문들을 중심으로 살펴, 그 본문들의 구약에서의 본래적 의미와 배경이 무엇이며, 그리고 그 본문들의 사도행전 내에서 어떤 신학적 의미를 가지는지 살펴보게

행 7:40]이다. 그리고 Steyn의 통계에 따르면, 아모스서 2회(스데반 설교 1회, 야고보 연설 1회), 요엘서 1회, 하박국서 1회, 이사야서 5회(바울 설교 3회, 스데반 설교 1회, 빌립 설교 1회), 시편 7회(베드로 4회, 바울 2회, 기도 1회), 창세기 3회(베드로 설교 1회, 스데반 설교 2회), 출애굽기 5회(바울 설교 1회, 스데반 설교 4회), 레위기 1회(베드로 설교 1회), 신명기 2회(베드로 설교 1회, 스데반 설교 1회) 합하여 27회 인용되었다. Cf. Steyn, 앞의 책, 29.

84) 사도행전 전반에 관한 최근의 연구에 관해서는 Jens Schroeter의 연구사를 참조. Cf. ThR 72 (2007), 179-230. 그는 1982년 이후의 사도행전 전반에 관한 연구물들과 주석서들을 요약정리하고 있다. 그리고 최근의 영미 계통의 연구 경향은 필립스가 편집한 책을 참조. Cf. Th.E. Philips, *Contemporary Studies in Acts* (Georgia: Mercer University Press, 2009). 그리고 누가 문서에서의 구약에 대한 연구사에 대해서는 Gert J. Steyn, *Septuagint Quotations in the Context of Petrine and Pauline Speeches of the Acta Apostolorum* (Kampen: Kok Pharos, 1995), 4-21; 특히 1950년부터 2005년까지 55년까지의 연구사를 요약한 F. Bovon, 위의 책, 87-122 참조.

85) 강선남, "베드로 오순절 설교의 요엘 인용문 연구", 〈신학사상〉 153, (2011 여름), 10. 강선남은 기존의 누가 문헌에 나오는 구약성서 연구가 자료의 출처를 찾는 데에 노력을 기울였지만 정작 추정자료에 대한 상세한 분석이 결여되었다고 비판한다. 같은 곳. 11쪽 각주 1번 참고.

될 것이다. 이를 잘 드러내고 있는 구약의 본문 네 곳(시 16:8-11, 110:1, 2:7; 사 55:2)과[86] 그 본문을 인용하고 있는 두 설교, 즉 베드로의 오순절 설교(행 2:14-36)와 바울의 비시디아 안디옥 설교(행 13:16-41) 중에서 예수의 부활과 직접적으로 관련하여 인용되고 있는 사도행전 2장 25-35절과 13장 33-35절을 중심으로 살피게 될 것이다. 아울러 시편 2편 7절과 관련된 사도행전 13장 33절의 "ἀναστήσας 'Ιησοῦν"의 해석 문제를 다룰 것이다.

2. 베드로의 오순절 설교에서의 부활 관련 구약 인용 (행 2:25–28, 34–35)

베드로의 오순절 설교에서는 구약 본문 세 곳(욜 3:1-5a; 시 16:8-11a; 110:1)이 인용되고 있다. 가장 먼저 인용된 요엘서 3장 1-5a절(행 2:17-21)은 성령 받은 사람들이 술 취했다는 청중들의 오해 불식과(행 2:15) 아울러 성령 강림의 정당성을 확보하는 목적으로 사용되고 있다. 이어지는 구약의 두 본문(시편 16편과 110편)의 인용은 벌어지고 있는 상황과 다소 동떨어져 있는 주제인 케뤼그마, 즉 예수의 죽음과 부활에 대해 선포될 때 그 증거로서 기능하는데, 이로써 자연스럽게 본 설교의 핵심주제로 옮겨가고 있다. 이때 사도행전 내에서의 다른 유대인들을

86) 후에 살펴보겠지만 시편 2편 7절의 경우 예수의 부활보다는 '예수의 보내심'과 관련됨을 볼 수 있다.

향한 설교에서와 마찬가지로[87] 구약의 본문을 통한 '성서로부터의 증명'(Schriftbeweis)을 시도한다. 이 설교에서 저자는 같은 구약의 본문을 인용하고 있는 13장에서의 비시디아 안디옥 설교보다 더욱 강하고 체계적으로 부활의 성서 증거 본문으로 활용하고 있다.[88] 왜냐하면 청중들의 눈앞에서 예수의 부활 사건에 대해 "ἡμεῖς ἐσμέν μάρτυρες" 우리가 바로 (그/그 일에 대한) 증인이다]라고 증언하는 열두 사도들의 '증인 모티브(Zeugenmotiv)'와 아울러 그들이 직접 볼 수 있는 증거물인 예루살렘의 다윗의 무덤을(행 2:29) 구약의 본문과 함께 제시하고 있기 때문이다. 그리고 구약의 인용에 있어서도 특히 비시디아 안디옥에서의 시편 인용(시 16:10)에 있어서 그 분량이 더 많이 인용되고 있다.[89]

본 설교에서 인용되고 있는 시편 16편과 110편의 인용에 있어서 논쟁점은 두 가지로 볼 수 있는데, 구약의 인용 본문인 70인역의 사용에 관한 것과 역사적 관점에서 다윗이 과연 누구에 대해 이야기하고 있는가 하는 점이다. 이를 위해 우리가 우선적으로 70인역의 사용에 관한 부분에서는 구약의 본문과 또 사도행전 본문에서의 차이점을 살필 것이고, 역사적 관점에서는 구약의 시편 본문 저자로 여겨지는 다윗이 언급하는 대상에 관한 질문을 던질 것이다. 다시 말하자면, 구약에서 인급하는 대상과 사도행전에서의 대상이 왜 차이가 날 수밖에 없었는가? 즉 누가가 왜 그렇게 해석하였는가의 문제로 다시 귀결된다.

---

87) 행 2:14-39, 3:12-26, 4:8-12, 4:19f.; 5:29-32, 10:34-43, 13:16-41.

88) T. Holtz, *Untersuchungen über die alttestamentlichen Zitate bei Lukas* (Berlin: Akademie-Verlag, 1968), 149.

89) 여기서는 시편 16편 8-11절이 인용됨.

1) 시편 16편 8-11절의 인용(행 2:25-28)

사도행전 2장 25-28절과 13장 34-37절에서 언급되는 시편 16편은 예수의 부활과 성서를 연결시키는 가장 명확한(comprehensive) 본문이요,[90] 이미 오래전부터 이를 위한 가장 적절한 본문(a favored proof-text)으로 여겨졌다.[91] 아래의 세 번역본들을 비교해 보면, 구약성서 히브리어 본문과 70인역, 그리고 사도행전 본문 간의 아래와 같은 차이점들을 발견할 수 있다. 먼저 구약 본문의 본래적 의미를 살피고, 70인역의 해석 그리고 이와 같은 본문의 비교 분석을 통해 사도행전 저자 누가의 해석을 간파할 수 있을 것이다.

BHS 시 16:8-11	LXX 시 16:8-11	행 2:25-28
8 שִׁ וִּיתִי יְה וָה לְנֶג דִּי תָמִיד כִּי מִימִי נִי בַּל־אֶמּוֹט׃ 9 לָ כֵן שָׂ מַח לִבִּי וַ יָּגֶל אַף־ בְּשָׂ רִי יִשְׁ כֹּן לָבֶטַח׃ זָב נַפְ שִׁי לִשְׁאוֹל כְּבוֹדִי 10 כִּי לֹא־תַעֲ לֹא־תִתֵּן חֲסִידְ ךָ לִרְ אוֹת שָׁחַת׃ 11 תּוֹדִיעֵנִי אֹרַח חַ יִּים שְׂמחוֹת אֶת־פָּנֶיךָ נְעִ מוֹת שֹׂבַע בִּימִינְ ךָ נֶצַח׃	8 προωρώμην τὸν κύριον ἐνώπιόν μου διὰ παντός ὅτι ἐκ δεξιῶν μού ἐστιν ἵνα μὴ σαλευθῶ 9 διὰ τοῦ το ηὐφράνθη ἡ καρδία μου καὶ ἠγαλλιάσατο ἡ γλῶσσά μου ἔτι δὲ καὶ ἡ σάρξ μου κατασκηνώσει ἐπ' ἐλπίδι 10 ὅτι οὐκ ἐγκαταλείψεις τὴν ψυχήν μου εἰς ᾅδην οὐδὲ δώσεις τὸν ὅσιόν σου ἰδεῖν διαφθοράν	25 Δαυὶδ γὰρ λέγει εἰς αὐτόν· Προορώμην τὸν κύριον ἐνώπιόν μου διὰ παντός, ὅτι ἐκ δεξιῶν μού ἐστιν ἵνα μὴ σαλευθῶ. 26 διὰ τοῦ το ηὐφράνθη ἡ καρδία μου καὶ ἠγαλλιάσατο ἡ γλῶσσά μου, ἔτι δὲ καὶ ἡ σάρξ μου κατασκηνώσει ἐπ' ἐλπίδι, 27 ὅτι οὐκ ἐγκαταλείψεις τὴν ψυχήν μου εἰς ᾅδην

90) Gert J. Steyn, 앞의 책, 100-101; G. Delling, "Die Jesusgeschichte in der Verkündigung nach Acta", *NTS* 19 (1972/73), 373-389, here 374.

91) A.N. Wilder, Variant Tradition of the Resurrection in Acts, *JBL 62 (1943)*, 307-318, 특히 314.

	11 ἐγνώρισάς μοι ὁδοὺς ζωῆς πληρώσεις με εὐφροσύνης μετὰ τοῦ προσώπου σου τερπνότητες ἐν τῇ δεξιᾷ σου εἰς τέλος	οὐδὲ δώσεις τὸν ὅσιόν σου ἰδεῖν διαφθοράν. 28 ἐγνώρισάς μοι ὁδοὺς ζωῆς, πληρώσεις με εὐφροσύνης μετὰ τοῦ προσώπου σου.

(1) 구약 본문 시편 16편의 의미와 배경

시편 16편은 개인적인 탄원시에 속한다.[92] 하지만 저자 다윗은 긴급한 상황보다는 행복과 기쁨이 가득 찬 가운데 여호와를 '주'(1, 2절), '소득'(5절), '분깃'(6절)으로 표현하면서 주님 외에 다른 어떤 것도 더 좋은 것이 없음을 고백한다. 1절에서 8절까지 현재형으로 자신의 상태를 표현했다면, 9-10절은 미래형으로 '바람과 확신에 찬 미래'를 바라보고 있는 것이다. 하나님의 임재를 누리며 기뻐하고 즐거워하면서 하나님의 부재, 즉 '죽음'(스올)에 버려지지 않을 것에 대한 확신을 가리키고 있는 것이다. 또한 히브리어 'אֹרַח חַיִּים'는 경건한 자를 때 아닌 죽음으로부터 보호해 주는, 하나님께서 보시기에 흡족한 삶을 의미하였다.[93] 요약하자면, 저자는 하나님을 신뢰하는 가운데(1-8절, 현재형), 자신을 스올에서 구원해 주실 것을(9-11절, 미래형) 확신하고 있는 것이다.

92) Heinrich Groß/Heinz Reinelt, *Das Buch der Psalmen.* Teil I (Ps 1-72), (= Geistliche Schriftlesung, Band 18/1 u. 2), (Leipzig: St. Benno-Verlag, 1979), 86.

93) E. Haenchen, 이선희/박경미 역, 《사도행전 I》 [서울: 한국신학연구소, 2001(7판)], 292.

(2) 사도행전 2장 25-28절에서의 시편 16편 8-11절 인용: 차이점과 특징과 의미

사도행전 2장 25절에 인용된 시편 16편은 히브리어 본문과 차이가 있다. 몇 가지 예를 들자면, 시편 16편 8절에서는 "שִׁוִּיתִי יְהוָה לְנֶגְדִּי תָמִיד"(내가 여호와를 항상 내 앞에 모심이여)로 되어 있는데 사도행전에서는 "προορώμην τὸν κύριον ἐνώπιόν μου διὰ παντός"(내가 항상 내 앞에 계신 주를 뵈었음이여)로 되어 있다. "וַיָּגֶל כְּבוֹדִי"(내 영광도 즐거워하며)는 70인역과 마찬가지로 "ἠγαλλιάσατο ἡ γλῶσσά μου"(내 혀도 즐거워하였으며)로 대체되었고, "אַף־בְּשָׂרִי יִשְׁכֹּן לָבֶטַח"(내 육체도 안전히 거하리니) 역시 70인역에서처럼 "ἡ σάρξ μου κατασκηνώσει ἐπ' ἐλπίδι"(육체도 희망에 거하리니)로, 그리고 "שָׁחַת"(웅덩이, 구덩이)는 "διαφθορά"(멸망, 썩음)로 해석했다.[94] 이러한 구절의 차이들은 사도행전의 저자 누가가 다윗의 예언자적 역할로 이해한 것으로 보여주고 있다.[95] 히브리어 원문의 끝 절 "בִּימִינְךָ נֶצַח"(주의 우편에는 영원한 즐거움이 있나이다)은 70인역과 (τερπνότητες ἐν τῇ δεξιᾷ σου εἰς τέλος) 일치하지만, 사도행전 2장 28절에서는 이 부분을 삭제했다.

다음으로 70인역의 사용에 대해 살펴보자. 시편 16편 8-10절이 사

94) 페쉬는 히브리어 본문의 '구덩이'(Grube)를 칠십인역과 사도행전의 본문에서 '멸망, 썩음'(Verderben=Verwesung)으로의 새로운 의미(Neudeutung)는 포로후기의 발전된 부활소망으로 읽혀졌다는 것을 의미한다고 말한다. R. Pesch, *Apg* I, 122.

95) 강현구, "시편 16:8-11과 110:1을 인용하는 사도행전 2:24-36에서의 예수 부활 연구", 《성경과 고고학》 (서울: 2002), 17-28.

도행전 2장에서는 두 곳의 경미한 변화를 제외하고는,[96] 대부분 문자적으로 일치하여 인용되고 있다. 가장 먼저 누가가 히브리어 본문 시편에는 나타나지 않는 "왜냐하면 다윗이 그에 대해 말하기를"(Δαυὶδ γὰρ λέγει εἰς αὐτόν·)이라는 표현을 굳이 덧붙이는 것은 이 시에 대한 저자가 다윗임을 확신하고 있기 때문이다.[97] 시편 16편 10절의 본문은 부활이 뒤따르는 죽음이라기보다는 '죽음으로부터의 보호'를 암시한다.[98] 하지만 70인역은 마지막 구절을 '썩음을 보도록'(ἰδεῖν διαφθοράν)으로 번역한다.

요약하자면, 누가는 본문에서 히브리어 성서의 본문을 따르지 않고 70인역 본문을 따르면서 자연스럽게 히브리어 성서가 강조하지 못했던 미래적 성격, 즉 부활의 미래적 성격을 드러냄으로 시편 저자 다윗 자신에게 해당되지 않음을 드러내고 있다. 히브리어 성서가 가지는 미래적 성격은 하나님을 향한 신뢰와 확신 가운데 죽음(스올)에서 구원해 주실 것에 대한 소망이다. 그것은 사도행전의 본문에서와는 달리 '부활'이라는 명확한 개념으로서의 소망보다는 스올로부터

---

96) 사도행전 2장 25절에서는 "내가 항상 내 앞에 계신 주를 뵈었음이여"(προορώμην)로 인용되고 있지만, 70인역에서는 "내가 항상 여호와를 내 앞에 모심이여"(προωρώμην)로 되어 있다. Cf. M. Rese, *Alttestamentliche Motive in der Christologie des Lukas* (Gütersloh: Gerd Mohn, 1969), 55.

97) O'Toole 같은 경우는 누가가 모든 시편을 다윗이 썼다고 확신한다고 주장한다. O'Toole, "Luke was convinced that David wrote all the Psalms", O'Toole, Robert F. "Acts 2:30 and the Davidic Covenant of Pentecost," *Journal of Biblical Literature* 102 (1983), 245-58. 특히 245. 사도행전 13장 33-37절과 누가복음 20장 42절 이하에서도 다윗이 시편의 저자라고 지적한다.

98) Steve Moyise, 김주원 역, 《신약의 구약사용입문》 (서울: 기독교문서선교회), 2011, 88.

의 구출, 구원의 의미가 더 강한 것이다.

그러나 사도행전의 저자는 그 시편의 내용과 또 그 미래적 소망의 내용이 시편 저자 다윗에 해당되지 않으며, 오로지 예수 그리스도에게만 초점을 맞추도록 해석하고 있는 것이다. 누가는 이 본문에 대한 보다 명확한 기독론적 해석을 덧붙인 것 이외에 구약의 본문이 가지고 있는 하나님에 대한 신뢰를 더욱 강조하고 있는 것이다.

2) **시편** 110**편** 1**절의 인용**(**행** 2:34-35)

BHS 시 110:1	LXX 시 110:1	행 2:34-35
לְדָ וִד מִזְ מוֹר נְ אֻם יְהוָ֣ה לַאד נִי שֵׁב לִימִינִי עַד־אָ שִׁית אֹיְ בֶיךָ הֲ דֹם לְרַגְלֶיךָ׃	τῷ Δαυιδ ψαλμός εἶπεν ὁ κύριος τῷ κυρίῳ μου κάθου ἐκ δεξιῶν μου ἕως ἂν θῶ τοὺς ἐχθρούς σου ὑποπόδιον τῶν ποδῶν σου	34 οὐ γὰρ Δαυὶδ ἀνέβη εἰς τοὺς οὐρανούς, λέγει δὲ αὐτός· Εἶπεν [ὁ] κύριος τῷ κυρίῳ μου· Κάθου ἐκ δεξιῶν μου, 35 ἕως ἂν θῶ τοὺς ἐχθρούς σου ὑποπόδιον τῶν ποδῶν σου.

(1) 구약 본문 시편 110편의 의미와 배경

본문 가운데 부활 관련 구약성서의 두 번째 인용 본문인 시편 110편은 매우 이른 시기부터 기독론적 사상의 부활의 의미와,[99)] 예수의

99) W.R.G. Loader, "Christ at the right Hand - Ps CX.1 in the New Testament", *NTS* 24, 216; T. Callan, Psalm 110:1 and the Origin of the Expectation that Jesus will come again, 625. Callan에 의하면 이 시편이 "is widely recognized as an important Christological text, more often cited in the [New Testament] than any other [Old Testament] text." 시편 110편에 대한 최근 연구물에 대한 소개는 T. Callan, 앞의 책,

승귀를 해석하는 도구로 중요하게 사용되어 왔으며,[100] 신약성경에서 가장 많이 인용된 구약성경 구절이다.[101] 시편 110편이 의미하는 바는 야훼께서 다윗으로 대표되는 왕을 하나님의 오른편에 앉게 하셨다. 즉 이 시편은 새로운 왕의 등극을 보여주는 대관식, 즉 예루살렘 성전에서의 왕의 즉위식 상황을 묘사하고 있는 것이다.[102] 110편 2절의 "주의 권능의 규" 등에서 보여주는 바와 같이 왕권이 야훼로부터 나오는 것임을 분명히 하고 있으며, 성전 제사장이나 예언자 혹은 성전 성가대에 의해 이제 왕위에 등극하는 다윗 혹은 다윗 가문의 왕을 향해 불린 내용일 것이다.[103] 본문에서 언급되는 '오른편에 앉는다'(שֵׁב לִימִינִי)는 것은 특별한 호의와 은총을 받는다는 것을 의미한다고 볼 때(왕상 2:19; 참고, 시 45:9), '하나님의 오른편에 앉는다'는 의미는 야훼께서 그 왕에게 특별하게 행하실 것과 왕의 권세가 하나님으로부터 온다는 것을 강조하는 표현으로 볼 수 있다.[104]

---

625 각주 11번 참조. 그리고 시편 110편 1절과 신약 인용 문제에 대한 논의는 H.W. Bateman IV, "Psalm 110 1 and the New Testament", *Bibliotheca Sacra* 149 (1992), 438-453 참조.

100) 롤로프(J. Roloff)는 시편 110편 1절이 예수의 승귀(Erhoehung)를 증명해 주는 성서입증(Schriftbeweis) 본문이라고 말한다. Roloff, *Apg*, 59.

101) 시편 110편 1절은 로마서 8장 34절 이하; 고린도전서 15장 20-28절, 베드로전서 3장 18절 이하; 에베소서 1장 20-23절; 에베소서 2장 5절 이하; 골로새서 2장 3절; 히브리서 1장 3절-2장 10절 등에서 일반적으로 사용되었다(A common tradition using Psalm cx.1). 김근주, 앞의 논문 (2010), 100 참조.

102) H.-J. Kraus, *Psalm 60-150*, 2. Teilband = BKAT 15/2, Neukirchen-Vluyn (8) (2003), 348-349.

103) H.-J. Kraus, 앞의 책, 346-347.

104) 크라우스(H.-J. Kraus, *Psalm 60-150*, 349)는 고대 근동 본문들에서 신의 오른편에 앉은 왕의 모습을 담고 있는 본문들이 있음을 지적한다. 김근주, 앞의 논문, 100-

많은 학자들이 포로기 이전에 쓰인 시로 간주하고 있으며,[105] 일단 다윗 가문을 염두에 두고 쓰여졌을 것으로 보인다. 하지만 포로 후기에 시편집에 편집되면서 현재 위치에 놓이게 되자 이 시편이 메시아적으로 해석되었을 것이다. 데이비스(B.C. Davis)는 107-113편에 배열된 일곱 개의 시편 가운데 110편이 들어오면서, 구원에 대한 탄원(107-109편)과 야훼께 대한 찬양(111-113편)을 연결시키고 있음을 보여주고 있다고 주장한다. 이러한 배열로 말미암아 결국 110편은 야훼 하나님에 의한 구원을 노래하는 시편으로 결론지을 수 있을 것이다.[106] 그러므로 이 시편의 핵심 주제는 하나님에 의한 구원이며, 하나님의 오른편이라는 상징적 의미를 통해 권세가 하나님으로부터 온다는 것이다. 특히 이곳에서는 형식적으로 하나님이 1인칭으로 나타나 선지자적 특징을 나타내며, 선지자들의 표현과 유사하게 "여호와께서 말씀하시기를"이라는 말씀으로 시작한다.[107]

(2) 사도행전 2장 34-35절에서의 시편 110편 1절 인용: 차이점과 특징과 의미

시편 110편 1절이 누가 문서 가운데 의미를 가지는 것은 누가가 특

---

105 참조.

105) B.C. Davis, "Is Psalm 110 a Messianic Psalm?", *Bibliotheca-Sacra 157* (2000), 160-161; Davies, W.D. and Allison, D.C. *A Critical Exegetical Commentary on the Gospel according to Saint Matthew XIX-XXVIII*, ICC (Scottland: T&T Clark, 1997), 253.

106) 김근주, 앞의 논문(2010), 103.

107) 강현구, 앞의 논문(2002), 21.

별히 강조하고 있는 승천의 개념과 아울러 다시 심판주로서 오실 것에 대한 기대를 반영하는 데 가장 결정적인 역할(crucial role)[108]을 하기 때문이다. 다윗의 예언은 이번에도 자신에게 속한 것이 아니라는 것을 그의 시편에서 분명히 언급한다. 2장 34절 도입문에서 밝히듯이, 자신은 올라가지 못했을 뿐만 아니라 특히 하나님에 의해 오른편에 앉게 될 사람은 "내 주에게"(τῷ κυρίῳ μου)(행 2:35)라고 명시함으로써 이어지는 36절에서의 "주와 그리스도"이신 예수, 즉 다윗이 아닌 예수라는 것을 강조하고 있다. 같은 맥락에서 하나님은 그 [예수]를 높이셨고(행 2:33), 주와 그리스도가 되게 하심으로 그 예언이 바로 예수 그리스도에게 향한 것임을 입증해 주고 있다. 이러한 결과는 이미 누가복음 1장 32절에서의 "주 하나님께서 그 조상 다윗의 왕위를 그에게 주시리니"라는 마리아에게 예언한 약속의 성취라고 볼 수 있다. 구약의 시편에서는 다윗과 그 가문을 향한 약속이었다면, 사도행전의 본문에서는 그 약속이 다윗의 자손으로 오신 바로 예수 그리스도에게서 성취되었음을 보여주는 것이다.

3. 사도행전 13장에서의 부활 관련 구약 인용(행 13:33–35)

사도행전 13장의 바울의 비시디아 안디옥에서의 설교(행 13:16-41)는 사도행전 내에서 바울의 첫 번째 공식적인 설교로서, 그 내용과 형

108) T. Callan, 앞의 책, 635-636.

식에 있어서 앞서 행해진 베드로의 첫 번째 설교(행 2:14-36)와 스데반의 설교(행 7:1-53)[109]와 밀접한 관계를 가지고 있다. 한 걸음 더 나아가 본 설교는 고넬료 집에서의 설교와도 비교된다.

비시디아 안디옥 설교는 세 번의 청중의 부름(ἄνδρες Ἰσραηλῖταί or Ἄνδρες ἀδελφοί)에 의해 삼 구분(13:16b-25; 26-37; 38-41)[110] 될 수 있으며, 부활과 관련된 본문은 두 번째 단락이다. 특히 13장 33-35절에 나타난 예수 그리스도의 복음에 관한 세 번의 구약 인용(시 2:7; 사 55:3; 시 16:10) 중 후자의 두 인용은 근본적으로 아주 비슷한 내용이다. 다만, 이사야 55장 3절은 긍정적인 진술로, 시편 16편은 부정적인 서술로 나타나고 있을 뿐이다.[111]

이 설교의 가장 핵심적인 증거의 내용이 예수 부활의 확증이라는 것은 논란의 여지가 없다.[112] 던(J.D.G. Dunn)이 언급한 바처럼 "예수는 하나님의 나라를 선포했지만 사도행전의 연설문들은 예수를 선포하며, 특히 제1의 초점이 예수의 부활에 맞추어져 있다."[113] 바클레이(W.

---

109) 스데반은 이스라엘의 불순종사 중심으로 개관한 데 비해(ecclesiocentric), 바울은 이스라엘의 구원자 중심으로 개관하고 있다. 박수암, 《신약주석: 사도행전》(서울: 대한기독교서회, 2006), 238; 정창교, "바울의 비시디아 안디옥 설교 연구", 〈신학과 문화〉 (대전: 이화출판사, 2007), 제16집, 165-191. 특히 171 참조.

110) 이와 같이 3구분을 하는 경우는 R. Pesch(*Apg* II, 30-31), J. Roloff(*Apg*, 202-203) 등과 같은 주석가가 있고, 4구분(16b-25; 26-31; 32-37; 38-41)하는 경우는 A. Weiser(*Apg*, 322-323); C.K. Barrett(Acts, 623) 등을 들 수 있다.

111) G.J. Steyn, 앞의 책, 169.

112) 예를 들어 R.F. O'Toole, Christ's Resurrection in Acts 13:13-52, in: *Bibl 60 (1979)*, 361-372. 특히 364.

113) J.D.G. Dunn, 김득중/이광훈 공역, 《신약성서의 통일성과 다양성》 (서울: 도서출판 솔로몬, 1988), 40. 유상현도 사도행전 20장 15-25절의 기독교인들을 향한 설교를

Barclay)의 거침없는 주장, 즉 "사도행전에서 부활이 메시지의 중심이 되지 않은 설교란 사도행전 가운데 없다"[114]라는 명제는 여전히 바울의 비시디아 안디옥 설교에서도 유효하며, 그것을 사도행전 13장에 적용한다면 비시디아 안디옥 설교의 전체가 "이스라엘에게 구주를 보내셨는데 그가 예수시다"(행 13:23)라는 선언을 전제요, 귀결로 삼으면서 그를 통해 사죄(赦罪)와 칭의를 촉구하고 있으며, 이 모든 주장의 근거와 바탕은 예수 부활의 논의라고 말할 수 있다.[115]

바울은 이때 사도행전의 다른 곳에서와 마찬가지로 부활이라는 주제를 '증인의 모티브'와 '성서로부터의 증명' 방법을 통해 증명하고자 한다. 성서로부터의 증명 방법에서 바울이 제시하고 있는 두 개의 본문은 이사야 55장 3절(행 13:34)과 시편 16편 10절(행 13:35)이다. 헨헨(E. Haenchen)은 두 인용문(사 55:3; 시 16:10)이 이미 누가에 의해 사용된 전승 안에서 결합되어 있을 것이라고 추측하고 있는데, 그 이유는 이사야 55장 3절의 축약된 서술이 그것 자체만으로는 이해가 되지 않았을 것이기 때문이라는 것이다.[116] 그리고 두 인용구 모두 δώσω(사 55:3)

제외한 대부분의 설교는 유대인이든 이방인이든 비기독교인들을 향한 바울 설교의 초점은 항상 부활에 모아지고 있다고 주장한다. 유상현, 앞의 책(2002), 84-85. Barclay도 "사도행전에서 부활이 메시지의 중심이 되지 않은 설교란 사도행전 가운데 없다"고 언급한다. Wiliam Barclay, 정용섭/김성환 역, 《예수의 사상과 생애》 (서울: 대한기독교출판사, 1984), 441.

114) Kaiser, Walter C. Jr. *The Use of the Old Testament in the New*, 성기문 옮김, 《신약의 구약 사용》 [고양: 크리스챤다이제스트, 2003(초판 3쇄)], 346.

115) 유상현, 《바울의 1차 선교여행》 (서울: 대한기독교서회, 2002), 84.

116) E. Haenchen, 앞의 책(2001), 44. 그는 13장 35절의 빛에서 이사야 55장 3절을 보면 "나는 너희 그리스도인들, 다윗의 자손들에게 죽지 않을 부활의 생명을 주겠다"일 것이라고 해석한다.

와 δωσεῖ(시 16:10), ὅσια(사 55:3) 그리고 ὅσιον(시 16:10)이 상응하고 있음을 그 근거로 제시하고 있다.[117)]

이곳에서는 베드로의 두 번째 설교, 즉 오순절 설교(2:14-41)와 마찬가지로 세 개의 구약 본문이 인용되고 있다(사 55:3; 시 16:10; 시 2:7). 일반적으로 많은 학자들은 베드로의 오순절 설교와 마찬가지로 누가의 해석이 많이 가미된 것으로 파악하고 있다.[118)] 즉 전승에서 인용된 것은 분명하지만 누가에 의해 작성되었다는 점이다.[119)] 여기서 카이저의 언급처럼 의미상의 문제보다 '적용상의 문제'가 대두되는 것이다.[120)] 부활과 관련된 구약의 본문과 사도행전의 본문을 살펴보자.

1) 이사야 55장 3절의 인용(행 13:34)

바레트(C.K. Barrett)는 적절하게도 34절의 ἀνέστησεν이 분명하게 '

117) Cf. E. Haenchen, 앞의 책(2001), 44.

118) G.J. Steyn, 앞의 책, 159: "Like the Petrine speeches, this speech is today, fairy generally accepted as the creative and compilatory work of Luke himself." 특히 Breytenbach는 한 걸음 더 나아가 베드로의 오순절 설교와 바울의 비시디아 안디옥 설교는 kaum unabhängig 존재했을 것이라고 믿으며, 바울의 비시디아 안디옥 설교는 누가에 의해 작성(komponiert)되었다고 주장한다. C. Breytenbach, *Paulus und Barnabas in der Provinz Galatien* (Leiden: Brill, 1996), 27.

119) U. Wilckens, *Missionsreden*, 55; and W.H. Bates, Note on *Acts*, 13:39, in: E.A. Livingstone(ed.), *Studia Evangelica* VI(TU 112) (Berlin, 1973), 8-10, here 8.

120) 카이저는 "신약이 신약에서 사용되는 구약 구절들 속에 새로운, 혹은 다른 의미를 발견한 것도, 부여한 것도 아니었다는 것이 우리의 논점이다"라고 말하면서 "신약의 구약 사용에 있어서 발견해냈던 유일한 변화는 그 의미상의 문제가 아니라 적용상의 문제인 것이다"라고 한다. W. Kaiser, 앞의 책, 346.

죽은 자로부터'(ἐκ νεκρῶν)의 수식어를 가지고, 또 διαφθορα에 대한 언급이 나오기 때문에 이곳부터 예수 부활에 대해 이야기한다고 주장한다.[121] 아래의 이사야서 본문과 70인역의 본문 그리고 사도행전에서의 본문을 비교해 보자.

BHS 사 55:3	LXX 사 55:3	행 13:34
עוּ וּתְחִי נַפְשְׁכֶם וְאֶכְרְתָה לָכֶם הַ טּוּ אָזְנְכֶם וּלְ כוּ אֵ לַי שִׁמְ ע וֹלָם חַסְ דֵי דָ וִד הַנֶּאֱמָנִים׃ בְּ רִית	προσέχετε τοῖς ὠτίοις ὑμῶν καὶ ἐπακολουθήσατε ταῖς ὁδοῖς μου ἐπακούσατέ μου καὶ ζήσεται ἐν ἀγαθοῖς ἡ ψυχὴ ὑμῶν καὶ διαθήσομαι ὑμῖν διαθήκην αἰώνιον τὰ ὅσια Δαυιδ τὰ πιστά	ὅτι δὲ ἀνέστησεν αὐτὸν ἐκ νεκρῶν μηκέτι μέλλοντα ὑποστρέφειν εἰς διαφθοράν, οὕτως εἴρηκεν ὅτι δώσω ὑμῖν τὰ ὅσια Δαυὶδ τὰ πιστά.

먼저 70인역(LXX)에서 어떤 변화가 있는 살펴보면, 이사야 55장 3절의 70인역은 חַסְדֵי דָוִד를 τὰ ὅσια Δαυὶδ로 번역한 점이 눈에 띈다.[122] 70인역 번역자는 여기서 MT의 חסד(=은혜, 은총)를 חסיד(=선량한 사람, 신실한 사람)으로 바꾸어 놓았다. 그리고 위에서 언급한 바와 같이 사도행전의 저자는 70인역에 없는 'δώσω'를 삽입하였다. 헨헨(E. Haenchen)이 해석하듯이 본문의 정황과 연결시켜 해석해 본다면 다음과 같을 것이다: "나는 너희들에게, 그리스도인들에게, 다윗의 후손들에게 불변하는 부활의 삶을 줄 것이다."[123]

121) C.K. Barrett, *The Acts of the Apostles*, I (ICC) (Edinburgh, 1994), 645-646.

122) M. Rese, 앞의 책, 86.

123) Cf. E. Haenchen, 앞의 책(2001), 396.

2) **시편 16편 10절의 인용**(**행** 13:35)

가장 먼저 시편 16편은 이미 베드로의 첫 번째 설교에서도 언급되었다. 차이가 있다면 여기서는 16편 10절만 인용되었고, 그곳에서는 8-11절이 인용되었다는 점이다. 그리고 사도행전 13장 35절에서는 LXX과 비교해 볼 때 οὐδὲ가 οὐ로 바뀐 것을 제외한다면 문자적으로 LXX과 일치한다.

BHS 시 16:10	LXX 시 16:10	행 13:35
10 כִּי לֹא־תַעֲזֹב נַפְשִׁי לִשְׁאוֹל לֹא־תִתֵּן חֲסִידְךָ לִרְאוֹת שָׁחַת׃	ὅτι οὐκ ἐγκαταλείψεις τὴν ψυχήν μου εἰς ᾅδην οὐδὲ δώσεις τὸν ὅσιόν σου ἰδεῖν διαφθοράν	διότι καὶ ἐν ἑτέρῳ λέγει, Οὐ δώσεις τὸν ὅσιόν σου ἰδεῖν διαφθοράν.

시편 16편 10절은 사무엘하 7장 12절 이하와 관련되어 있으며, 사도행전 2장 25-28절의 베드로의 설교에서도 언급되는 바와 같이 이미 초대교회의 예수 부활에 대한 오래된 성서본문의 근거로 사용되고 있었음을 볼 수 있다.[124)] 바울이 이 시편 인용을 통해서 특별히 강조하는 부분은 베드로의 오순절 설교에서와 마찬가지로 "διαφθορά"이며, 이 시편을 이해하는 열쇠가 된다.

체드비츠(Von Zedtwitz)는 70인역에 "διαφθορά"로 번역된 שַׁחַת 두 단어를 비교 연구하였는데, 여러 가지 해석의 가능성을 제시하면서[예를 들면, 구덩이(Grube)－구덩이, 썩음-썩음, 구덩이–썩음, 두 가지 해

124) R. Pesch, *Apg* II, 39.

석 가능성–한 가지 해석 가능성 등] 결론적으로 언급하기를 시편 기자의 שַׁחַת는 '구덩이(Grube),[125] 무덤(Grab)'을 의미한다고 보았다.[126] 그리고 슈미트(A. Schmitt)에 의하면 시편 16편 10b절은 헬라적인 불멸과 영원한 삶에 대한 믿음을 나타낸다고 보지만,[127] 누가는 여기서 이 시편의 인용을 통해 예수의 육체적인 부활을 위한 증거로 삼고 있는 것이다.

3) 사도행전 13장 33절의 "ἀναστήσας !Ιησοῦν"의 해석 문제[128]

BHS 시 2:7	LXX 시 2:7	행 13:33
אֲסַפְּרָה אֶל חֹק יְהוָה בְּנִי אַתָּה אֲנִי הַיּוֹם יְלִדְתִּיךָ׃ אָמַר אֵלַי	διαγγελλών τό προστάγμα κυρίου κύριος εἶπεν πρός με υἱος μου εἶ συ ἐγὼ σήμερον γεγεννηκά	ὅτι ταύτην ὁ θεὸς ἐκπεπλήρωκεν τοῖς τέκνοις ((αὐτῶν)) ἡμῖν ἀναστήσας !Ιησοῦν ὡς καὶ ἐν τῷ ψαλμῷ γέγραπται τῷ δευτέρῳ, Υἱός μου εἶ σύ, ἐγὼ σήμερον γεγέννηκά σε.

사도행전 13장 33절에 있어서 논쟁의 핵심은 "ἀναστήσας 'Ιησοῦν"의 해석 문제이다. 쉽게 구분하자면 대부분의 학자들이 주장하는 바

125) 시적인 표현에서는 '묘'라는 의미도 가지고 있다. 개역성경은 '음부(스올)'로, 공동번역은 '지하'로, 그리고 표준새번역은 '죽음의 세계'로 번역하고 있다.

126) K. von Zedtwitz, *Die Auferstehung Jesu in der christologischen Interpretation Apg 2, 24-31 und 13,32-37. eine Motiv form - und traditionsgeschichtliche Untersuchung*, Diss (Freiburg, 1980), 176.

127) A. Schmitt, Ps 16,8-11 als Zeugnis der Auferstehung in der Apostelgeschichte, in: *BZ 17* (1973), 229-248.

128) 본 단락은 정창교, 앞의 논문(2007), 180-185 부분을 요약하였음.

와 같이 '예수의 부활'로 해석하느냐 아니면, 소수의 학자들이 주장하는 바와 같이 '예수의 보내심'(Die Sendung), 또는 '역사 무대로의 등장'으로 해석하느냐로 구분된다. 중도 성향의 많은 학자들은 두 가지 해석의 가능성을 열어두기는 하지만 결국 '예수의 부활'과 관련시키고 있다.[129)]

먼저 본 구절을 '예수의 부활'로 해석하고자 하는 학자들의 근거는 아래와 같이 요약될 수 있다:

① 설교에서의 직접적인 상황은 '그가 부활했다'로 해석하게 한다.

② 사도행전 3장 22, 26절, 7장 37절과 관련하여 볼 때(Sachparallelen), 그것은 같은 의미를 가진다.

③ 누가복음 3장 22절의 서방본문은 분명히 2차적(sekundär)이다.

---

129) 예를 들면, 유상현, 앞의 책(2002), 80; J. Jervell, *Apg*, 358-359; E. Haenchen도 다음과 같이 언급한다. "3장 26절에 의하면 (그가 예수를 일으켰다) 자체는 예수의 역사적인 파견을 암시할 수도 있다. 그러나 그렇게 보면 새로운 내용(예수의 지상생애)을 끌어들이지도 않으면서 문맥의 흐름을 (30절: '죽은 자들 가운데서 일으키셨다', 34절: '죽은 자들 가운데서 살리셨다') 단절시키게 된다." 그래서 그는 이 구절을 '예수의 부활'로 해석해야 한다고 주장한다. Cf. E. Haenchen, 앞의 책(2001), 43, 각주 29. 그 외 J. Kürzinger 등을 들 수 있다. 그 외 아래의 학자들은 '예수의 부활'로 해석하고자 한다: F.F. Bruce(*Davidic Messiah*, 11-13), Ch. Burger(*Davidssohn*, 140f), D. Goldsmith(*Acts 13,33-37*, 321-324), J. Dupont[Filius meus es tu, *RScR 35* (1948), 530], E.E. Ellis(*Midraschartige Züge*, 94-104), J.A. Fitzmyer(*Acts*, 516), G. Stählin(*Apg*, 179), E. Kränkl(*Jesus*, 137f.), A. Wikenhauser(*Apg*, 155-156), G. Schille(*Apg*, 295-296), U. Wilckens(Missionsreden, 51, Anm. 3; 142), J. Roloff(*Apg*, 207), F. Mußner(*Apg*, 81), W. Schmithals(*Apg*, 128), A. Weiser(*Apg* II, 335-336).

④ 히브리서 1장 5절과 5장 5절에 있는 오래된 전승은 분명하게 시편 2편 7절이 예수의 승귀에 있어서 하늘로의 즉위에 연관되어 있다는 것을 보여준다. 그래서 하나님이 예수를 높임(Erhöhung)으로 예수를 그의 아들로 확증하셨다(롬 1:4; 골 1:18; 계 1:5).[130]

하지만 이 구절이 13장 23절 이하에 나타나는 나단의 예언과 관련이 있다고 주장하는 학자들은 아래와 같은 근거로 "ἀναστήσας Ἰησοῦν"을 '예수의 전 생애'와 관련된 '역사 무대로의 등장'으로 보아야 한다고 주장한다:[131]

① 32절부터 이스라엘 역사 이야기(23-31절)의 적용(Anwendung)이 시작된다.

ἀναστήσς(33절)는 예수의 전체 역사적인 현현(Erscheinung)을 요약한다.

그리고 34절부터는 예수의 부활이 문제가 된다.

② 13장 22절 이하와 13장 33절의 병행은 "등장하게 하셨다"(auftreten lassen)로 이해할 것을 요구한다.

③ 13장 30절과 34절에서는 죽은 자의 부활에 대해 이야기하지만, 33절에서는 "죽은 자의"(ἐκ νεκρῶν)라는 수식어가 빠져 있다.

④ ἀναστήσας(33절)를 "등장하게 하셨다"(auftreten lassen)로 이해될 수 있는 것은 사도행전 3장 22, 26절, 7장 37절에서 증명된다.

---

130) J. Roloff, *Die Apostelgeschichte* (NTD 5) (Göttingen: V&R, 181988), 207.

131) M. Rese, 앞의 책, 83-85.

⑤ 시편 2편 7절의 적용이 부활과 관련된다면, 그 예를 찾아볼 수 없다.

⑥ 사도행전 17장 18절에서 '예수와 부활'은 바울 선포의 내용이었다.

바레트(C.K. Barrett)에 따른다면, 사도행전 13장 33절은 "하나님이 우리 자녀들에게 예수를 '세우사' 이 약속을 이루게 하셨다"로 이해되어야 하며, '예수의 역사 무대 등장'의 뜻으로 해석한다는 것이다. 그는 이에 대한 근거로 두 가지 이유를 들고 있는데, 첫째, 부활 논의는 추후 34절에서 취급되고 있다는 점, 둘째, 33절의 시편 2편 인용구는 예수의 수세(水洗) 시 나타난 구절(눅 3:22)로서 그의 사역 시작과 결합되었다는 것이다.[132] 중도 성향의 학자 유상현도 33절의 시편 2편 인용에 대해 부활을 시사하고 있다는 결론을 내리면서 아래와 같은 언급도 함께 하고 있다:

> "부활에 관한 확언('곧 하나님이 예수를 일으키사 우리 자녀들에게 이 약속을 이루게 하셨다 함이라')과 예수의 하나님 아들 됨에 관한 주장('시편 둘째 편에 기록한 바와 같이 너는 내 아들이라 오늘 너를 낳았다 하셨고')은 논리적 인과성이 약한 채 병렬 형태로 제시되고 있기 때문에 얼핏 보면 이어 34절 이하에서도 부활

132) 유상현, 앞의 책(2002), 80; C.K. Barrett, *A Critical Commentary on the Acts of the Apostles*, vol. 1. (Edinburgh: T&T Clark, 1994), 645. G. Hoenecke, E. Preussen 등의 주석. 그리고 E. Barnikol, *Mensch und Messiahs* (Kiel, 1932), 44.

논의가 계속되고 있어 아들 됨 논의는 의외의 삽입이고 고립된 구절이지 않냐는 것이다. 하지만 부활이 예수를 구주로 높이는 증거가 되고, 결과적으로 그것이 하나님의 아들 됨을 입증하는 것이라는 논리가 본 절의 인용 배후에 있음을 이해해야 한다."[133]

위에서 본 바와 같이 13장 33절의 "ἀναστήσας Ἰησοῦν" 해석 문제는 전통적으로 많은 학자들이 주장하는 바와 같이 상황과 문맥을 고려하여 구약의 인용 3개 모두 부활과 연결된다기보다는, 베드로의 설교와의 비교를 통해 후자의 두 곳만 예수의 부활을 가리키는 본문일 것이라고 본다. 베드로의 오순절 설교에서는 시편 16편 8-11절과 시편 110편 1절, 즉 구약의 두 본문이 예수 부활의 증거자료로 인용되고 있다는 점이다. 왜냐하면 누가는 사도행전에서 전반부의 베드로와 후반부의 바울의 사역을 여러 면에서 비교하면서 배치시키기 때문이다. 사도행전 12장의 옥중에서 풀려나는 베드로의 경험과 16장의 빌립보 옥중에서 풀려나는 바울의 경험, 3장의 나면서 못 걷게 된 사람의 치유 이야기의 주인공인 베드로와 14장의 루스드라에서의 유사한 못 걷게 된 사람의 치유의 경험 등은 베드로와 바울이 서로 비견되고 있음을 보여주고 있다.[134] 베드로의 첫 번째 설교인 오순절 설교와 바울의 첫 번째 설교인 비시디아 안디옥 설교의 문학적 비교를 통해 두

133) 유상현, 앞의 책(2002), 81.

134) 그 외에 베드로의 그림자(행 5:15)와 바울의 손수건(행 19:12)이 각자 치유의 수단으로 비교되고 있음도 중요하다.

설교의 핵심주제가 '예수 부활'이라는 사실을 분명히 입증해 주고 있기 때문이다.

또한 아래의 도표에서 드러나는 누가문서에서의 용례를 살펴본다면, 그 수식어가 부활과 관련되어 나타나지 않는 점에 착안하여 13장 32절의 약속을 따라 13장 33절의 'ἀναστήσας Ἰησοῦν'는 '하나님이 예수님을 보내시고 난 후에'로 해석해야 할 것이다. 아래 도표에서 볼 수 있듯이 ἀνίστημι 라는 동사는 '삼일 만에'(τῇ ἡμέρᾳ τῇ τρίτῃ), '죽은 자들로부터'(ἐκ νεκρῶν), '우리가 증인이다'(ἡμεῖς ἐσμεν μάρτυρες) 등과 관련되어 사용될 때는 '일으키다'라는 부활을 의미하는 동사가 되지만, 그 외의 경우는 약속대로 '보내다', 또는 '세우다'의 의미로 해석되고 있으며, 본문 13장 33절의 경우 시편 2편 7의 약속대로 '예수를 보냈다'로 해석하는 것이 옳게 여겨진다.

그러므로 베드로 설교와의 비교와 수식어구를 살펴볼 때 시편 2편 7절은 예수의 모든 공생애로의 '보내심'(Sendung)으로 보는 것이 더 합리적이다. 그렇게 결론지어진다면, 자연스럽게 사도행전 13장의 비시디아 안디옥에서 바울의 설교에서 예수의 부활을 입증하는 구약의 본문은 세 곳이 아니라 두 곳이 된다.

〈도표〉 누가 문서에 나타난 ἀνίστημι[135]의 용례(부활과 관련된 본문을 중심으로)

본문	ἀνίστημι 동사	수식어 1	수식어 2	기타	의미
눅 16:31	ἀναστῇ (S: Tote)	ἐκ νεκρῶν	/	/	auferstehen (부활)
눅 18:33	ἀναστήσεται (S:J)	/	τῇ ἡμέρᾳ τῇ τρίτῃ	/	auferstehen (부활)
눅 24:7	ἀναστῆ (S:J)	/	τῇ τρίτῃ ἡμέρᾳ	/	auferstehen (부활)
눅 24:46	ἀναστῆναι (S:X)	ἐκ νεκρῶν	τῇ τρίτῃ ἡμέρᾳ	/	auferstehen (부활)
행 2:24	ἀνέστησεν (S:G / O:J)	/	/	λύσας τὰς ὠδῖνας τοῦ θανάτου	auferwecken (부활)
행 2:32	ἀνέστησεν (S:G / O:J)	/	/	ἡμεῖς ἐσμεν μάρτυρες	auferwecken / auferstehen lassen (부활)
행 10:41	ἀναστῆναι (S:G / O:J)	ἐκ νεκρῶν	/	/	auferwecken (부활)
행 17:3	ἀναστῆναι (S:J)	ἐκ νεκρῶν	/	/	auferstehen (부활)
행 13:34	ἀνέστησεν (S:G / O:J)	ἐκ νεκρῶν	/	/	auferwecken (부활)
행 17:31	ἀναστήσας (S:G/ O:J)	ἐκ νεκρῶν	/	/	auferwecken (부활)
행 3:26	ἀναστήσας (S:G / O:παῖδα)	/	/	/	senden(보내다)

135) Chang-Kyo Jeong, 앞의 책(2005), 70.

행 13:32	ἀναστήσας (S:G / O:'Ἰησοῦν.	/	/	Ps 2,7	auferwecken? / senden(보내다)
행 3:22	ἀναστήσει (S:G / O:προφήτην)	/	/	Dt 18,15.18 יָקִים LXX: ἀναστήσει	세우다.
행 7:37	ἀναστήσει (S:G / O:προφήτην)	/	/	Dt 18,15 יָקִים LXX: ἀναστήσei	세우다

4. 사도행전에서의 부활 관련 구약 인용의 해석학적 의미

1) 예언과 성취: 다윗과 예수 그리스도[136)]

사도행전에서 드러난 다윗의 정체성은 '예언자'(행 2:30)이다.[137)] 그는 시편의 저자로서 그리고 예언자로서 자신에 관한 내용이 아니라 예수 그리스도의 죽음과 부활에 대한 사건에 대해 미리 보고(행 2:31) 예언한다. 베드로는 그의 무덤을 드러내 보임으로(행 2:29) 다윗 자신에 관한 신앙고백도 자신에 관한 예언이 아님을 입증해 주고 있다. 다만, 그의 선포와 예언의 내용은 오직 예수 그리스도에 관한 것뿐이다. 다윗은 올라가지 못한 인물이지만(행 2:34), 예수 그리스도는 승천하신

136) 다윗은 누가에게 있어서 성서 중 가장 중심적인 인물이다. "David ist für Lukas die zentrale Gestalt in der Schrift." J. Jervell, *Die Mitte der Schrift.* 각주 14번 참조.

137) 다윗은 구약에서 한 번도 선지자로 불린 적이 없다. J.A. Fitzmyer, *The Acts of the Apostles* (AncB 31) (New York: Doubleday, 1998), 258.

분이시다. 승천하신 분이실 뿐만 아니라 구약의 전통에서 가장 총애를 받는 '주의 우편'(행 2:35)에 앉으신 분이시다. 구약의 예언, 다윗의 예언을 충족시키는 분이 바로 예수 그리스도시라는 것을 보여주는 것이 누가의 구약 인용의 최우선 목적이다. 설령 그 본문의 본래적이고 일차적인 의미는 일단 그 당사자인 다윗과 그 후손들에게 적용되는 것으로 해석되었다 할지라도, 사도행전의 본문 내에서는 그것이 예수 부활의 입증 본문으로 해석되고 있는 것이다.

2) **하나님 중심적 신학**(Theozentrische Theologie)[138)]

사도행전의 저자 누가가 부활과 관련된 구약을 인용하면서 특히 주안점을 두고 있는 바는 예수 그리스도의 부활 사건이 성부 하나님의 주도적인 역사라는 점이다.[139)] 하나님의 주도적인 역사에 대한 인식은 초대교회 역사를 기술해 나가는 가장 중요한 틀이 되고 있다. 이와 같은 누가의 인식은 사도행전 곳곳에서 발견되며, 특히 대조 도식

---

138) 하나님 중심적 신학이란 역사를 이해하는 데 있어서 하나님 주도적인 역사임을 인정하며 기술해 나가는 역사 이해라고 말할 수 있다. 자세한 것은 Chang-Kyo Jeong, *Die Auferstehung in der Apostelgeschichte in der Apostelgeschichte* (G ttingen: Cuvillier Verlag, 2005), 11-16과 정창교, "헤롯 아그립바 I세의 죽음의 문학적 기능과 신학적 의미"(행 12:20-23) (대전: 대전신학대학교 출판부, 2011), 82-83 참조.

139) 부활이 하나님의 주도적인 역사라는 사실은 사도행전 내에서 부활과 관련된 선포에서는 항상 하나님이 주어로, 예수 그리스도는 목적어로 표현되어 "하나님이 예수를 죽은 자 가운데서 일으키셨다/살리셨다"로 나타난다. 자세한 대조 도식은 정창교, 앞의 논문(2007), 177 참조.

에서 정점을 이루고 있다.[140] 대조 도식의 가장 핵심적인 내용은 주어가 하나님이시며, 목적어가 예수 그리스도로 나타나 하나님 주도적인 이미지가 강하게 부각된다는 것이다. 상대적으로 예수 그리스도의 수동적인 역할이 나타나는데, 예수 그리스도의 자발적 부활 메타포가 아니라 하나님의 주도적 사역이라는 것이다. 이와 같은 모습이 나타나는 배경은 바로 구약에서 하나님 중심적으로 이루어진 이스라엘의 역사 이해와 맥락을 같이하고 있다. 즉 부활과 관련된 구약 인용에 있어서 가장 중심적인 모형을 빌려오고 있는 것이다.[141] 아울러 누가는 하나님의 뜻이 이루어짐을 표현하는 중요한 도구로 구약을 인용하고 있으며,[142] 그 하나님의 뜻은 구약에서 이미 여러 선지자들을 통하여, 특히 부활에 있어서는 다윗의 예언에 따라 이루어질 수밖에 없다.

---

140) 소위 말하는 대조 도식(Konrtrastschema)은 예수 죽임의 책임성을 유대인들에게 물으며, "너희가 죽였지만" 그 예수를 "하나님이 살리셨다"는 내용을 가리킨다. 정창교, 앞의 논문(2007), 177 참조.

141) 사도행전에서는 로마서의 "그리스도께서 죽은 자 가운데서 다시 살아나셨으매"(롬 6:9)와 같은 자발적이고 적극적인 부활 보도를 찾아볼 수 없다. 항상 하나님이 부활사역의 주도적인 역할로서 그 문장의 주어로 나타나지만, 상대적으로 그리스도는 수동적으로 '일으킴을 받는 존재'로 나타난다.

142) 먼저 누가복음에서는 눅 23:30(호 10:8), 3:4-6(사 40:3-5), 4:18f.(사 61:1f.), 22:37(사 53;12), 4:10(시 90:11f.), 23:36(시 30:6), 사도행전에서는 행 2:17-21(요엘서), 7:42f.(아모스서), 13:41(하박국), 15:16-17(아모스), 7:49f.(사 66:1-2), 8:32f.(사 53), 13:47(사 49:6), 28:26f.(사 6:9f.), 2:25-28(시 16:8-11), 행 2:34f.와 눅 20:42f.(시 110:1), 4:24f.(시 2:1-2).

5. 요약적 결론과 신학적 의미

누가는 사도행전 3분의 1이(사도행전 1,000절 중 약 300절) 넘는 설교 내지 연설문을 통해 그의 핵심적인 메시지를 전달하고 있으며, 그의 중요한 설교들의 핵심적인 메시지 또한 예수 그리스도의 죽음과 부활에 관한 논증이었다. 그리고 그 논증의 두 가지, 즉 증인 모티브(Zeugenmotiv)와 성서로부터의 증명(Schriftbeweis)을 통해 예수 부활의 확실성을 증명하고 있다.

예수 부활과 관련된 구약의 본문은 베드로의 오순절 설교에서 시편 16편 8-11절과 110편 1절, 그리고 바울의 비시디아 안디옥 설교에서 시편 16편 10절과 이사야 55장 3절이며, 지금까지 예수 부활의 입증 본문으로 이해되어 온 시편 2편 7절은 부활보다는 이 세상으로 보내심에 대한 약속의 성취이며, 이에 따라 13장 32절의 "ἀναστήσας Ἰησοῦν"도 '예수의 보내심'으로 해석되어야 함을 확인하였다. 사도행전에서의 구약 관련 본문이 인용된 신학적 의미는 일단 구약의 예언이, 특히 예언자로서의 다윗이 예언한 내용들이 신약의 예수 안에서 성취됨을 보여주는 기능을 하며, 동시에 사도행전 전체 맥락 가운데 흐르고 있는 하나님 중심적 신학(Theozentrische Theologie), 즉 역사의 주관자뿐 아니라 예수 부활에 있어서도 주도적 역할을 하신 분이라는 사실을 보여주고 있다는 것이다.

다윗의 시편 16편 8-11절과 110편 1절은 오래전부터 유용하게 예수 부활을 입증하는 유용한 본문으로 사용되어 왔지만, 히브리서 성경의 본래적인 의미에서는 아직 '예수 부활'에 대한 명확한 근거를 제시하지 못하고 있다. 다만 다윗이 구덩이(스올)에 빠지지 않고 구원해 주실 확신에 거하는 것은 자신에 대한 예언이 아니라 바로 예수 그리스도 안에서 성취되었음을 보여주는 중요한 근거이다. 특히 증인 모티브와 함께 제시되는 다윗의 무덤에 관한 입증을 통해 예수의 육체적 부활의 근거로서 제시되고 있는 것이다. 사도행전 13장 비시디아 안디옥에서의 바울의 설교는 구약이 세 군데 인용되고 있다. 하지만 후자 두 곳(사 55:3; 시 16:10)은 예수 부활의 증거로서 제시되고 있지만, 첫 번째 언급된 시편 2편 7절은 예수의 부활이 아니라 약속에 따른 '예수의 보내심'으로 해석되고 있다.

4장

바울의 비시디아 안디옥 설교 연구(행 13:16-41)

1. 서론

사도행전을 이해하는 가장 빠른 길 중에 하나는 사도행전의 설교를 연구하는 것이다. 왜냐하면 사도행전 전체 1,000절 중 300절 이상이 설교로 구성되어 있기 때문이다. 3분의 1 이상의 분량이 차지하는 의미도 있지만, 그 설교를 통하여 사도행전 저자의 사상과 공동체의 배경, 그리고 더 중요한 것은 초대교회의 선포의 내용들이 함께 배어나오기 때문이다. 사도행전의 저자로 불리는 누가는 역사가로서 자료들과 초대교회 설교자들의 자료들을 잘 수집하여 우리에게 전달해 주고 있다.

독일의 많은 학자들은 사도행전에 나타난 설교가 당시 실제로 행해졌던 설교의 내용을 전해 주지 못하고 오히려 누가 자신과 누가 공동체의 상황만을 반영한다고 주장한다. 즉 사도행전의 역사적 성격이 많이 손상되었다고 보는 것이다.[143] 그러나 헹엘(M. Hengel)이 주장하는 바와 같이 당시 행해졌던 설교와 30년간의 시간적인 차이를 감안한다면,[144] 누가가 보도하는 설교들을 통해 설교자들의 본래 의도와 메시지의 주된 내용들을 제대로 파악할 수 있을 것이다.

이와 같은 전제하에 사도행전에서 베드로와 함께 가장 중요한 역할을 하고 있는 바울의 첫 번째 설교를 연구하는 것은 의미 있는 일일 것이다. 본 장에서는 비시디아 안디옥에서의 바울 설교의 내용을 전반적으로 살펴볼 것이다.

2. 설교의 구성

1) 본문의 위치

안디옥 교회로부터(행 13:1) 성령의 보내심을 받은 두 사도는(행 13:2, 4a), 가장 먼저 구브로의 살라미, 바보, 밤빌리아의 버가를 거쳐 비시디아 안디옥에 이르게 된다. 비시디아 안디옥에 이르기까지 중요한 사건은 전도여행의 동행자 세 사람 중 두 사람에게 나타난다. 먼저, 수종자(행 13:5)로 전도여행에 함께한 요한이 밤빌리아 버가에서 바나바와 바울을 떠나 예루살렘으로 돌아가게 된다(행 13:13). 이 사건은 1

143) 유상현, 《사도행전 연구》 (서울: 대한기독교서회, 1996), 56-66.

144) 유상현, 같은 책, 20. M. Hengel은 저자가 참여한 사건과 집필한 시기 사이의 30년 차이로 인해 바울 서신과 사도행전의 차이점이 발생한다고 설명한다.

차 전도여행 후 2차 전도여행에 있어서 바나바와 바울의 분열을 야기하는 중요한 결과를 가져오게 된다(행 15:37-39). 두 번째로, 바울에게 중요한 몇 가지 변화가 나타나게 된다. 그 변화는 특히 사도행전 13장 9절에서 압축되어 나타난다.

① 이곳부터 바울은 '사울'보다 '바울'이라는 이름으로 불리게 된다. 13장 9절에서 "바울이라고 하는 사울이"라고 언급되고 난 후에 '사울'이라는 히브리식 이름 대신 계속해서 '바울'이라는 헬라-라틴식 이름을 사용하게 된다.[145] 그러나 이곳부터 이름이 바뀐 것은 아니고 원래 가지고 있었던 두 개의 이름 중 헬라-라틴식 이름을 통해 누가는 이방인 선교를 강조하고 있는 것이다.

② 처음으로 바울은 '성령의 충만함'을 입는다. 그는 지금까지 율법에 대하여 열심을 품고 살았고, 그 열심으로 그리스도인들을 체포하는 일에 몰두하며 살았다(행 9:1-2). 그는 9장에서의 다메섹 사건을 통해 부활의 주를 만나게 된다. 그 후 다메섹에 있는 제자들과 함께 며칠을 머문다. 그 후 "즉시로"(행 9:20) 예수의 하나님의 아들이심을 전파하고, "힘을 더 얻어"(행 9:22) 예수를 그리스도라 "증언"하기도 하였

145) 조광호는 일반적으로 바울이 그리스도를 만난 후, '사울'이라는 이름을 버리고 '바울'로 개명했다는 것은 잘못된 지식이라고 비판한다. 그 근거로 13장 9절에서 이방인의 사도인 그를 계속해서 '사울'로 지칭하고 있다는 것을 들고 있다. 디아스포라 유대인들은 유대식 이름 외에 발음이 비슷한 헬라-로마식 이름을 가지고 있었다(예: 여호수아-야손, 실라-실바누스). 조광호, 《자신과 세상을 바꾼 사람, 바울》 (서울: 비블리아 아카데미아, 2006), 1-2, 각주 1.

다. 그러나 그는 13장 9절에서야 비로소 '성령의 충만함'을 얻게 된다.

③ 바울의 이름은 13장 9절부터 바나바보다 먼저 언급된다. 그전까지는 항상 바나바의 이름이 언급되고 난 후에 두 번째로 언급되었다.[146] 하지만 이제부터는 사도행전 전반부(1-12장)에서 가장 중요한 역할을 하였던 베드로의 역할을, 그리고 중개자 역할을 감당하였던 바나바를 뛰어넘어 이제 바울이 선교의 주도적 역할, 이방인을 위한 택한 그릇으로서의 역할을 주도적으로 하게 되는 것이다.

비시디아 안디옥에서의 바울의 설교는 그의 첫 번째 전도여행의 중심에 서 있다는 것이다.[147] 누가의 보도를 따르면 바울은 1차 전도여행 중 두 번의 설교를 하게 되는데 한 번은 비시디아 안디옥에서 유대인들과 하나님을 경외하는 사람들을 대상으로 한 설교이며(행 13:16, 26), 다른 한 번은 루스드라에서 이방인들을 대상으로 한 설교이다(행 14:15-17). 비시디아 안디옥에서의 바울의 설교는 사도행전 13장 16절에서 41절까지이다. 그러나 비시디아 안디옥에 대한 이야기는 13장 13절부터 시작되고 있으며, 42절부터 52절까지는 그 결과에 대해 이

146) 행 12:25, 13:1, 2, 7.

147) Cf. M.F.-J. Buss, *Die Missionspredigt des Apostels Paulus im Pisidischen Antiochien. Analysen von Apg 13,16-41 im Hinblick auf die literarische und thematische Einheit der Pauluspredigt*, FzB 38 (1980), 17; U. Wilckens, *Die Missonsreden der Apostelgeschichte* (Neukirchen-Vluyn: Neukirchener Verlag, 31974), 70; J. Roloff, *Die Apostelgeschichte*, (NTD 5) (181988), 201; J. Zmijewski, *Die Apostelgeschichte* (Regensburg, 1994).

야기하고 있다.

2) 설교의 짜임새

이 설교는 내용상 크게 3부분으로 나눌 수 있다. 가장 먼저 세 번의 청중을 부름(행 13:16, 26, 38)으로 자연스럽게 나눠지고 있다.

① 13: 16b-25: 구원사적인 이스라엘 역사의 조망

16b: 청중을 부름 / 17-25: 하나님 주도의 이스라엘 역사

② 13: 26-37: 기독론적인 부분

27-33: 예언의 성취(십자가와 부활)

34-37: 성서로부터의 예수의 부활 증명(사 55:2; 시 16:10)

③ 13: 38-41: 회개의 요청

38-39: 모세의 율법이 아니라 예수를 힘입어 의롭다 함을 얻음.

40-41: 회개의 요청

3) 설교의 청중

바울 설교의 청중은 크게 두 부류로 나눠진다. 첫째 부류는 헬라화된 디아스포라 유대인이고, 두 번째 부류는 하나님을 경외하는 이방인이다. 그래서 바울은 “이스라엘 사람들과 및 하나님을 경외하는 사람들아”(16절), “형제들아 아브라함의 후손과 너희 중 하나님을 경외하는 사람들아”(26절), 그리고 마지막으로 “형제들아”(38절)라고 두 부

류를 한꺼번에 지칭하여 부른다. 이 청중들과 회당에서 행한 설교라는 점에서 이 설교는 유대인을 향한 설교로 분류된다.

3. 이스라엘 역사 회고의 의미

바울의 이스라엘 역사 회고는 13장 17-25절까지이다.[148] 바울이 언급하는 이스라엘 역사의 주요 내용은 출애굽(17절), 광야 40년 방황(18절), 가나안 땅을 기업으로 받음(19절), 사무엘 선지자 때까지의 사사시대(20절), 사울 왕의 40년 통치(21절), 다윗(22절), 예수(23절), 세례 요한(24-25절) 등이다. 여기서 발견되는 특징들과 그 의미는 아래와 같다.

1) 하나님 주도의 이스라엘 역사

이스라엘 역사에 두드러진 역사 회고의 중요한 특징은 '하나님 중심적'이라는 것이다.[149] 13장 17-25절까지의 이스라엘 역사 회고 가운데 세 번 '하나님'(ὁ θεός)이 주어로 나타나지만 실제로 바울의 이스라

---

148) O. Glombitza는 이스라엘 역사 회고를 22절까지로 본다. Cf. O. Glombitza, Acta 13,15-41, Analyse einer lukanischen Predigt vor Juden, in: *NTS* 5, 306-317. 특히 308. 유상현도 21절까지를 구약개관으로 본다. Cf. 유상현, 《바울의 1차 선교여행》 (서울: 대한기독교서회, 2002), 68-96. 특히 68f.

149) 소위 Theozentrik이라 불리는 하나님 중심으로 펼쳐지는 역사 이해를 말한다. 자세한 내용은 Chang-Kyo Jeong, *Die Auferstehung in der Apostelgeschichte* (Göttingen: Cuvillier Verlag, 2005), 11-16을 보라.

엘 역사 회고를 통해 나타내고자 하는 누가의 의도는 이스라엘 전체 역사를 하나님이 주관하신다는 사상이다. 이러한 하나님 중심적인 역사 이해는 이곳뿐 아니라 사도행전 곳곳에서 나타나게 된다. 가장 정점을 이루는 것은 조금 후에 다루게 될 예수 부활의 사건에서이다. 예수의 부활 사건 이외에도 모든 중요한 사건은 성부, 즉 아버지 하나님의 결정과 의지에 따라 움직여지게 된다.

> ① 먼저 예수 그리스도와의 관계에 있어서: 예를 들어 1장에서 이스라엘의 회복될 시기가 이제냐고 묻는 제자들에게 예수는 '아버지의 고유 권한'(행 1:7)으로 두며, 자신도 알지 못하는 것으로 이야기한다. 예수는 그의 재림 시 재판장으로 등장하지만 이것도 아버지가 미리 정하신 일이다(행 10:42, 17:31). 예수는 "큰 권능과 기사와 표적"을 행하셨지만 이러한 사역의 근본적인 주체는 '하나님'으로 나타난다(행 2:22). 예수는 아버지로부터 "성령과 능력을 기름 붓듯" 받아 착한 일과 마귀에게 눌린 자를 고치신다(행 10:38).[150]

---

150) Lohfink는 하나님이 예수에게 행한 사실을 12가지로 구분하여 정리하고 있다. ① 하나님이 예수를 구원자로 보내심(행 13:23; Cf. 3:22, 26) ② 하나님이 예수의 세례 시에 성령으로 기름 부으심(10:38; Cf. 4:27) ③ 하나님은 예수를 통하여 평화를 선포하심(10:36) ④ 하나님이 예수를 통하여 기적을 행하심(2:22) ⑤ 하나님이 예수가 내어준 바 되도록 허락하심(2:23; Cf. 3:18, 4:27f.) ⑥ 하나님은 예수를 죽은 자 가운데서 일으키심(2:24, 32, 3:15, 5:30, 10:40, 13:30, 33f., 37) ⑦ 하나님이 예수를 나타나게 하심(10:40) ⑧ 하나님이 예수를 올리심(2:33, 5:31) ⑨ 하나님이 예수를 자신의 오른편에 앉게 하심(2:34) ⑩ 예수가 성령을 부어 줄 수 있도록 하나님이 예수에게 성령을 주심(2:33; Cf. 2:17f., 5:32) ⑪ 하나님은 예수를 오순절 이후 사도들의 기적들을 통해 영화롭게 하심(3:13; Cf. 4:30) ⑫ 하나님이 예수를 산 자와 죽은 자의 심판장으로 내정하심(10:42). Cf. G. Lohfink, Christologie und

② 하나님의 뜻: 사도행전 1장에서 가룟 유다를 대신하여 맛디아를 뽑을 때, 베드로는 기도하고, "제비"로 뽑는다.[151] 그리고 가말리엘의 공회에서의 연설은 "하나님의 무너뜨릴 수도 없고, 반대하면 오히려 대적자가 될 것"을 강조한다. 그래서 그의 연설로 말미암아 공회에서 풀려나게 된다. 또 10장에서 베드로는 자신이 음식에 관한 정결법을 지키며, 이방인과 가까이하지 않는 등 율법을 잘 준수하였지만 자신의 이러한 모습을 3번의 환상을 통해 하나님이 직접 깨뜨리시고 베드로에게 "하나님은 사람을 외모로 취하지 않으시는 분"이라는 깨달음을 얻게 하신다(행 10:35). 바울의 이스라엘 역사 회고 가운데 가장 중요한 인물 중 하나인 다윗에 대해 '하나님의 뜻을 좇아 섬긴 사람'(행 13:36)으로 소개하고 있다.

2) 스데반 설교와의 비교

스데반의 설교와 비교하였을 때 특징적으로 나타나는 것은 "스데반이 이스라엘의 불순종사 중심으로 개관한 데 비해(ecclesiocentric), 바울은 이스라엘의 구원자 중심으로(theocentric)"[152] 개관한다. 두드러진 차이점은 스데반이 "부정적인 환기방식"으로 이스라엘 역사를 개괄한 반면에, 바울은 자기 민족의 역사가 하나님으로부터 선택받고 인

Geschichtsbild in *Apg* 3,19-21, in: *BZ 13* (1968), 223-241 (bes. 234); G. Schneider, *Apostelgeschichte* I, 334.

151) 제비뽑기는 구약에서 '하나님의 뜻'을 대변하는 중요한 상징이다(레 16:8; 삼상 10:20; 수 7:18; 대 25:8, 26:13 등등).

152) 박수암, 《신약주석: 사도행전》 (서울: 대한기독교서회, 2006), 238.

도함을 받은 자랑스런 역사라고 소개하는 것이다.[153)]

3) 구약 개관의 이유

유상현은 본문에서 구약개관이 나타나는 두 가지 이유가 있다고 제시한다: 즉 형식적 측면과 내용적 측면인데, 먼저 형식적 측면이란 "회당의 청중과 화자인 바울 사이에 인식과 이해의 기반이 존재한다는 점을 일깨우고 나서, 그 공통분모에 근거하여 설교자가 제시하려는 내용을 이끌어내게 만든다는 전략"[154)]을 말한다. 이것은 저자가 청중의 관심을 끌어 발언의 설득력을 높이려는 고안이라는 것이다.[155)] 위에서 본 바와 같이 두 부류의 청중들에게 공감대를 형성하려는 저자의 의도를 볼 수 있다.[156)] 한 발짝 더 들여다본다면 다음 장에서 언급되듯이 이 설교의 핵심이 예수의 죽음과 부활에 초점 맞추어져 있다는 것을 알 수 있다. 바울은 이 설교를 통해 유대인들이 생각과 달리 예수를 구약의 예언대로 오신 분, 구약에서 약속되고 또 그 약속의 성취로서 오신 예수를 보여주기 위함이다.

153) 유상현, 앞의 책(2002), 69.

154) 유상현, 앞의 책, 69.

155) 유상현, 앞의 책, 69.

156) 특히 26절에서는 "형제들"이라는 표현을 쓰고 있다. 이러한 표현들은 바울을 끊임없이 해치고자 하는 유대인들의 모습과 극명하게 대조되고 있다.

4. 설교의 핵심: 예수의 죽음과 부활의 증거

이 설교의 핵심이 무엇인가에 대해 학자들은 '예수의 부활'이라는 데 대부분 일치하고 있다:[157] 던(J.D.G. Dunn)은 "예수는 하나님의 나라를 선포했지만, 사도행전의 연설문들은 예수를 선포하며, 특히 제1의 초점이 예수의 부활에 맞추어져 있다"[158]고 언급한다. 마찬가지로 유상현도 같은 시각에서 사도행전 20장 15-25절의 기독교인들을 향한 설교를 제외한 대부분의 설교는 유대인이든 이방인이든 비기독교인들을 향한 바울 설교의 초점은 항상 부활에 모아지고 있다고 주장한다.[159] 그는 13장의 비시디아 안디옥 설교의 전체가 '이스라엘에게 구주를 보내셨는데 그가 예수시다'(행 13:23)는 선언을 전제요, 귀결로 삼으면서 그를 통해 사죄(赦罪)와 칭의를 촉구하고 있으며, 이 모든 주장의 근거와 바탕은 예수 부활의 논의라고 주장한다.[160] 바클레이(Barclay)는 "사도행전에서 부활이 메시지의 중심이 되지 않은 설교란 사도행전 가운데 없다"[161]라고 거침없이 말한다. 바클레이(Barclay)의 언급은 여전히 바울의 비시디아 안디옥 설교에서도 유효하다.

---

157) 예를 들어 R.F. O' Toole, Christ's Resurrection in Acts 13:13-52, in: *Bibl 60* (1979), 361-372. 특히 364.

158) J.D.G. Dunn, 김득중/이광훈 공역, 《신약성서의 통일성과 다양성》 (서울: 도서출판 솔로몬, 1988), 40.

159) 유상현, 앞의 책, 84-85.

160) 유상현, 앞의 책, 84.

161) Wiliam Barclay, 정용섭/김성환 역, 《예수의 사상과 생애》 (서울: 대한기독교출판사, 1984), 441.

1) **예수 죽음의 강조**(**행** 13:27, 28)

대부분의 신학자들이 지적하듯이 사도행전에서는 예수 죽음의 대속적 의미가 강조되어 나타나지 않고 있다.[162] 그 이유는 예수 죽음에 대한 의미도 중요하겠지만 예수 부활의 입증이 더 중요하고 시급한 과제였기 때문일 것이다. 그리고 특징적인 것은 예수 죽음의 책임이 현저하게 드러난다는 것이다. 이 죽음의 책임의 당사자는 한편으로는 예루살렘에 거주하였던 유대인으로 한정되고 있다. 또 한편으로는 종교지도자들이 강조되고 있다. 예수 죽음의 책임의 강조는 다음의 대조 도식에서 보는 바와 같이 부활과 동시에 짝을 이루어 강조되어 나타난다. 그 이유는 무엇일까? 가장 설득력 있는 주장은 유대인 선교를 위해서라고 말할 수 있다. 그들의 죄악성을 지적하며 그들에게 회개의 기회를 주고자 하는 것이다.

2) **무지의 강조**(**행** 13:27)[163]

사도행전에서 유대인들은 예수의 죽음에 있어서 그 책임이 전적

---

162) Cf. K. Berger, *Theologiegeschichte des Urchristentums: Theologie des Neuen Testaments* (Tübingen, 21995). 고린도전서 15장 3절은 "성경대로 우리 죄를 위해 죽으셨다"고 분명히 언급하지만 사도행전에서는 그런 언급이 불확실하게 나타나고 있다.

163) '무지에 관한 동기들'에 대해: Ed. Schweitzer, Zu den Reden der *Apg*, in: ThZ (1957), 1-11. 특히 208. 그에 의하면 무지에 관한 동기들이 2, 3, 4, 10, 13, 14, 17장에서 사용되고 있다고 주장한다.

으로 그들에게 있는 것으로 (특히, 예루살렘 거민들과 유대교 지도자들) 나타나지만 그들의 죄악성은 두 가지에 의해 그 부정적인 면이 감해지고 있다. 첫째는 성서에 의해, 하나님의 뜻에 의해 이루어졌다는 것을 강조한다는 사실이다. 하나님의 뜻에 의해 예정된 일, 성서에 의해 예정되고 약속된 일이기 때문에 십자가에 예수를 못 박고 죽인 장본인들은 그저 그들에게 주어진 일들을 한 것뿐이다. 두 번째로는 베드로의 설교에서도 언급되듯이(행 3:17), 예수를 십자가에 못 박고 죽인 이들은 결코 악의적으로, 의도적으로 행한 것이 아니라 선지자들의 말과 성경의 예언들을 몰라서 그런 일을 했다는 것이다.[164] 그리고 누가는 반복해서 청중들에게, 그리고 독자들에게 무지가 아닌 '알게 하는 가르침'(예, 행 2:36 "이스라엘 온 집은 알지니", 4:10 "너희는 알라!", 17:23 "너희가 알지 못하고 위하는 그것을 내가 너희에게 알게 하리라")을 제시하고 있다.

3) 예수 부활의 증인들

예수 부활은 사도행전에서 두 가지 방법으로 증명되고 있다. 하나는 부활의 증인들이고, 또 하나는 구약의 예언들이다. 부활의 증인들은 고린도전서 15장에 나타난 목록의 주인공들이 아니다. 사도행전에서는 단지 12명의 예수의 제자만이 사도이며, 그들의 주된 과제는 '예수 부활의 증인'(행 1:22)이다. 이 과제를 위해 성령은 중요한 조력자의 역할을 한다. 즉 성령 충만함으로 부활을 증거하게 된다(행 4:8). 이

164) 누가복음 24장 27절에서는 부활한 예수는 성경을 잘 이해하지 못하는 엠마오 도상의 두 제자에게 자기에 관한 성경의 예언을 잘 풀어 설명하고 있다.

러한 예수 부활의 증인의 자격에 있어서 누가는 분명하게 다른 제자들과 구분 짓고 있다.

	행 1:21-22	행 10:41	행 13:31
설교자	베드로	베드로	바울
지명자	하나님 (제비뽑기)	하나님(미리 예정하심)	/
시간적 제한	세례 요한의 때부터 예수께서 승천하시기까지 우리와 함께한 사람	죽은 자 가운데서 부활하신 후	죽은 자 가운데서 부활하신 후
예수님과 접촉	제자들+예수님 함께	함께 마시고, 함께 먹은 사람들	함께 갈릴리에서 예루살렘으로 올라간 사람들

위에서 보듯이 예수 부활의 증인의 자격 조건들이 조금씩 차이가 있기는 하지만 3가지 강조점이 두드러진다. 1) 하나님에 의해 선택됨(1:26, 10:41), 2) 시간적으로 예수 공생애는 물론 부활 이후라는 시점, 3) 부활한 예수님과 접촉한 사람들이라는 점, 즉 부활 후 시공간적으로 함께한 사람들이라는 점이 공통적으로 강조되고 있다.

한 가지 간과할 수 없는 점은 그들이 누구에게 증인이 되고 있는가 하는 점이다. 31절에는 "백성 앞에서 그들이 증인이라"고 말한다. 그 백성은 다름 아닌 유대인들이다. 사도행전의 설교 가운데 12사도들의 '증인으로서의 사명'은 이방인을 향한 설교에서는 전혀 의미가 없다는 점이다. 왜냐하면 이방인들 가운데 한 번도 증인으로서 등장하지도 않고 있으며, 단지 바울만이 그 일을 감당하고 있다. 또 이 '부활이라는 주제'는 이방인들에게는 이해될 수 없는 일이기 때문이다(행 17:32). 즉 증인으로 선택된 12제자는 이스라엘 백성들, 유대인들에게만 의미가 있다는 것이고, 궁극적으로 이러한 증명이 강조된다는 것은 그만큼 사도행전의 유대인들을 향한 메시지를 간접적으로 보여주고 있는 것이다.

4) 부활의 주체로서의 하나님

사도행전에서는 하나님만이 부활의 주체가 되신다. 즉 예수 그리스도는 부활의 객체로 나타나며, 하나님의 주권적인 역사에 의해 이루어지는 역사이다. 이러한 경향은 사도행전 전반을 지배하고 있다. 소위 대조 도식(Kontrastschema)[165]이라고 불리는 이 구조는 유대인들을 향한 설교에서, 그리고 예수의 죽음과 부활에 관한 표현에만 나타난다. 즉 유대인들의 행위, 즉 예수를 십자가에 못 박고 죽이는 행위, 하나님의 행위, 즉 죽었던 예수를 살리시는 하나님의 행위가 극명하게 대조되어 나타난다. 그리고 회개의 요구와 예수만이 죄 사함을 가져다준다는 선포가 이어지고 있다. 여기서 예수는 항상 목적어로 나타나며, 예수를 십자가에 못 박고 죽인 주체는 항상 유대인들로 나타난다. 대조 도식에서 가장 강조되는 것은 예수를 살리는 행위의 주체가 오직 하나님이라는 사실이다.

---

165) J. Roloff가 처음으로 언급하였다: J. Roloff, Anf nge der soteriologischen Deutung des Todes Jesu, in: *NTS 19* (1972/73) 38f. 그리고 그것을 누가 이전의 전승으로 보았다. V.H. Neufeld와 E. Sweitzer 역시 같은 입장이다. 그리고 L. Schenke는 "Kontrastformel"로 명명하였다. 비교: L. Schenke, Die Kontrastformel *Apg* 4,10b, in: *BZ 26* (1982), 1-20.

〈도표〉 사도행전에서의 대조 도식(Kontrastschema)[166)]

	유대인의 행위	하나님의 행위	12사도의 증거	선교적 권면
행 2:23-24, 2:32	*이방인의 손을 빌어 십자가에 못 박아 죽임 (예수: 생명의 주)	*사망의 고통을 풀어 살리심 (24)	우리가 다 이 일에 증인이로다 (32절)	회개하라 (38) 3,000명 회개 (41)
행 3:13b -15	*빌라도가 놓으려고 한 것을 거절함. 생명의 주를 죽임	*죽은 자 가운데서 살리심 (15)	우리가 이 일에 증인이로다 (15절)	회개하라 (19) 너희로 돌이키려 함 (26)
행 4:10b	십자가에 못 박음	*죽은 자 가운데서 살리심		구원을 얻을 만한 유일한 이름: 예수 (12)
행 5:30-32	나무에 달아 죽임	* 살리심 (30)	우리가 이 일에 증인이다 (+ 성령)	이스라엘로 회개케 하사 (5:31)
행 10:39-41	나무에 달아 죽임	*사흘 만에 다시 살리심 (40)	*그의 행하신 모든 일의 증인이다. 하나님이 미리 택하신 12사도에게 나타나심.	예수를 믿는 사람들: 다 죄 사함 받는다 (43)
행 13:27-31	빌라도에게 죽여 달라 함	죽은 자 가운데서 살리심 (30)	*저희(12사도)가 백성 앞에 증인이라.	예수를 힘입어 죄 사함을 얻음 (38.39)

5) 부활의 증거로서의 구약 인용

166) L. Schenke는 결론적으로 대조 도식의 모든 무게는 하나님의 예수 부활 행위에 있다고 보았다. 그리고 그는 그것의 삶의 정황(Sitz im Leben)으로 예루살렘 공동체의 오래된 선포공식들 가운데 하나이며, 가장 이른 선교적 선포(Missionsverkündigung)로 간주하였다. Cf. L. Schenke, 앞의 글.

이 설교의 가장 핵심적인 증거의 내용이 부활의 확증이라는 것은 논란의 여지가 없다. 바울은 사도행전 내에서의 다른 곳에서와 마찬가지로 부활이라는 주제를 '증인의 모티브'와 '성서로부터의 증명' 방법을 통해 증명하고자 한다.

성서로부터의 증명 방법에서 바울이 제시하고 있는 두 개의 본문을 보면 이사야 55장 3절(행 13:34)과 시편 16편 10절(행 13:35)이다. Haenchen은 두 인용문(사 55:3; 시 16:10)이 이미 누가에 의해 사용된 전승 안에서 결합되어 있을 것이라고 추측한다. 그 근거로 그는 이사야 55장 3절의 축약된 서술이 그것 자체만으로는 이해가 되지 않았기 때문이라는 것이다.[167] 그리고 두 인용구 모두 δώσω(사 55:3)와 δωσεις(시 16:10), ὅσια(사 55:3), 그리고 ὅσιον(시 16:10)이 상응하고 있다.[168]

5. 모세의 율법과 칭의사상(행 13:38–39)

이 설교의 핵심이 예수의 부활이라 할지라도 궁극적인 설교자의 궁극적인 관심이 유대인들과 하나님을 경외하는 청중들의 회심에 있다고 한다면, 13장 38절과 39절에 언급되는 모세의 율법과 구원에 관한 부분은 결코 간과할 수 없는 중요한 요소이다.

---

167) E. Haenchen, *Apg* II, 44. 그는 13장 35절의 빛에서 이사야 55장 3절을 보면 "나는 너희 그리스도인들, 다윗의 자손들에게 죽지 않을 부활의 생명을 주겠다"일 것이라고 해석한다.

168) Cf. E. Haenchen, *Apg* II, 44.

바울은 13장 37절까지 예수의 부활의 확실성을 증거하는 데 몰두하다가 이제는 청중의 회심을 요청하고 있다. 특히 38절이 '알게 하는 것'에 초점을 맞추고 있는데, 그것은 청중들이 잘 알지 못하는 것이다. 즉 예수를 제대로 알지 못함으로 십자가에 못 박기까지 하였는데, 이제는 그들이 알지 못하는 것을 알려 주는 데 초점을 맞춘다. 설교자가 청중이 알기를 바라는 것은 1) 이 사람(예수)을 힘입어 죄 사함을 받는다는 것, 2) 모세의 율법으로는 의롭다 함을 얻지 못한다는 것이다.

바울이 굳이 예수의 부활을 힘주어 강조하는 것은 예수를 제대로 알지 못하고 십자가에 못 박았고, 지금도 여전히 그 예수를 모르고 있다는 것이며, 그들의 구원관도 잘못된 것이며, 오로지 예수를 통하여 죄 사함을 받고, 그를 힘입어 의롭다 함을 얻는다는 사실이다. 여기서 우리는 누가 문서에서, 특히 사도행전에서 베드로의 모습이 율법을 준수하는 모습(행 3:1 - 제구시 기도 시간에 성전에서 기도함; 10장 - 음식에 관한 규정을 잘 지키고, 이방인도 가까이하지 않음)으로, 그리고 바울의 모습이 율법을 잘 준수하는 모습으로 나타나는 것은 유대인들에 대한 선교와 깊은 관련이 있다. 즉, 바울은 유대인들의 선교를 위해(고전 9:20)[169] 디모데에게 할례를 행하고(행 16:3), 겐그레아에서 머리를 깎음으로 서원을 행하고(행 18:18), 야고보의 권면을 받아들여 나실인의 서약을 따른다(행 21:26). 그러한 모든 시도와 노력은 유대인 선교의 걸림돌을 제거하기 위한 노력으로 보인다. 그 외에도 사도행전 15장의 사도회

169) 그러나 바울이 이방인의 선교를 위해 이방인과 같이 되지는 않았다. Cf. K. Berger, *Theologiegeschichte des Urchristentums* (Tübingen & Basel: Francke Verlag, 2te Aufl., 1995), 762.

의에서 문제가 제기되고 있는 핵심적인 주제는 '구원을 받을 때 할례를 받는가?' 하는 것이었으며, '이방인에게 할례를 주고 모세의 율법을 지키라'고 주장하는 바리새파 출신의 유대인들의 문제 제기였다. 그들의 문제제기에 베드로는 15장 11절에서 '주 예수의 은혜로 구원받는다'는 바울과 전적으로 일치하는 구원관을 제시한다.

바울의 재판 과정에서도 끊임없이 문제가 되고 있는 주제는 유대인들은 성전을 더럽힌 일(행 21;28f.)을 비롯하여 율법 준수에 관한 문제였다(행 24:5-6 등). 그리고 그 문제에 관한 한 바울은 정확히 율법을 준수하고 있었음을 재판 과정에서 밝히고 있다(행 25:8-10). 이 모든 과정을 전하고 있는 누가도 최소한 이 문제만큼은 확실히 독자들에게 바울이 율법을 준수하고 있다고 전달하고 있다(행 25:7 이하).

이 설교에서 분명하게 전달하고자 하는 메시지는 구원에 관한 문제는 분명하게 '예수를 통하여' 가능하다고 천명하고 있으며, 결코 유대인들에게 삶의 모든 정초가 되는 '모세의 율법'으로는 불가능하다는 것을 언급하는 것이다. 그러므로 유대인들에게 죄 사함을 얻을 수 있는 열려진 새로운 길을 제시하는 것이다.

6. 설교의 결말 및 결과

이 설교는 하박국 1장 5절의 인용으로 갑작스럽게 끝나고 있다. 하지만 그 결과는 두 가지 형태로 나타난다. 다음 안식일에도 설교할 것을 권하며 '유대인과 많은 경건한 사람들'이 바울과 바나바를 좇는 많은 성과를 거두었다(행 13:42, 43). 그리고 그다음 주에는 온 시민이 다 바울의 설교를 듣기 위해 모였다고 누가는 보도하고 있다(행 13:44). 하지만 이때부터 바울의 적대자들이 공식적으로 등장하게 된다(행 13:45). 바울과 바나바로서는 큰 성과와 아울러 큰 짐을 동시에 얻게 된 것이다. 이러한 유대인들의 등장은 아울러 바울 서신에 나타나는 바와 같이 공식적으로 이방인들에게로 돌아가게 하는 결과를 가져오게 된다:

> "먼저는 유대인에게요 그리고 헬라인에게로다"(롬 1:16).

7. 요약적 결론과 신학적 의미

우리는 위에서 사도행전에 나타난 바울의 첫 번째 설교, 첫 번째 여행의 중심에 있는 비시디아 안디옥의 설교를 살펴보았다. 핵심적인 주제에 있어서는 베드로의 설교와 마찬가지로 '예수 부활의 증명'으로 드러나고, 그 증명 방법에 있어서도 '예수 증인들로부터의 증명'과 '성서로부터의 증명'의 방법을 공히 취하고 있다. 베드로의 설교에 있어서는 시편 16편 8-10절과 시편 110편 1절이 부활 입증의 증거로 인용되었지만, 비시디아 안디옥의 설교에서는 시편 16편은 10절만이, 그리고 이사야 55장 2절 말씀만 증거로 사용되었다. 특히 논란의 여지가 있는 13장 33절의 경우 30절과 34절에 공통으로 나타나는 "죽은 자 가운데서"라는 수식어가 없고, 또 2장의 베드로의 설교에서 2개만

(시 110:1과 시 16:8-10)이 부활의 증거로 인용된 점을 들어 본인은 소수의 의견인 '예수의 보내심'(sendung)으로 해석하려고 시도하였다. 그리고 13장에서는 유대인들을(하나님을 경외하는 사람들 포함) 향한 설교로서 그들에게 회개의 요구를 선포하는데, 그 핵심은 '율법으로의 구원'은 불가능하며, 새로운 구주인 '예수를 힘입어', '예수를 통하여' 구원이 가능하다는 것을 역설하고 있다.

그리고 이 설교의 결과로 '유대인에게서 이방인에게로' 선교의 장이 바뀌고 있다는 것을 누가는 상징적으로 보여주고 있다. 그와 동시에 이 설교의 반응에서 긍정적인 면뿐만 아니라 바울의 적대자들이 지금부터 공식적으로 등장하고 있다는 사실이다. 이후로 유대인들은 바울의 선교활동에 큰 짐으로 가는 곳마다 그들과의 갈등과 방해를 짊어지고 가야만 하는 상황이 벌어진다. 하지만 이 유대인의 설교로 결코 유대인들에 대한 복음 전파 및 선교가 이후로 완전히 단절되는 것은 아니다. 왜냐하면 바울은 여전히 유대인의 회당을 그의 선교 활동의 중심지로서, 메시지 선포의 장으로 활용하고 있기 때문이다(행 14:1, 17:1 등). 그리고 바울의 모습도 언제나 율법 준수의 모습으로 사도행전의 결말까지 이어지고 있기 때문이다.

Chapter 2

선교 이야기에 나타난 하나님 중심적 신학

5장

전도자 빌립과 에디오피아 내시의 회심 이야기(행 8:26-40)

1. 서론

빌립은 초대교회 일곱 사람 중 한 사람으로 스데반 다음으로 중요한 인물이다.[170] 사도행전은 그가 사마리아 지역(행 8:4-25)과 에디오피아 내시에게, 그리고 아소도와 가이사랴에까지 복음을 전파하였다고 보도한다(8:26-40). 그 외에 그에게는 처녀로 예언하는 딸 넷이 있었고(행 21:8-9), 3차 전도여행을 마치고 돌아오는 바울을 가이사랴에서 맞이한 것으로 보도하고 있다. 이러한 행적을 놓고 볼 때 초대교회 선교역사에 있어서 빼놓을 수 없는 중요한 역할을 감당했음을 알 수 있다. 특히 사도행전 1장 8절의 구도하에서 '사마리아'에 해당되는 지역의 선교는 빌립에 의해서 이루어졌다는 점에서 그의 전도자로서의 역할은 결코 간과되어서는 안 될 것이다.

170) 사도행전 7장의 일곱 인의 명단은 일반적으로 그 활동의 정도에 따라 순서적으로 배열되었다고 본다. 그 예로 사도행전에서 언급되는 12사도의 명단도 이와 마찬가지로 배열되었다. Cf. 행 1:13.

사마리아 선교 보도에 이은 에디오피아 내시의 회심 이야기는 여러 가지 논란의 여지가 있다. 즉, 과연 사도행전 전체의 구도에서 유대인에 대한 전도의 영역으로 보아야 할 것인지, 아니면 이방인에 대한 전도의 영역으로 보아야 할 것인지 그 경계를 명확하게 긋기가 쉽지 않다. 그것은 한 걸음 더 나아가 그의 정체성에 대한 질문으로 이어진다. 이방인으로 볼 것인지, 아니면 개종자로 볼 것인지? 소위 '내시'도 유대교 개종자로 받아들여졌는지? 그의 정체성에 대한 토론은 여전히 진행 중이다.[171] 이처럼 사도행전에서의 중요한 '사마리아 선교'와 '에디오피아 내시의 회심'에 깊이 관여하여 누가의 선교 프로그램(행 1:8)에 빠질 수 없는 중요한 위치를 차지함에도 불구하고 정작 전도자 빌립의 활동에 대한 연구는 늘 뒷전으로 밀려 버렸다.[172] 본 장에서는 빌립의 사마리아 선교에 이은 에디오피아 내시의 회심 이야기를 통해 최근 토론되고 있는 주요 쟁점들을 개괄하고, 사도행전에서의 신학적 의미를 살펴보고자 한다.

---

171) 그를 이방인으로 볼 것인지, 개종인으로 볼 것인지, 아니면 하나님을 경외하는 사람으로 볼 것인지 학자들마다 의견을 달리하고 있다. 학자들 간의 입장은 3번에서 더 깊이 다룰 것이다.

172) A. von Dobbeler, *Der Evangelist Philippus*, TANZ 30 (Tübingen: Verlag Francke, 1999), 13. 한국에서도 빌립에 대한 연구는 극히 미진하다. 김득중, "스데반과 빌립: 그들의 정체와 신학",〈신학과 세계〉(2005 여름/ 통권 53호), 38. 그는 사도행전 6장에 등장하는 '일곱 사람들'이 초대교회의 역사적 발전 가운데 중요한 역할을 했던 아주 중요한 인물들임에도 불구하고 교회는, 그리고 심지어 신약성서를 연구하는 학자들조차도 이들에게 진지한 관심을 기울이지 못했다고 말한다. 그는 이와 같이 빌립에 대한 연구가 미진한 이유 중의 하나는 빌립이 '집사'로 사도 바울과 베드로 등과 구분되는 데 기인하고 있다고 지적한다. 그러면서 '일곱 집사' 중 한 사람 빌립이 아니라 '일곱 사람' 중 하나로 부르기를 제안한다.

2. 맥락 가운데 바라보기: 사마리아 선교 이야기와 비교

전도자 빌립은 사도행전 6장 5절에서 헬라파와 히브리파 그리스도인들의 갈등에 대한 해결책으로 선출된 일곱 사람[173] 중의 한 사람으로 처음 언급되었다. 그 이후 가장 영향력이 컸던 스데반은, 즉 은혜와 권능이 충만하여 큰 기사와 표적을 민간에 행한 후(행 6:8), 그의 성전과 율법에(행 6:13, 7:48) 대한 비판적 설교로 말미암아 유대인들로부터 투석형을 받고 순교한다. 일곱 사람 중 스데반 다음으로 중요한 역할을 했던 빌립의 활동 이야기는 스데반의 순교와 그로 인한 예루살렘 교회에 대한 박해로 말미암아 유대와 사마리아 지역으로 흩어지게 된 그리스도인들이 복음을 전하는 이야기 다음에 위치한다.

누가는 지금까지 다수 내지 대중적인 회심에 대한 보도만 접하고 있다가, 이제부터는 개인적인 회심 이야기(individual Conversion)를 세 번 연이어 등장시킨다. 즉, 에디오피아 내시의 회심 이야기(행 8:26-40), 바울의 회심 이야기(행 9장)와 고넬료의 회심 이야기(행 10-12장)가 잇달아 소개되고 있다.[174] 이 세 이야기는 점점 더 강도를 더해 가는데, 분량으로 볼 때 에디오피아 내시 이야기는 가장 적게(15절), 그다음 고넬료 이야기는 10장과 11장(18절까지)에서, 그리고 바울의 회심 이야기는 세 장에(9, 22, 26장) 걸쳐 세 번이나 반복되어 소개되고 있다. 그러므로 에디오피아 내시의 회심 이야기는 이어지는 고넬료와 바울의 회심

173) 김득중, 위의 논문 참조.

174) D.L. Bock, *The Acts of the Apostles* (Grand Rapids, Mich.: Baker Academic, 2007), 338.

이야기의 서문 역할을 하고 있는 것이다.

사도행전의 전체적인 구도를 나타내고 있는 1장 8절에 따라 본 단락을 살펴본다면, '예루살렘과 온 유대'에 이어 빌립을 통한 '사마리아' 전도 이야기가 소개된 이후 빌립에 의해 '남쪽 광야' 쪽에서 에디오피아 내시의 회심 이야기가 소개되고 있는 것이다. 한편으로는 위더링턴이 주장하는 바와 같이 고대시대에는 에디오피아가 '땅 끝'으로 간주되었다는 흔적이 많다.[175] 하지만 사도행전 내에서의 복음 전파의 구도를 볼 때 '땅 끝'은 에디오피아가 아닌 '로마'일 수밖에 없다.[176]

빌립의 사마리아 선교 동기는 위에서 언급한 바대로 헬라파 그리스도인에 대한 박해로 인한 자연스런 결과로 나타난다.[177] 하지만 전도자 빌립의 사마리아 선교에 임하는 모습은 현저하게 적극적이며 능동적이다. 일단 8장 5절에서 박해로 인해 흩어질 수밖에 없는 현실

---

175) Ben Witherington, *The Acts of the Apostles: A Socil-Rhetoricla Commentary* (SRC, 1998), 290; Herodotus, *Hist*. 3.25.114; Strabo, *Geogr.* 1.1.6; 1.2.24; Philostratus, *Life Apoll*. 3.20; 6.1; Heliodorus, *Aethiopica*; Homer, *Od*. 1.23.

176) 이승호는 "땅 끝"이라는 표현이 구약의 용례에 따라, '전 세계' 또는 '모든 민족'을 뜻할 뿐, 어떤 특정한 지명을 염두에 둔 것은 아니라고 간주한다(사 8:9, 14:22, 48:20, 49:6, 62:11; 렘 10:13, 28:16, 32:32 등). 이승호, 《사도행전》 (서울: 한국장로교출판사, 2006), 86. 하지만 바울이 로마에 도착하여 복음을 전파한 것으로 사도행전이 마감되는 것은 로마가 땅 끝일 수 있음을 보여주는 중요한 전거가 된다. 또한 로마서 15장 23절과 같은 언급은 사도행전에서는 전혀 나타나고 있지 않다.

177) 사도행전 8장 1b에 따른다면 예루살렘 교회에 큰 박해가 있었고, 그때 직접적인 피해는 스데반과 같이 주로 율법과 성전에 대해 비판적이었던 헬라파 그리스도인들이 입게 되었다.

이기는 하지만, 당시 복음이 아직 공식적으로 전파되지 않았던 복음의 불모지였던 사마리아 성에까지 직접 내려가 그리스도를 전파한다. 여기서는 바로 이어지는 에디오피아 내시와의 만남에서 그 주도적인 일을 감당한 '주의 천사'(행 8:26)나 '성령'(행 8:29)이 전혀 언급되지 않을 뿐 아니라, 고넬료 이야기에서의 베드로의 선입견을 수정하려고 세 번의 환상을 보여주는 등의 수고(행 10:16)도 나타나지 않는다. 오히려 빌립은 사마리아 사람들에게 표적을 행하고 있으며, 또 그들은 빌립의 말을 따르고 있다. 빌립은 계속하여 더러운 귀신들과 중풍병자들, 그리고 못 걷는 사람들까지[178] 일으킴으로 스데반(6:8), 베드로(3장)와 바울(14장)에 전혀 뒤떨어지지 않는 능력 발휘자 내지 기적 행위자의 모습을 보이고 있다. 아울러 구원받은 자들에게 나타나는 중요한 표식인 '기쁨'이[179] 사마리아 그리스도인들 가운데 지배함으로 그들이 성령의 지배하에 있음을 간접적이면서도 또한 긍정적으로 보도하고 있다.

누가는 사마리아 선교에 있어서는 하나님과 함께 하는 성령 충만한 빌립의 모습을 강조하여 나타내고 있고, 에디오피아 내시의 회심 사건에 있어서는 빌립의 하나님의 명령에 순종하는 모습을 강조함으로 자연스럽게 하나님 주도적 선교를 강조한다.

그런 의미에서 오늘 본문에 등장하는 빌립은 과연 어느 빌립인가? 이와 같은 질문이 제기되는 것은, 롤로프(J. Roloff)와 같은 학자들은 앞

---

178) 못 걷는 사람을 일으킨 기적은 3장에서 베드로와 14장의 루스드라에서(14:8-10) 바울뿐이다.

179) 특히 사도행전 8장 8절에서는 "큰 기쁨"으로 강조되어 나타난다.

에 소개되고 있는 사마리아 선교 이야기(행 8:4-25)와 에디오피아 내시 이야기(행 8:26-40)는 원래부터 하나의 이야기로 전승되었다고 보지만,[180] 페쉬(R. Pesch) 같은 학자는 두 이야기의 기술(記述)의 차이(Stilunterschiede)와 성령의 특별한 등장이 고넬료 이야기(행 10:1-11:18)보다 훨씬 더 강력하다는 이유를 들어 두 이야기가 합쳐지게 되었다고 보기 때문이다. 즉 에디오피아 내시 이야기의 경우 일곱 집사 중 한 명인 빌립이 아니라 열두 사도 중 하나인 빌립(행 1:13)의 활동이며, 누가의 문서에서 하나로 묶어졌다는 것이다. 하지만 일곱 사람 중 하나인 스데반의 이야기에 이어서 보도되고 있으므로 사도 빌립보다는 일곱 사람 중 하나인 전도자 빌립으로 보는 것이 옳다.

3. 에디오피아 내시의 정체성

1) 에디오피아 내시에 대한 3중적 소개(행 8:27)

본문에 등장하는 내시는 과연 누구인가? 그의 정체성에 대해 사도행전 8장 27절은 3중으로 소개한다: 첫째, 에디오피아 사람, 둘째, 에디오피아 여왕 간다게의 국고를 맡은 관리인, 그리고 마지막으로 내시이다.

가장 먼저 언급된 그에 대한 소개의 첫 번째는, 에디오피아 사람이

---

180) J. Roloff, *Die Apostelgeschichte* (NTD 5) (Göttingen: V&R, [18]1988), 138.

라는 점이다. 에디오피아는[181] 지금의 수단으로 그곳의 위치로 미루어 볼 때 그는 흑인이었을 것이다.[182] 이방인이며 흑인이라는 점은 유대인에게 있어서 거리낌의 요소들이다. 두 번째 소개는, 에디오피아 여왕 간다게의 국고를 맡은 관리인이다. 관리인을 지칭하는 'δυνάστης'라는 단어는 재무장관을 의미하며 당시 상당히 높은 직책이었다. 당시 신적인 존재였던 여왕이 직접 통치하지 않는 상황에서 볼 때 그 권세는 대단하다고 볼 수 있다. 세 번째 소개는, '내시'(εὐνοῦχος) 이다. 내시라는 말은 '고자'(=거세당한 사람)를 뜻한다. 두 가지 소개는 유대인에게 거리끼는 요소이지만 높은 지위에 있다고 소개하는 면은 누가에게 중립적인 면이다.

이외에도 누가는 에디오피아 내시를 소개할 때 여러 가지 면에서 긍정적이고도 높은 지체로 나타내고 있음을 확인할 수 있다: 그는 우아한 헬라어를 사용하고,[183] 교양 있게 말하며, 화도 내지 않는다.[184] 겸허하게 자신이 이해할 수 없음을 인정할 줄 아는 사람이며, 낯선 사람에게 자리를 함께하도록 청할 줄 아는 사람이며, 낯선 사람에게서 심지어 배우고자 하는 열심과 용기를 가지고 있다. 34절에서도 먼저 '죄송하지만'(please)에 해당하는 'δέομαι σου'라는 말을 함으로 그의

---

181) 여기서 언급되는 에디오피아는 창세기 2장 13절에서 언급된 '구스'에 해당한다.

182) D.L. Bock, *Acts*, 341; Witherington, *Acts* (1998), 295. K. Kliesch, *Die Apostelgeschichte* (SKK NT 5) (Stuttgart: Katholisches Bibelwerk, 1986), 78.

183) 그는 희구법(optative)을 사용할 줄 안다. 헨헨에 의하면, ἄν과 함께 쓰는 희구법은 대중적인 언어에서 나오지 않는다. E. Haenchen, *Die Apostelgeschichte* (KEK Bd, III), 이선희/박경미 역, 《사도행전 I》 (서울: 한국신학연구소, 1989), 466.

184) 위의 책 참조.

겸손함과 예의 바름도 보여준다.

2) 유대교 개종자인가, 아니면 이방인 그리스도인인가?

종교적인 영역에 있어서 에디오피아 내시를 규정하는 것은 쉽지 않다.[185] 일찍이 그를 '이방인'으로 간주하는 유세비우스[186]는 그로부터 이방선교가 시작되었다고 주장한다. 하지만 콘첼만(H. Conzelmann)은 그에 반대하여 만약 그렇게 간주할 경우 사도행전 11장 18절의 요약적 결론이 적절치 않은 표현이 된다고 지적한다. 콘첼만에 의하면 10장에서의 고넬료 회심 사건 때문에 그를 이방인으로 규정할 수도 없으며, 결국 미결의 상태(in der Schwebe)로 남겨 두고자 한다.[187]

쉴레(G. Schille)는 8장 26절 이하의 본 단락은 비교적 이른 시기의 선교 이야기이며, 근본적으로 이방인의 회심에 관한 보도가 아니라 오히려 누가는 지역에 대한 설명, 즉 선교지역이 남쪽 아프리카까지 확대됨을 보도하고자 했다고 주장한다.[188] 그는 누가가 상세한 내용과

---

185) Cf. H. Conzelmann, *Die Apostelgeschichte* (HNT 7) (Tübingen: Paul Siebeck, ^{2}1972), 56.

186) Eusebius, *Eccl. Hist.* 2.1.13.

187) H. Conzelmann, *Apg*, 56. 존슨(L.T. Johnson)도 내시를 이방인으로 볼 경우 고넬료의 회심 이야기는 이방인 선교의 진정한 시작이 될 수 없다고 본다. L.T. Johnson, *The Acts of Apostles* (SACRA PAGINA V.5) (Collegeville/Minnesota: The Liturgical Press, 1992), 159. 복(D.L. Bock) 역시 순수한 이방인으로는 보기 힘들다고 주장한다. D.L. Bock, *Acts*, 338.

188) G. Schille, *Die Apostelgeschichte des Lukas* (ThHK 5) (Berlin: Evangelisches Verlagsanstalt Berlin, 1983), 212f.

지형적인 내용에 관해서는 올바르게 보도하지만 시간적으로는 다르게 보도한다는 것이다.[189] 그러므로 첫 번째 이방인 선교의 공인이 아니라 보냄을 받은 공동체가 유대로부터 남쪽으로 돌진하고 있다는 것을 보여준다는 것이다.[190] 그에 의하면 지금까지 한 번도 시도되지 않았던 남쪽(아프리카)으로의 선교에로 '동기부여'(motivation)하고자 한다는 것이다.[191]

헨헨(E. Haenchen)에 의하면 '내시'라는 개념이 호칭으로 사용되었을 수도 있고, 누가는 이사야 56장 3-5절에 의해 신명기 23장 1절이 효력을 잃었다고 생각했을 수도 있기 때문이라고 주장한다.[192] 신명기 23장 2-9절에 의하면 그는 유대인이 될 수도 없었을 것이다. 헨헨은 이 문제를 전승의 문제로 해결하려 시도한다. 즉, 헬레니즘계 그리스도교 집단, 즉 일곱 사람에 의해 설립된 공동체로부터 유래했다는 것이다.[193] 그리고 내시가 가지는 신학적인 의미는 누가의 선교 이야기에서 사마리아인의 개종과 이방인의 개종 사이의 중간 부분으로서의 내시의 개종이며, 다만 유대인과 사마리아인들의 개종에서 그리스도교의 선교가 한 걸음 더 진전하였음을 보여주는 데 있다는 것이다.[194] 그가 세례를 받은 이후의 행적이 묘연하여 세례 등에 대한 논란도 일어나지 않았으므로 이방인 선교의 적절한 준비가 될 것이다.

---

189) *Ibid.*

190) *Ibid.*, 196.

191) *Ibid.*

192) 헨헨, 《사도행전 I》, 470.

193) 헨헨, 위의 책, 472.

194) 헨헨, 위의 책, 470.

에디오피아 내시가 누구인가에 대해 이방인으로 보는 것이 여전히 합당하다.[195] 그 이유는 먼저 본문의 위치 때문이다. 본 단락은 이방인의 선교를 다루고 있는 본문들 사이, 즉 사마리아인의 전도 이야기(행 8:4-25)와 고넬료의 회심(행 10장 이하) 사이에 위치하기 때문이다.[196] 박수암은 헨헨의 입장을 받아들이며, 왜 누가가 에디오피아 내시를 정확하게 '이방인'으로 규정하지 못하는가에 대해 '아마도 베드로를 이방 선교의 정식 설립자로 세우기 위함'이었을 것이라고 본다.[197]

둘째로, 당시 유대교의 관념에서 볼 때 그는 유대교도로 개종하는 것이 결코 쉽지 않았기 때문이다. 신명기 23장 1절에 의하면 '고환이 상한 자'는 여호와의 총회에 들어올 수 없다. 사도행전 3장 1절에서 베드로의 성전 출입과 정기적인 기도 시간에 기도하는 모습(행 3:1, 10:9), 율법의 정한 바 부정한 음식을 먹지 않는 등 그리스도인들까지도 율법을 지키려 했던 당시의 분위기와 비교해 볼 때 비그리스도인인 유대교인들에게는 더욱 에디오피아 내시를 유대교 개종자로 보기가 어렵게 만든다. 그래서 그를 이방인으로, 하지만 엄밀히 말하자면, 유대교에 관심을 가지고 예루살렘까지 예배하러 온 모습을 볼 때, 고넬료와 비슷한 '하나님을 경외하는 사람'으로 볼 수 있는 것이다.[198] 아래

195) 대부분의 학자들이 이러한 입장을 취한다.

196) "서곡"(Vorspiel), O. Bauernfeind, Kommentar und Studien zur Apostelgeschichte, hg. v.V. Metelmann (WUNT 20) (Tübingen, 1980), 123; G. Schneider, *Die Apostelgeschichte* (HThK V/1) (Freiburg/Basel/Wien: Verlag Herder, 1980), 498; "전주곡"(Praeludium), Conzelmann, *Apg*, 63; 혹은 "서막"(Auftakt), Pluemacher, *Lukas*, 90.

197) 박수암, 《사도행전》(서울: 대한기독교서회, 2006), 168.

198) Munk, *Acts*, 78; Roloff, *Apg*, 140; Schneider, *ThWNT* II 766, Anm. 26; Spencher,

의 도표는 본 단락과 고넬료의 회심 이야기가 얼마나 병행 및 일치하는지 잘 보여준다.

〈도표〉 에디오피아 내시의 회심 이야기와 고넬료 회심 이야기의 비교[199)]

장면 1	행 8:26-27a: 빌립(천사)	행 10:1-8: 고넬료(천사)
장면2	행 8:27b-28: 에디오피아 사람	행 10:9-16: 베드로(비전/환상)
장면 3	행 8:29: 성령 빌립이 마차에 다가감	행 10:17-23: 성령 베드로가 백부장에게 감
장면 4 4.1 대화개시 4.2 복음선포 4.3 세례	행 8:30-38: 빌립/내시 - 행 8:30-31 - 행 8:32-35 - 행 8:36-38	행 10:24-48: 베드로/백부장 - 행 10:24-33 - 행 10:34-43 - 행 10:44-48
장면 5	행 8:39-40: 빌립의 사라짐 (들림 받음)	행 11:1-18: 예루살렘에서의 베드로

Philip, 150ff. Haenchen *Apg*, 304; L demann, *Apg*, 110; Schneider, *Apg* I, 498; D.L. Bock, *Acts*, 342; Jervell, *Apg*, 각주 843 참조. 그 외 이승호와 윤철원도 그를 고넬료와 마찬가지로 '하나님을 경외하는 사람'으로 간주한다. C.f. 이승호, 《사도행전》, 141; 윤철원, 《사도행전 다시 보기》, 155.

199) 그 외 도블러는 두 이야기는 8가지의 내용적 일치를 보인다고 주장한다: 첫째, 비유대인의 첫 번째 회심을 통한 이방인 선교의 공인(Legitimation)에 관한 문제이며, 둘째, 이방인 선교에 대한 하나님의 주도권이 드러나며, 셋째, 비유대인 중에서의 선교를 위한 프로그램적 성격(paradigmatischen Charakter)을 드러내며, 넷째, 높은 지위에 속한 사람의 개별 회심을 다루고 있고, 다섯째, 이방인 선교에 대한 거부감(Antstössigkeit)이 경감되어 나타나며, 여섯째, 회개로부터 세례로 이어지고 있으며, 일곱째, 두 이야기 모두 이방지역(즉, 가자, 아소도, 욥바, 가이사랴)에서 이루어지고 있으며, 마지막으로, 두 이야기 모두 핵심적인 선포는 "입을 열어"(행 8:35, 10:34)로 시작한다. A. von Dobbeler, *Der Evangelist Philippus*, 119-120.

4. 성경 해석 문제: “어찌 깨달을 수 있겠느냐?”(πῶς γὰρ ἂν δυναίμην ἐὰν μή τις ὁδηγήσει με)

1) 성경 낭독: 이사야 53장 7-8절

빌립은 성령의 지시에 순종하여 에디오피아 내시에게 다가간다. 과연 어떻게 에디오피아 내시가 이사야 53장 7-8절을 읽는 줄 알았을까? 그것은 내시가 큰 소리로 읽었기 때문이다.[200] 그는 아마도 두루마리로 된[201] 이사야 성경을 직접 소유할 만큼 부했을 것이다.[202] 또한 그는 빌립이 질문에 대한 대답을 한 즉시 세례를 받을 정도로 성경에 대한 이해가 깊었다고 볼 수 있지만, 한편으로는 아이러니하게도 당시 유대인들이 해석하던 세 가지 방식, 즉 선지자, 이스라엘 혹은 엘리야나 메시아 같은 개인을 의미하던 방식을 들어 보지도 못한 채, 본문의 내용이 이사야 자신인지 아니면 다른 사람을 가리키는지에 대해서만 알고 있었다.[203]

여기서 인용된 이사야 본문은 53장 7b-8c절로 모두 70인역(LXX)으

---

200) J. Jervell, *Apg*, 272; Bock, *Acts*, 342. 미쉬나 아보트에 의하면 크게 읽는 것이 암기에 도움이 된다고 한다. Cf. *m.* ‘*Abot* 6.5.

201) 크기는 8-12인치 너비에 16.5-145피트 정도의 길이였을 것이다. Cf. Bock, *Acts*, 342.

202) 모이스에 의하면, 본문은 “어떤 예배자들이 자신의 성경 두루마리 사본에 접근할 수 있었다는 것을 보여준다는 점에서 이것은 흥미로운 사건이다”라고 언급한다. Steve Moyise, *The old Testament in the New*, 김주원 역, 《신약의 구약사용입문》(서울: CLC, 2011), 91-92 참조.

203) D.L. Bock, *Acts*, 344.

로 볼 수 있다. 그리고 이 본문은 맥락 가운데 종의 속죄의 죽음에 대한 언급 없이 인용되었다.[204] 즉 이사야 53장 8절 d부분('내 백성의 죄 때문에 죽음으로 인도되었다')(ἀπὸ τῶν ἀνομιῶν τοῦ λαοῦ μου ἤχθη εἰς θάνατον)이 생략되어 인용된 이유는 무엇일까? 해결되지 않는 숙제로 남아 있을지라도,[205] 둘 중에 하나일 것이다. 예수 죽음의 속죄사상에 대한 누락이 누가의 견해에 옳든지, 아니면 비유대인 앞에서의 예수의 선포가 비난을 일으켰을 수 있을 것이다.[206]

2) 성경 해석가로서의 빌립

빌립은 에디오피아 내시가 이사야의 글을 소리 내어 읽는 것을 듣고, "γινώσκεὶ ἃ ἀναγινώσκεις;"(=읽는 것을 깨닫느냐?)[207]라는 질문으로 다가갔을 때, 그 내시는 궁금했던 한 가지 질문을 하게 된다. 그 궁금한 문제에 대해 빌립은 거침없이 "입을 열어"[208] 성경의 모든 내용

---

204) R. Pesch, *Die Apostelgeschichte* (EKK 5-2 Bde.) (Zürich u.a.: Benziger Verlag, 1986), 292.

205) Haenchen, *Apg*, 301; Schille, *Apg*, 211.

206) G. Schneider, *Apg* I, 504.

207) 이 문장은 같은 음의 단어이면서 다른 의미를 지니는 단어를 사용한다(Paronomasie). 이러한 표현을 통해 누가는 전도자 빌립이 학식 있는 사람이라는 것을 나타내고 있다. 뿐만 아니라 내시도 일반인이 잘 사용할 수 없고 학식 있는 사람들이 주로 사용하는 Optativus potentialis(Opt. with ἄν)용법을 사용하고 있다. W. Eckey, *Die Apostelgeschichte* I. *Der Weg des Evangeliums von Jerusalem nach Rom* (Neukirchen-Vluyn: Neukirchener, 2000), 204. 아울러 이 질문은 성경해석의 근본적인 질문이 된다. 위의 책, 295.

208) 행 10:34; 마 5:2 참조.

이 그리스도 안에서 성취되었음을 선포한다. 즉 그에 대한 대답뿐 아니라 그 성경을 통하여 예수에 관한 복음을 전한 것이다(8:35). 이러한 빌립의 성경 해석가로서의 모습은 누가복음 24장에서 엠마오 도상의 두 제자와 대화할 때 드러나는 예수님의 모습과 일치하는 면이 많다. 구체적으로 살펴보면 네 가지의 병행이 나타난다:

- 두 이야기 모두 '도중'(道中)에서 벌어지는 이야기이다.
- 두 이야기 모두 성경으로부터 예수의 의미가 정반대로 바뀌어 나타나게 된다.
- 두 이야기 모두 해석가의 해석이 이야기의 중심이 된다.
- 두 이야기 모두 해석을 하는 사람(예수/빌립)이 갑자기 사라진다.[209]

그 외 두 이야기가 손님에 대한 그리스도교 복음 전도자의 친절(Gastfreundschaft)[210] 또는 성경을 통한 이방 선교의 용인 내지 합법성을(Legitimierung der Heidenmission durch die Schrift) 이야기한다고 볼 수 있다. 하지만 엠마오 도상의 이야기는 성찬과 연결되고 있고, 에디오피아 내시의 회심 이야기는 세례와 관련되고 있다. 두 이야기가 근본적으로 예수와 빌립을 통해 하나님의 말씀이 해석되며, 그 말씀을 깨달은 자들에게는 마음이 뜨겁게 되고(눅 24:32), 기쁨도 찾아온다(행 8:39). 특히 성경을 모르는 사람들이 아닌 늘 성경을 가까이하고 읽어 왔던 사

209) A. von Dobbeler, *Der Evangelist Philippus*, 109.

210) J.A. Grassi, "Emmaus Revisited (Luke 24:13-35 and Acts 8:26-40)," *CBQ* 26 (1964), 465-467.

람들조차 올바른 성경에 대한 해석이 필요함을 암묵적으로 보여주고 있는 사건이다(눅 24:27, 32; 행 8:35).

5. 세례 문제: "세례를 받음에 무슨 거리낌이 있느냐?" (τί κωλύει με βαπτισθῆναι;)

사마리아 선교와 본 단락에서 공통적으로 세례 받음으로 이야기가 마무리되고 있다. 세례는 복음 전파의 선교적인 역사의 공식적인 의미를 지니고 있다. 즉 외적으로 그리스도인 됨을 인정받는 사건이며, 대부분 성령 강림 사건이 동반되며, 그리스도교 공동체에 가입될 수 있는 실질적 조건이 되는 셈이다. 그러므로 이방인 지역에서 세례 받음의 사건은 수세자의 공식적인 복음의 수용과 함께 가입 의식과 같은 의미로 볼 수 있을 것이다.

이 본문에서 비교적 짧은 시간, 그리고 많지 않은 대화가 오가고 있지만 주도권(initiative)은 여러 번 교차되고 있다. 주도권의 변화는 빌립과 내시의 대화 가운데 여러 번 드러나는데, 빌립이 전하는 복음을 듣고 즉각적인 반응을 보이는 에디오피아 내시는 갑자기 세례를 받고자 시도한다. 즉 주도권을 가지고 말하는데, 빌립의 제안이 아닌 에디오피아 내시 자신의 의견이다. 이 질문은 독자들에게 이미 세례를 받기에 전혀 문제가 없다는 것을 강조하는 질문형 확신으로 볼 수 있다.

내시의 질문의 핵심이 되는 '거리끼다'(κωλύω)라는 표현은 아이들이 예수님께 오는 것을 '금하지 말라'(눅 18:16)라는 표현에서와 하나님의 왕국으로 들어가는 것을 율법교사들이 '막았다'(눅 11:52)는 표현에서 사용되었다. 다시 말하자면, 지금 이 순간 에디오피아 내시는 세례 받는 데 걸림이 전혀 없는 상태로 준비되었다는 것이다. 여기서 두 가지가 준비되었는데, 첫째는 무엇을 믿는가 하는 신앙의 내용에 관한 부분이다. 즉, 초기 사본들에는 발견되지 않는 37절의 서방 본문에 따르면 에디오피아 내시가 예수 그리스도를 하나님의 아들로 고백하는 내용을 담고 있다.[211] 다만, 논리적 연결이 매끄럽지 못한 것은, 빌립의 '마음을 온전히 하여 믿어야' 세례 받을 수 있다는 전제에, 내시는 예수 그리스도를 '하나님의 아들로' 믿는 믿음의 내용, 즉 '예수 그리스도를 누구로 믿느냐?'라는 질문에 대한 답을 하고 있다는 점이다.

내시가 세례 받을 수 있도록 준비된 또 한 가지는 '물'[212]이다. 지금 이곳은 '광야'(26절)이다. 하지만 세례 받기에 충분한 물이 준비되었다. 이러한 초자연적 사건은 모두 하나님의 주도적 선교임을 간접적으로 드러내 주고 있다.

에디오피아 내시의 "무슨 거리낌이 있느냐?"라는 표현 속에는 모든 장벽이 제거되었음을 간접적으로 보여주고 있다. 가장 먼저 '내시'(εὐνοῦχος)라는 신분의 문제이다. 유대인들에게 있어서 남성적인 수치의 요약본이라고 여겨졌을 뿐만 아니라,[213] 자연법칙에 어긋한

211) 처음 이러한 내용이 나타나는 것은 이레네우스(Irenaeus)의 *Against Heresies* 3,22,8이다. 이곳에서 빌립이 제시하는 세례의 전제 조건은 '네가 마음을 온전히 하여 믿으면 가하니라'이다.

212) 전통에 따르면 헤브론 북쪽 BethSur에는 소위 '빌립 우물'이 있다고 한다.

213) 윤철원, 《사도행전 다시 읽기》, 156.

기괴한 존재로서 멀리해야 하는 존재로 여겨졌다.[214] 필로는 본성의 교류를 저하시키기에 거룩한 총회에서 배제되는 무가치한 사람들로 평가한다.[215] 이러한 존재가 예수 그리스도를 하나님의 아들로 믿음으로 말미암아 세례를 받을 수 있으며, 거리낌이 있겠느냐는 질문이다. 이 질문은 역으로 전혀 문제없다는 것을 누가는 그 결과로서 보여주고 있는 것이다. 누가는 정확하게 내시가 공동체에 들어올 수 있다는 것을 이사야 56장 3-7절을 염두에 두면서 보편주의적 관점에서 해석하고 있는 것으로 보인다.

그에게 있어서 그리고 본 단락에서 세례는 어떤 의미를 지니고 있는가? 베드로가 오순절 설교에서 "우리가 어찌할꼬?"(행 2:37)라는 청중에게 '회개하고', '세례 받아' 죄 사함을 받으라고 말한다(행 2:38). 그것은 일차적으로 공동체 가입의 수단으로 여겨졌음을 보여준다. 본 단락에서는 그가 정확하게 어느 공동체에 가입하였는지에 대해서는 전혀 보도되지 않고 있지만 '기쁘게' 가는 것으로 보아, 다른 구원받은 사람들과 동일한 구원의 기쁨 가운데 살게 되었을 것은 분명하다.[216]

또 다른 문제는 세례와 성령의 관계이다. 세례와 성령의 관계는 이곳에서 전혀 언급되어 있지 않다. 즉 베드로의 오순절 설교의 마지막에는 '회개' 후 '세례'를 받으면(행 2:38), 성령이 임하는 것이 가장 기본

---

214) F. Josephus, *Ant*, 4.290-291.

215) 윤철원, 《사도행전 다시 읽기》, 155-156. 재인용: *Special Laws*. I, 324-325.

216) 누가복음에서 '기쁨'은 구원의 중요한 결과이다. "joy is a specific response to God's work in the world"(눅 1:14, 28, 2:10, 6:23, 8:13, 10:17, 20, 13:17, 15:5, 7, 10, 32, 19:6, 37, 24:41, 52). L.T. Johnson, *Acts*, 157.

적인 전형이지만,[217] 이곳에서는 성령에 의한 사건임에도 불구하고 성령이 그에게 임했다는 정확한 보도를 하지 않고 있다. 아마도 그것은 성령의 개입에(행 8:29) 의한 사건임을 독자들이 이미 알고 있기 때문이었을 것이다.

결국 누가는 에디오피아 내시가 세례를 받음으로 그리스도교 공동체의 일원으로서 '거리낌' 없는 존재가 되었음을 밝힘으로 여러 가지 인간적인 시각에서의 걸림돌이 제거됨을 보여주고 있으며, '구원의 보편성'을 보여주는 중요한 사건으로 해석될 수 있다.

6. 하나님의 선교(Missio Dei)

에디오피아 내시의 전도 이야기는 초자연적인 인도를 나타내는 천사(26절)와[218] 성령(29절)을[219] 통해 하나님 주도적 선교를 드러내 준다. 상식적인 범위를 벗어난 이러한 초자연적 대리자를 통해 선교가 이루어짐을 보여주는 것은 인간적인 선입견으로 인해 그만큼 그 일이 쉽지 않은 일임을 간접적으로 보여주고 있다.[220] 특히 '내시'라는

217) 사도행전 10장 이하에 등장하는 고넬료의 회심 사건에서는 성령이 임하시고 나서 베드로의 설교를 들었던 청중들이 세례를 받게 된다. Cf. 행 10:44-48.

218) "주의 천사는 늘 하나님의 사자(Bote)로서 인간에게 하나님의 구원계획을 실현시키는 일을 할 때 나타난다. 눅 1:11; 2:9; 행 5:19; 10:3; 12:7.23; 27:23."

219) 성령은 스스로 '연출자'이시다. 참조. J. Roloff, *Apg*, 139.

220) 예를 들어 고넬료의 회심 이야기에서 베드로는 지금까지 한 번도 먹지 않고 금기시하였던 부정한 음식을 먹어야 했기에 세 번이나 같은 말을 반복할 수밖에 없었고, 또 '환상'이라는 초자연적 계시를 통해 그 뜻이 전달될 수밖에 없었을

직책은 그의 신체적 결함에 의해 유대교에서도 받아들여질 수 없는 존재였기 때문이다(신 23:1).

본문에 나타난 빌립의 행동은 전적으로 '수동적'이며,[221] 두 번의 하나님의 기적적인 개입으로 말미암아 이야기가 전개되고 있다. 첫 번째 지시를 통해 그는 내시를 만날 장소로 인도되며, 두 번째 지시로 그에게 가까이 다가가 이사야서의 말씀을 해석한다. 더군다나 이사야 53장의 7-8절, 단 두 절에 대한 해석만 가지고도 충분히 예수 그리스도를 '하나님의 아들로 고백할'[222] 준비가 되어 있었고, 그곳이 광야임에도 불구하고 곧 세례가 베풀어질 만한 충분한 양의 물도 준비되어 있었다.[223] 단 네 번의 대화를 통해 세례를 받은 것이다.

이러한 박해와 빌립의 순종이 왜 필요했는가? 예루살렘 모교회는 결코 복음을 들고 밖으로 나갈 생각을 하지 않았을 것이다.[224] 그러하기에 주의 천사와 성령을 통한 하나님의 전적인 선교의 개입이 필요한 것이다. 이러한 하나님의 선교의 직접적이고도 주도적인 개입은 2장

것이다.

221) 우닉(W.C. van Unnik)에 의하면, 그는 하나님의 명령에 철저하게 순종한 인물이다. 우닉에 따르면, 빌립은 그의 순종을 시험하기 위해(um seinen Gehorsam zu prüfen) 광야로 보내심을 받았다는 것이다. W.C. van Unnik, "Der Befehl an Philippus," *ZNW* 47 (1956), 181-191.

222) 우리가 가진 성경에는 '없음'으로 나와 있지만 서방 본문을 따른다면, 그는 예수 그리스도를 하나님의 아들로 고백한다.

223) 이 이야기가 진행되는 곳은 26절에 의하면 '광야'이다.

224) James Dunn, *Unity and Diversity in the New Testament* (SCM-Canterbury Press, 2006), 270.

〈도표〉 주도권의 변화와 빌립의 순종으로 본 이야기 전개

(Initiative) **천사**의 지시 ⇒ 빌립(순종1): 남쪽 가이사랴로 가는 길로 가라!(26절)
(Initiative) **성령**의 지시 ⇒ 빌립(순종2): 수레로 가까이 나아가라!(29절)
(Initiative) **빌립** ⇒ 내시에게 (읽는 것을 듣고서) "읽는 것을 깨닫느냐?"(30절)
(Initiative) **내시**: "지도해 주는 사람이 없으니 어찌 깨달을 수 있느냐?"
"수레에 올라 같이 앉으라!"(31절)
(Initiative) **내시**: "청컨대 내가 묻노니 선지자가 이 말한 것이 누구를 가리킴이냐
자기를 가리킴이냐 타인을 가리킴이냐"(34절)
빌립(순종3) ⇒ 내시에게 예수를 가르치고 복음을 전함(35절)
(Initiative) **내시**: "보라 물이 있으니 내가 세례를 받음에 무슨 거리낌이 있느냐?"
* WT(서방 본문) 빌립: "네가 마음을 온전히 하여 믿으면 가하니라."
* WT(서방 본문) 내시: "내가 예수 그리스도께서 하나님의 아들인 줄 믿노라."
빌립(순종4) ⇒ 내시에게 세례를 베풂.
(Initiative) **주의 영**: 빌립을 (다른 선교지로=아소도로) 이끌어감(39절).
내시: 기쁘게 길을 감.
빌립(순종5): 아소도 현현. 주변 지역 복음 전파(40절)
빌립: 가이사랴에 도착함.

47절에[225] 이어 두 번째이며, 나아가 11장 18절의[226] 요약적 결론에 이어 바울의 전도사역에서는 13장 48절,[227] 그리고 1차 전도여행의 요약적 결론인 14장 27절과[228] 15장 12절[229]에 잘 나타나 있다.

225) "하나님을 찬미하며 또 온 백성에게 칭송을 받으니 주께서 구원받는 사람을 날마다 더하게 하시니라."
226) "……그러면 하나님께서 이방인에게도 생명 얻는 회개를 주셨도다."
227) "이방인들이 듣고 기뻐하여 하나님의 말씀을 찬송하며 영생을 주시기로 작정된 자는 다 믿더라."
228) "……하나님이 함께 행하신 모든 일과 이방인들에게 믿음의 문을 여신 것을 보고하고."
229) "……바나바와 바울이 하나님께서 자기들로 말미암아 이방인 중에서 행하신

아래의 도표는 이 이야기가 하나님의 선교의 주도권이 근본적으로 하나님께 있지만,[230] 선교 행위와 대화 가운데 드러난 주도권 변화를 통해 이 이야기가 한편으로는 긴장감 넘치고, 또 다른 한편으로는 빌립의 순종을 더욱 분명히 드러내 주고 있다.

7. 선교지 문제: 아소도로? 들림 받은 빌립?

빌립에게 할당된 선교지는 사마리아와 아소도,[231] 그리고 가이사랴라고 볼 수 있다. 물론 8장 25절에서 베드로와 요한이 두루 다니며 사마리아 땅에 다시 한 번 선교를 한 것으로 나타나지만 근본적으로 사마리아 선교는 빌립의 사역으로 볼 수 있다.

본 단락의 서두에 등장하는 26절의 "μεσημβρίαν"라는 표현은 시간적으로 '정오쯤에'뿐만 아니라 공간적인 의미로 '남쪽으로'라는 두 가지 의미로 해석이 가능하다. 사실 두 가지 의미 모두 누가에게 중요하다.[232] 왜냐하면 이 단어가 바로 다음에 이어지는 바울의 회심 장면을 소개할 때, 특히 22장 6절(Cf. 26:13)에서 부활한 예수님을 만나는 장면에서의 시간을 지칭할 때 '정오'로 사용되었기 때문이다. 그

표적과 기사에 관하여 말하는 것을 듣더니."

230) 이 이야기의 시작과 끝에 성령의 주도권이 두드러지게 나타남을 확인할 수 있다.

231) 아소도는 가자에서 북쪽으로 약 40km 떨어진 항구도시이다.

232) "μεσημβρίαν"이 '정오'의 의미로는 22장 6절에 바울의 회심 장면에 사용되었다. 주석가들 중 콘첼만(H. Conzelmann), 페쉬(R. Pesch), 에카이(W. Eckey), 바레트(C.K. Barrett), 예르벨(J. Jervell) 등은 '정오에'로 번역하고 있다.

래서 '정오'는 누가에게 있어서 '계시의 시간'(the time of revelation)이 될 수 있다.[233] 하지만 본문의 맥락과 누가의 선교개념(Missionskonzept)에서 본다면 오히려 '남쪽으로'라는 장소를 가리키는 것으로 보는 것이 더 적합할 것이다.[234] 왜냐하면 사마리아는(8:4-23) 예루살렘의 북쪽이 되지만 사마리아와 예루살렘에서 가사로 내려가는 길은 위치상 분명 '남쪽'에 해당되기 때문이다.[235] 그러므로 빌립은 한 번은 북쪽으로(사마리아), 한 번은 남쪽으로(가사) 파송 받게 된 것이다.

빌립의 행적에 대한 마지막 장면은 베드로의 행적과 비교될 수 있다. 베드로는 사도행전 12장의 감옥에서 풀려난 이후 "다른 곳으로 가니라"(행 12:17)라는 언급과 함께 갑자기 무대에서 사라진다. 그 후 예루살렘 사도 회의에서 나타나 이신칭의에 관한 중요한 언급(행 15:7-11)을 하여 바울의 이방선교 보고와 이방인 그리스도인들의 그리스도교 가입의 정당성을 제시한 후 더 이상 사도행전에 등장하지 않는다. 마찬가지로 빌립도 8장 40절에 언급된 이후 21장 7절 이하에서야 빌립의 예언하는 딸들에 대한 언급에서 간접적으로 나타난다. 즉 빌립은 아소도를 거쳐 가이사랴에 이르러 복음 전파하는 사명을 다하는 것

233) 예를 들면, Strean, 2001, 33-34. 사도행전 10장 9절에서의 베드로가 기도하면서 환상을 보게 된 시각도 유대 시간으로 제6시, 오늘날 시간으로는 정오가 된다. 방위 표시 앞에는 관사가 없으며, 70인역에서는 "μεσημβρίαν"이 전적으로 하루 중의 어떤 시간을 나타내는 데 사용되었다. Cf. 헨헨, 《사도행전 I》, 464.

234) 다니엘서 8장 4절과 9절(LXX)에 따르면 남쪽은 하늘 방향(Himmelsrichtung)이다. Cf. G. Schille, *Apg*, 210.

235) 하나님이 빌립을 광야로 인도하신 것은 우닉(van Unnik)에 의하면, 그의 순종을 시험하기 위해서이다. Cf. W.C. van Unnik, "Der Befehl an Phillippus", *ZNW* 47 (1956), 181ff.

으로 소개되며, 그곳에서 빌립은 3차 전도사역을 마친 바울과의 조우를 기다리게 되는 것이다(행 21:8).

본 단락에서 빌립의 모습은, 스데반이 돌에 맞고 마치 예수님의 모습처럼 죄 용서를 위한 기도를 한 후에 "자니라"(행 7:60)는 표현보다 더 초자연적인 이동의 모습을 보여준다. 즉, "주의 영이 이끌어 간지라"를 통해 주의 사자(행 8:26)와 성령의 지시(행 8:29)를 넘어 이제는 '이끌림' 받는다는 표현을 통해 다음 선교지로 이동된다. 이러한 초자연적 이동의 모습은 구약의 엘리야와 비교될 수 있다.[236] 결국 두 번의 주의 천사와 성령의 지시로 시작된 하나님의 선교는 결국 초자연적 빌립의 들림 사건을 통해 다시 한 번 하나님의 사역의 결과임을 확연히 드러내 주고 있는 것이다.

8. 요약적 결론과 신학적 의미

전도자 빌립과 에디오피아 내시의 회심 이야기는 사도행전 연구에 있어서 학자들에 의해 간과된 영역 중의 하나였다. 하지만 본 단락은 사도행전 1장 8절에서 제시되고 있는 복음 선파의 지역에 대한 확장 과정 가운데 세 번째에 해당하는 사마리아 지역을 담당했던 빌립의 활동에 관한 두 번째 이야기이다. 사마리아인들은 이방인과 유대인의 중간 정도의 신분으로 본다면,[237] 이어지는 에디오피아 내시와

236) D.L. Bock, *Acts*, 340. 왕하 2:12.

237) 누가복음 17장 18절의 누가의 이해에 따른다면, 사마리아인은 이방인이다.

고넬료의 이야기도 이와 상응함을 알 수 있다. 즉, 에디오피아인과 고넬료는 하나님을 경외하는 사람으로 보인다. 고넬료와 같이 '하나님을 경외하는 사람들'이라는 정확한 언급은 없지만 신체적 결함을 가진 '내시'의 신분으로서 유대교로 개종하는 것은 쉽지 않았을 것이기 때문이다. 당시 소위 베드로와 같은 유대 그리스도인들은 아직도 성전에 출입하며 유대인과 같이 정해진 시간에 기도하며(행 3:1, 10:9), 부정한 음식도 먹지 않았던 상황을 고려한다면, 더욱 철저한 율법 준수자들인 일반 유대인들은 신명기 23장의 가르침을 범할 이유가 없다. 고넬료 이야기의 맥락적인 면에서 볼 때도 정확하게 이방인으로 규정하기 애매모호하고, 유대인으로 간주하기에는 더욱 힘든 사마리아인의 선교 이야기가 보도되고 난 후의 이야기이며, 또한 바울과 이방인인 고넬료의 회심 이야기가 이어지는 것을 볼 때 고넬료와 유사한 부류로서 '하나님을 경외하는 사람'으로 규정할 수 있을 것이다. 이와 같은 애매모호함이 나타나는 이유는 한편으로 헨헨과 박수암의 입장을 따라 베드로를 이방선교의 정식 선교사로 규정하고, 또 이방선교의 걸림돌이 그들의 눈앞에서 서서히 사라짐을 강조하기 위한 누가의 의도가 숨어 있다.

이 단락 가운데 두드러진 면은 첫째로, 두 번의 신적 개입(8:26, 29)을 통하여 하나님 주도적인 선교(Missio Dei)가 사도행전 전반부에서의 대중적인 회심에서와 마찬가지로 중요한 역할을 하고 있다. 이러한 면을 강조하기 위해 빌립은 베드로와 마찬가지로(행 5:29) 온전히 하나님의 명령에 순종하는 모습으로 그려지고 있다. 그리하여 본문에 드러난 빌립의 들림 받는 등의 기적적인 요소들은 사마리아 지역 선교에서와 같이 빌립의 활동보다는 하나님의 섭리로서 예비되어 진행되고 있음을 드러내고 있다. 사도행전을 관통하고 있는 하나님 중심적 신학의 일부분으로 바로 직전의 지금까지 전혀 복음이 공식적으로 전파되지 않았던 곳에 '박해'라는 하나님의 방편으로, 그리고 전도자 '빌립'을 통해 사마리아라는 사도행전 1장 8절의 '예루살렘, 온 유대' 다음 이어지는 세 번째 큰 구획에 대한 선교가 이루어짐을 보여주었다. 하나님의 박해의 방편, 그 결과로 예루살렘의 북쪽 사마리아로 확장된 복음은 에디오피아 내시 회심의 단락에서 예루살렘 남서쪽 100km 떨어진 가사, 그리고 결국 가이사랴까지의 지리적 확장이 하나님에 의한 주도적인 선교에 따라 이루어짐을 보여주고 있는 것이다. 하나님의 선교에 절대적 순종자인 빌립은 예루살렘의 북쪽 사마리아와 남(서)쪽 가사까지 이르러 복음을 전파함으로 자신에게 주어진 복음 전파의 몫을 다하게 되는 것이다.

두 번째로, 이 단락은 누가 문서의 보편적 성격을 잘 드러내는 좋은 예이다. 유대교에서도 배척된 '내시'의 신분일지라도 하나님의 말씀을 읽고, 예수 그리스도가 하나님의 아들임을 믿고 나서 세례를 받을 때 하나님의 교회의 일원이 되었음을 보여주고 있다. 정확하게 그리스도교 공동체의 일원이 되었다는 언급은 하고 있지 않지만 이전의 세례의 의미를 유추해 볼 때 그리스도교 공동체의 일원이 되는 데 전혀 문제가 없다. 그의 "무슨 거리낌이 있느냐?"라는 질문이 그것을 암시한다고 볼 수 있다. 내시라는 신분 외에 아프리카인이며 또한 흑인이라는 민족적이고 인종적인 한계를 뛰어넘는다. 종교와 신분과 출신을 비롯한 외형적인 모든 것이 극복되고 있는 것이다.

사실 여기서는 이러한 이방인이면서 하나님을 경외하는 자의 이야기가 '서론', '서막' 내지 '전주곡'으로 보여지고 있고, 또 고넬료의 회심 이야기 끝에서야 비로소 용인되고(행 11:18), 더 나아가 예루살렘 회의에서 공식적으로 인정된다(행 15:11, 19-20). 누가복음과 사도행전 전체를 관통하여 일관되게 강조하고 있는 가장 핵심적인 주제, 즉 보편주의(universalism)가 이 단락에서도 강하게 부각되고 있는 것이다.

세 번째로, 본 단락에서 대화의 중심 주제이기도 한 이사야 53장의 본문에 대한 해석은 결국 예수 죽음의 속죄론적 의미를 생략한 채 인용함으로 이에 대한 질문을 유발시키고, 또 한 번 복음이 전파되어야 할 필요성을 강조하고 있다(행 8:35). 그리고 그것은 엠마오 도상의 두 제자와 대화하면서 성경을 기독론적으로 보아야 할 당위성을 제시하고 있는 것(눅 24:25-27)과 비교된다. 비록 에디오피아 내시와 같이 성경을 열심히 낭독하며 연구한다 할지라도 엠마오 도상의 제자들처럼 성경에 대한 올바른 이해, 즉 기독론적인 관점에서 바라보아야 함을 제시하고 있는 것이다.

6장

헤롯 아그립바 I세 죽음의 문학적 기능과 신학적 의미(행 12:20-23)

1. 서론

신약성서의 유일한 역사가 누가는 초대교회의 중요한 역사적 기록을 우리에게 전수해 주고 있다. 이러한 중요한 의미를 지닌 사도행전에 대한 연구는 현재는 물론 앞으로도 신약학의 핵심 주제로서 여전히 자리매김 될 것은 분명한 사실이다.[238] 먼저, 사도행전에 대한 접근 방법에 있어서 과거의 지배적인 역사비평적 접근방법과 최근 활발하게 전개되고 있는 (신)문학비평적 접근방법을 서로 배타적으로만 볼 것이 아니라 서로의 장점들을 조화롭게 공유하여 활용해야 한다. 이러한 전제하에 누가의 서재에서 정리된 구약의 전승들, 그리스

238) 최근의 연구에 관해서는 Jens Schroeter의 연구사를 참조. Cf. ThR 72(2007), 179-230. 그는 1982년 이후의 사도행전 전반에 관한 연구물들과 주석서들을 요약 정리하고 있다. 그리고 최근의 영미 계통의 연구 경향은 필립스가 편집한 책을 참조. Cf. Th.E. Philips, *Contemporary Studies in Acts* (Georgia: Mercer University Press, 2009).

로마 세계와 누가 공동체가 처한 역사적 배경도 함께 관망할 수 있는 지혜가 필요할 것이다. 역사가 누가는 단순한 수집가로서의 기능만을 하였다기보다는 누가 공동체가 처한 상황에서 초대교회의 역사를 하나님의 역사로 소개하고자 하였다. 이때 역사가로서의 누가가 지닌 주안점과 강조점을 제대로 파악해야만 하나님께서 누가를 통해 본래 전달하고자 하시는 메시지를 올바로 파악할 수 있을 것이다. 그런 의미에서 전적인 하나님의 개입(divine intervention)을 잘 보여주는 헤롯 아그립바의 죽음에 대한 사도행전 12장 연구는 의미가 있을 것이다.[239)]

본 소고를 통하여 누가의 역사 기술에 있어서 중요한 원칙과 강조점들을 추적하기 위해 헤롯 아그립바 I세 죽음의 문학적 기능과 신학적 의미를 살펴볼 것이다.

2. 헤롯 아그립바 1세 죽음에 관한 보도

헤롯 아그립바 I세의[240)] 죽음은 사도행전과 요세푸스의 《유대고대

---

239) 마샬에 따르면 12장은 사도행전에서 가장 중요한 의미를 지닌 장이 된다. Cf. I.H. Marshall, '*Apg* 12-ein Schluessel zum Verstaendnis der Apostelgeschichte', in C.H. Thiede, *Das Petrusbild in der neueren Forschung* (Wuppertal: Brockhaus, 1987), 192-220.

240) 사도행전 12장에서 언급되는 헤롯은 대헤롯(마 2:1)의 손자요, 아리스토불 로(주전 6년 아비에게 암살됨)의 아들이요, 헤로디아의 오라비가 되는 헤롯 아그립바 1세를 가리킨다. 그는 일찍이 로마에서 칼리굴라의 친구로 성장했고, 주후 37년에 황제가 된 칼리굴라로부터 빌립의 영토를 물려받았으며, 주후 40년에는 그의

사》에서 공통적으로 보도되고 있다. 전체적인 맥락에서는 일치하는 점이 많으나 세부적인 면과 강조점에 있어서는 일부 차이가 난다. 먼저 사도행전에서 보도되는 헤롯의 죽음을 살펴보자.

1) 사도행전의 보도(행 12:20-23)

사도행전에서 헤롯 아그립바 I세의 죽음은 12장 20-23절에서 보도되고 있다. 가장 먼저 특이한 점은 그에 대한 이름이 '헤롯 아그립바 I세'가 아니라 단순히 '헤롯'으로 소개되고 있다는 점이다. 누가가 굳이 헤롯 아그립바 I세라는 온전한 이름을 사용하지 않는 것은 분봉왕 '헤롯 안티파스'와의 연관성을 독자들에게 부각시키기 위함이다. 즉, 분봉왕 헤롯 안티파스가 '행한 모든 악한 일'과 연결시켜 부정적인 이미지의 효과를 높이는 것이다.[241] 아울러 '아그립바'라는 이름은 후에 바울의 재판과 관련하여 그의 아들 왕 아그립바 I세와도 관련된다.[242]

숙부 안티파스의 영토도 물려받는다. 주후 41년부터 44년까지 그는 유대 전역의 왕이 되었고, 바리새 타입의 유대교에도 관심을 보였다(Josephus, *Ant.* 19, 292-316). Cf. 박수암, 《사도행전》 (서울: 대한기독교서회, 2006), 219. 그의 온전한 이름은 헤롯 율리우스 아그립바(Herod Julius Agrippa)이다. Cf. Tom Wright, *Acts for everyone part I* (London: SPCK, 2008), 182; BEG V 446-454; 487-489 참조. 그리고 그의 세 자녀는 드루실라(행 24:24), 아그립바와 버니게(25:13)이다. 이후 혼란을 주는 경우를 제외하고 헤롯 아그립바 1세를 사도행전의 보도와 같이 헤롯으로 표기함.

241) Cf. Cassidy, *Society and politics in the Acts of the Apostles* (NewYork: Orbis books, 1987), 48.

242) Josep Rius-Camps and Jenny Read-Heimerdinger, *The Message of Acts in Codex*

헤롯의 죽음에 대한 보도를 세부적으로 분석하면 아래와 같이 세 부분으로 나눌 수 있다.

(1) 두로와 시돈과의 갈등(20절)

헤롯 죽음의 이야기는 헤롯의 노여움, 즉 두로와 시돈 사람들에 대한 노여움에서 시작되고 있다. 이러한 갈등의 배경은 무엇인가? 헤롯이 왜 그렇게 화를 냈는지에 대해서 누가는 언급하지 않는다. 사실 누가는 두로와 시돈 간의 갈등에 대해서는 큰 관심이 없다. 왜냐하면 구약의 열왕기상 5장과 에스겔 27장 17절 등에서 그 배경을 이미 알고 있을 것으로 전제하기 때문이다.[243] 해변도시 두로와 시돈은 식량이 필요했고,[244] 두로와 시돈 사람들은 왕의 침소 맡은 신하 블라스도를 설득함으로 평화를 구했다. 헤롯은 이미 두 도시에 입출항금지령(入出港禁止令, Handelsembargo)을 내린 것으로 보인다.[245]

(2) 큰 축하연(21-22절)

먼저 "날을 택하여"(τακτῇ δὲ ἡμέρᾳ) 큰 축하연을 벌이는데, 이러한 연회를 배설하게 된 배경은 두로, 시돈과 헤롯의 갈등이 해결된 것에 대한 축하의 자리였다.[246] 가이사랴에서 베풀어진 이 축하연에 대한

Bezae, Vol.2 (New York, London, T&T Clark, 2006), 333.

243) J. Jervell, *Apostelgeschichte* (KEK 3) (Göttingen: Vandenhoeck & Ruprecht, ^{17}1998), 339.

244) 왕상 5:10-12; 겔 27:17; J.A. Fitzmyer, *Acts* (1998), 490; Bock, *Acts*, 430.

245) J. Jervell, *Apostelgeschichte*, 336.

246) 이어 비교되는 요세푸스의 보도에 의하면 시저의 행복을 비는 축제이다. Cf.

묘사에서 누가는 헤롯 왕에 대한 묘사에 집중하고 있다. 헤롯이 '왕복'을 입고 단상에 앉아 연설을 했지만 그 연설이 어떤 내용인지에 대해서는 언급하지 않고 있다. 이후 연설에 대한 청중들의 반응은 기대 이상으로, '신적 영광'(divine glory)을 헤롯에게 돌린다. 즉 '사람의 소리가 아니라 신의 소리'라는 것이다.

(3) 헤롯의 죽음(23절)

사도행전 12장 23절에서 등장하는 '주의 사자'는 하나님의 대리자로서 하나님께 영광 돌리지 않는 헤롯을 '벌레'를 통하여 사망케 한다. 특히 D사본은 좀 더 분명히 강조하여 '그가 산 채로 벌레에게 먹힘을 당했다'고 전하고 있다.[247]

2) **요세푸스의 보도**

요세푸스는 자신의 책《유대고대사》(Ant. 19. 328-331)에서 헤롯의 죽음은 물론 헤롯이라는 인물에 대한 일반적인 정보까지 누가의 보도보다 훨씬 더 상세히 전하고 있다. 그에 따르면 헤롯은 평소 흠 없이 순결한 생활을 하고 조상들의 규례를 준수하며 매일 제물을 드린 인물이다(Ant. 19. 328, 330-331).

요세푸스가 전하는 헤롯의 죽음에 대한 직접적인 내용을 중요 부

《유대고대사》 19. 343.

247) Cf. Josep Rius-Camps and Jenny Read-Heimerdinger, *The Message of Acts in Codex Bezae*, 380-381.

분만 요약하면 아래와 같다:

> "왕은 자기 가슴에 찌르는 듯한 고통을 느꼈다. 그는 갑자기 온 몸에 느껴지는 통증 때문에 자기 배를 움켜쥐었다……그들은 급히 그를 왕궁으로 옮겼다……5일 동안 계속된 복부의 고통으로 인해 기진한 채 그는 그의 나이 54세로 그의 통치 7년 만에 이 세상을 떠났다."(19. 346–350)[248)]

요세푸스의 보도에 따르면 결국 그의 통치 7년 만에 44년, 그의 나이 54세로 복통으로 인해 사망한 것이다.[249)]

3) 사도행전의 보도와 요세푸스 보도의 비교[250)]

헤롯의 죽음에 대한 사도행전의 보도와 요세푸스의《유대고대사》의 보도를 비교해 보면 아래와 같다.

---

248) 요세푸스(P. Josephus),《유대고대사》19.8.2, J.A Fitzmyer, *The Acts of the Apostles*, 491에서 재인용. 페쉬(R. Pesch)는 주후 44년 3월 10일 사망한 것으로 판단하고 있다. Cf. R. Pesch, *Apg* I, 368.

249) 바레트(C.K. Barrett)는 다른 증거를 들어 44년 3월 5일 사망한 것으로 추정한다. Cf. CK. Barrett, Acts, 592.

250) Cf. H. Schreckenburg, "Flavius Josephus und die lukanische Schriften", ed. Haubeck and M. Bachmann, *Wort und Zeit* (Leiden: E.J. Brill, 1980), 179-209.

〈도표 1〉 헤롯의 죽음에 대한 누가와 요세푸스의 보도 비교

	누가의 보도 (사도행전 12:20-23)	요세푸스의 보도 (Ant. 19.343-350.351-356f.)
사망연대/일시	정확한 언급 없음	44년(54세, 즉위 7년차)(351)
사망 장소	가이사랴(12:19)	가이사랴(343)
복장	왕복(21)	완전히 은으로 만들어진 옷(στολὴν ἐνδὺς ἐξ ἀργύρου)(344)
무대	축하연 자리(단상)[251]	가이사의 영예를 기념하는 축(343)
시간적 배경	지정된 날(τακτῇ δὲ ἡμέρᾳ)(21)	(축제의) 둘째 날(344)
연설의 내용	연설의 내용에 대한 언급 없음	연설의 기회조차 언급되지 않음
병명/ 사망원인	벌레에게 먹힘(1. σκωληκόβρωτος)[252](23)	가슴 통증 후 복통(맹장염?)[253]
사망 시각	즉각적으로(23)	5일 후에(350)[254]

251) 서방 사본(Westlichen Textenzeugen)은 "그가 무대에 올라간 후에"라고 보도한다. Cf. B.M. Metzger, *A Textual Commentary on the Greek New Testament* (UBS, 1971), 396f.

252) 서방 사본(Westlichen Textenzeugen)은 '그가 살아 있는 상태에서 죽었다'고 강조한다. Cf. B.M. Metzger, *Textual Commentary*, 396f. G. Schneider, Apg II, 100. 그리고 '벌레에게 먹힌'이라는 용어는 의학적인 용어도 아니고 과학적인 용어도 아니다. Cf. 헨헨, 《사도행전》, 560, 각주 49.

253) 헨헨(E. Haenchen)은 헤롯 아그립바 1세가 요세푸스의 보도에 의하면 '맹장염'이었을 수 있다고 추측한다. C.f. 헨헨, 《사도행전》, 562.

254) 헤롯이 5일 후에 죽게 된 배경에는 《유대고대사》 18.195와 18.200에서 죄수 중 한 게르만(German) 사람이 '부보'(bubo)라는 뿔이 달린 올빼미가 헤롯이 기대고 있는 나무 위에 앉아 있는 것을 보고, 그 새를 다시 볼 때 5일 후에 죽게 될 것이라고 예언한 것과 관련이 있다. 그리고 실제로 머리 위에 있는 올빼미를 발견하고 재난의 전조임을 인식하게 된다(19.346).

대리자 또는 집행자	하나님의 천사[255]	Uhu, 불행의 사신 또는 운명의 사신 올빼미: 아그립바는 죽기 전 올빼미(Uhu, τὸν βουβῶνα)를 봄[256]
사망의 원인	하나님께 영광을 돌리지 않음	신적 영광을 거부하지 않음(346)
사망의 해석	(직접적인 언급 없음) 신적 영광을 가로챈 데 대한 징벌	(직접적인 언급 없음) 신적 영광을 가로챈 데 대한 징벌
청중의 반응	- 신격화 - "사람의 소리가 아닌 신의 소리"(22)(Θεοῦ φωνὴ καὶ οὐκ ἀνθρώπου)	-신격화- 두려움과 경이를 느낌. 아첨꾼들이 신이라고 부르면서 목소리를 높임(344)
헤롯의 반응	무언의 수용: 청중의 반응을 수용함 즉, 적극적 거부 의사 없음	무언의 수용: "꾸짖지도 않고, 아첨을 불경스러운 것으로 거절하지도 않음"(346). 즉, 적극적 거부 의사 없음.
청중들의 반응(사망 前)	없음	베옷을 입고 하나님께 간청함(349)
청중들의 사후 반응	없음	(가이사랴와 세바스테의 주민들은) 죽은 왕을 모욕했으며, 죽음이 알려지자 그의 딸들의 동상은 창가(娼家)로 보내졌고 큰 축제가 벌어짐(19.356 f.)

255) 주의 천사는 사도행전 5장에서도 제자들이 옥에 갇혔을 때 그들을 놓임 받게 했고, 8장 26절은 빌립을 에디오피아 내시에게 이끄는 모습을 보여주고 있다.

256) 사도행전에서는 '주의 천사'가 나타나지만 대신 헬라화된 운명의 새-'수리 부엉이' 또는 올빼미(Uhu)가 나타나는데, 그것은 아마도 로마의 독자들을 이해시키기 위해서일 것이다. G. Schille, *Apg*, 275; J. Zmijewski, *Apg*, 469.

〈도표 2〉 헤롯의 죽음에 대한 사도행전과 《유대고대사》의 보도 비교[257)]

Acts 12	Antiquitates 19
'Herod'(20.21)	'Agrippa'(343)
Setting: Caesarea dispute with Tyre and Sidon(19b)	Setting: Caesarea. festival honoring Caesar(343)
Royal garb(21)	Silver royal garb(344)
Crowd offers divine honors related to his voice, following his speech(22)	Crowd offers divine honors related to glare from silver robe when he enters theater(345)
King fails to glorify to God(23)	King fails to reject praise(346)
Angel strikes king(23)	Owl appears as Angel(346)
King dies immediately	King is ill for five days and dies(346ff.)
Eaten by worms(23)	Stomach pains(346ff.)
Word of God increased and multified	People of Caesarea & Sebaste rejoice as king's death(356ff.)

위 도표를 통해 요세푸스는 누가에 비해 헤롯의 죽음에 관한 보도를 비교적 상세히 하고 있음을 확인할 수 있다. 큰 틀에서 본다면, 신의 영광(divine Glory)을 가로챈 결과로 인해 사망했다는 중심주제가 공통적으로 드러난다. 서로 상이한 점은 누가에게 있어서 특별히 '하나님의 영광'을 돌리지 않음에 대한 강조, 하나님의 천사를 통해 벌레에 의해 사망하는 점, '신의 소리와 사람의 소리'를 더욱 효과적으로 강조하여 하나님의 영광을 가로챌 뿐만 아니라 12장 초반부의 야고보 처형 사건에서 보여주듯이 하나님의 대적자에 대한 처벌의 주제가 더욱 분명하게 드러나고 있음을 확인할 수 있다. 그러나 요세푸스에

257) O. Wesley Allen, *The Death of Herod*, 9.

게 있어서는 죽음의 직접적인 원인이 되는 병명이 가슴통증 후 복통으로 나타나며, 사망 시점도 5일 후, 그리고 그의 나이 54세 및 44년의 사건이라는 점을 분명히 하고 있다. 하나님의 천사 대신 '올빼미'를 죽음과 불운의 이미지로 사용하고 있다. 또한 이 사건의 전후 맥락에서 더욱 자세히 설명하고 있지만 사도행전에서 소개하고 있는 두로와 시돈의 갈등에 대해서는 침묵하고 있다.

3. 헤롯 아그립바 I세 죽음의 문학적 기능

1) 본문의 위치

헤롯의 박해와 죽음에 관한 보도가 위치한 사도행전 12장은 이방인 선교를 위한 징검다리 역할을 하고 있다. 베드로를 통한 하나님의 주도적인 이방인 선교사역은 사도행전 10장에서 이미 시작되었다. 하나님을 경외하는 이방인 '고넬료' 가정이 어떻게 구원받게 되었는가에 대한 상세한 보도는 11장 18절의 "하나님께서 이방인에게도 생명 얻는 회개를 주셨도다"라는 결론으로 마무리된다. 이처럼 고넬료 가정이 구원받은 이야기는 유대에서 베드로를 통한 하나님의 이방인 구원의 역사이다. 그러나 실제 이방 지역에서의 순수 이방인을 대상으로 한 선교는 사도 바울과 바나바에 의해 13장부터 비로소 시작되고 있다. 이러한 맥락에서 볼 때 12장은 바로 앞 뒤 이방인 선교의 맥락 가운데 하나님의 '이방인 선교'에 대한 의지가 이루어질 수밖에 없음을 상징적으로 보여주고 있으며, 또한 그 어떤 방해세력도 막을 수 없음을 보여주는 사건이다. 특히 헤롯의 죽음 보도 이후 이어지는 12장 24절의 하나님의 말씀의 성장에 관한 언급도 그 사실을 더욱 명확하게 보여주고 있다.[258]

사도행전 12장의 주요 인물은 헤롯과 베드로다.[259] 헤롯의 죽음 이야기는 12장 1절부터 시작된다. 왜냐하면 헤롯 아그립바가 12장 1절에서 열두 사도들을 핍박하는 행위로 시작하고 있고, 또 이 박해가 그의 죽음과도 밀접하게 연결되기 때문이다. 헤롯이 왜 사도들을 박해하기 시작했는지, 그리고 왜 세베대의 아들 야고보를 죽였는지에 대한 명확한 설명은 사도행전에서 나타나지 않는다. 블린즐러(J. Blinzler)에 따르면 야고보는 아그립바 I세 자신에 의하지 않고 예루살렘 공의회(Synerdrium)에서 정죄되었고, 그리고 칼에 의한 죽음도 '참수'가 아니라 '칼로 맞아 죽었다'고 주장한다.[260] 그러나 분명한 것은 '유대 백성'을 바라보고 있는 헤롯의 관심이다. 헤롯은 '유대인들'의 반응을 보고 베드로까지 잡으려고 시도한다. 그러므로 헤롯의 주 관심은 '하나님'이 아닌 '유대인'이고, 또한 '사람'이다.

2) 대조를 통한 효과의 극대화

258) Cf. 행 2:47, 4:4, 6:7, 9:31, 11:24 등.

259) Josep Rius-Camps and Jenny Read-Heimerdinger, *The Message of Acts in Codex Bezae*, Vol.2 (New York, London, T&T Clark, 2006), 331.

260) J. Blinzler, Rechtsgeschichtliches zur Hinrichtung des zebedäiden Jakobus (*Apg* xii,2), *NT*5 (1962), 191-206, 특히 205-206.

사도행전 12장에서는 세 번의 대조적인 모습이 극명하게 나타난다. 첫째, 세베대의 아들 야고보의 죽음과 헤롯의 죽음의 대조이다. 야고보는 정확한 명분 없이 헤롯의 공격에 의해 죽음을 당한다. 그러나 부정적 죽음에 해당하는 헤롯의 죽음은 그 원인이 '하나님께 영광을 돌리지 않았기 때문'이라고 분명히 밝히고 있다. 두 번째 대조는 베드로의 구출과 헤롯의 죽음의 대조이다. 베드로는 헤롯에 의해 갇히게 되었지만 결국 하나님의 도우심으로 풀려나게 된다. 하지만 헤롯의 경우 다른 박해자의 최후처럼 죽음을 당하게 된다. 세 번째 대조는 백성들의 헤롯의 연설에 대한 감탄의 소리, 즉 '신의 소리와 사람의 소리'의 대조이다.

누가는 이 세 번의 대조를 통해 헤롯의 죽음에 신학적인 의미를 부여할 뿐만 아니라 문학적으로도 사도행전 내에서 나타나는 다른 세 번의 강조효과와 마찬가지로 이곳에서도 그런 효과를 기대하고 있는 것이다. 그리고 중심적인 대조는 하나님과 헤롯의 대조, 하나님과 하나님의 적대자의 대조이다.[261)]

3) 베드로의 탈옥과 헤롯의 죽음

사도행전 12장은 사도행전에서의 세 번의 구출사건(Cf. 5:18-20, 16:23-29) 가운데 두 번째 구출사건이다.[262)] 세 사건 모두 하나님 주도적인 사건이라는 공통점을 가지고 있다. 12장의 베드로 탈옥 사건을 5

---

261) O. Wesley Allen, *The Death of Herod*, 120.

262) R. Tannehill, *The Narrative Unity of Luke-Acts* Vol. 2, 151.

장, 16장과 비교해 볼 때 두 사건은 본문 내에서 주변적인 이야기로 나타나지만 12장에서 베드로의 구출사건은 본문 내에서 중심적인 사건이 되고 있다.[263] 12장에서도 주도적 역할은 주의 사자(7절) 또는 천사(8절)가 감당한다.[264] 그리고 결국 이 사건이 '하나님의 역사'로 이루어졌음을 베드로는 고백한다(11, 17절).

반면 12장의 열두 사도, 특히 세베대의 아들 야고보의 순교와 베드로 박해의 주체는 헤롯이었다. 헤롯 아그립바를 누가가 굳이 헤롯이라고만 하는 것은 세베대의 아들을 처형한 장본인과 세례 요한을 처형시킨 헤롯과의 유비를 나타내기 위함일 수 있다(눅 9:7-9). 그러나 예르벨이 주장하듯이 베드로의 수감 이야기는 결코 예수 수난 이야기와 연결시킬 필요는 없다.[265] 같은 이름으로 그리고 같은 유형의 사건으로 반복시켜 효과를 극대화시키고 있는 것이다.

그리고 7절의 'πατασσω'는 여기서 비교적 가벼운 의미인 '세게 치다'(strike hard)의 의미로 해석되지만,[266] 일반적으로 쓰이는 부정적인 의미인 '때려 죽이다'(smite)는 23절 헤롯의 죽음을 묘사하는 데 사용하고 있다.[267] 그러므로 베드로와 헤롯의 대조를 보이며, 하나님의 편에

---

263) Ibid., "central event of the narrative episode."

264) 천사의 나타남은 누가 문서에 있어서 명백한 하나님의 일꾼들에(agent) 대한 하나님의 섭리적 보호하심(providential care)으로 해석될 수 있다. Cf. Wesley Allen, *The Death of Herod*, 199.

265) Cf. J. Jervell, *Apg*, 332, Contra: Conzelmann, *Apg*, 77; Schneider, *Apg* II, 103, Anm. 16; Strobel, A. "Passa-Symbolik und Passa-Wunder im Act 12.3" *NTS* 4 (1958), 210-215. Weiser, *Apg* I, 287f.

266) 비교적 가벼운 의미로 번역된 경우는 눅 2:9; 행 9:3, 22:11 등을 참조.

267) Darrell L., Bock, *Acts* (Grand Rapids, Mich.: Baker Academic, 2007), 427.

선 베드로는 천사가 '쳐서' 깨워 옥에서 석방시키지만 하나님의 대적자이자 핍박자인 헤롯은 오히려 같은 단어의 부정적인 의미로 하나님께 징벌을 받고 있음을 보여준다.

이 사건이 하나님에 의한 주도적인 사건이라는 것을 나타내고자 하는 누가의 강조점은 베드로의 고백에서 강하게 드러난다. 베드로는 자신의 헤롯으로부터의 구출 사건에 대해 이렇게 고백한다: "주께서 그의 천사를 보내어 나를 헤롯의 손과 유대 백성의 모든 기대에서 벗어나게 하신 줄 알겠노라"(행 12:11). 특히 '헤롯의 손으로부터 벗어난 것'(ἐξείλετό),[268] 또 마가라 하는 요한의 어머니 마리아의 집에서 그들에게 자신의 구출 사건에 대해 "주께서 자기를 이끌어 옥에서 나오게 하던 일"(행 12:17)로 요약한다.

4) 유대인들의 역할

누가는 헤롯 아그립바가 어떠한 동기와 이유로 세베대의 아들 야고보를 처형하게 되었는지 정확한 정보를 제공하고 있지는 않지만 간접적인 배경은 '유대인'을 의식한다는 점이다. 3절에서 야고보의 처형을 기뻐하는 유대인들의 반응을 좋게 여겨 다시 베드로까지 해하려 하고 있는 점이다. 여기서 유대인들은 누구를 가리킬까? 복(D.L. Bock)이 지적하는 바처럼 여기서의 '유대인들'은 '유대인 지도자'를 의미할 것이다.[269] 그리고 사도행전에서 처음으로 '유대인들'이 부정적

268) 문자적인 직역의 의미는 '건져 주셨다'이다.

269) D.L., Bock, *Acts*, 425.

인 의미로 사용되고 있으며,[270] 더 정확히 말하자면 예루살렘의 유대인들이다. 본문에서 유대인 당국자들은 사도행전 내에서 항상 '백성들'을 의식하거나 두려워하는 모습처럼,[271] 헤롯이 유대인 관원들을 의식하며 그들을 기쁘게 하고자 하는 것이다.

5) 헤롯 죽음의 유비

헤롯의 '벌레에 의한 죽음'은 구약과 그리스-로마에서 많은 유비를 볼 수 있다.

(1) 영광을 하나님께 돌리지 않음에 대한 유비

에스겔 28장 2절에 의하면 두로 왕이 교만하여 "나는 신이다"라고 말함으로 하나님의 징벌을 받는 기사가 나타난다. 요세푸스와 누가는 공통적으로 '신적 영광'(divine glory)을 거부하지 않는 헤롯의 모습을 묘사하고 있으며, 또한 누가는 독자들에게 '하나님께 영광을 돌리지 않음'을 사망의 직접적인 원인으로 제공한다.

(2) 폭군들의 죽음에 대한 유비

누가복음에 의하면 벌레에 의한 죽음, 그리고 요세푸스에 의하면 복통에 의한 죽음으로 나타나지만 이와 비슷한 유형은 특히 폭군들

---

270) J. Jevell, *Apg*, 332; D.L., Bock, *Acts*, 425.

271) 행 4:21, 5:26 참조. Richard J. Cassidy, *Society and politics in the Acts of the Apostles*, 48-49.

(tyrant)의 죽음을 연상케 한다.[272] 가장 먼저, 마카비후서 9장 9절에 따르면 안티오쿠스 에피파네스의 배에서 버러지가 일고 몸에서는 악취가 나서 그의 모든 군인들의 코를 찔렀다고 전해진다.[273] 그리고 요세푸스의《유대고대사》17.6.5에 따르면 헤롯 대왕의 죽음도 이런 식이었다. 이와 같은 유비가 보여주듯이 헤롯의 죽음은 하나의 '처벌기사'로 볼 수 있다.[274]

베드로의 탈옥 사건과 구약성서와의 이런 유비를 통해 다시 한 번 하나님의 계획을 이루어가는 주체는 다름 아닌 하나님 자신임을 발견하게 한다.[275] 그러므로 헤롯의 죽음은 구약과 신구약 중간기에 폭군들의 징벌적 죽음의 예를 대비시키고 있으며, 인기에 연연하고(1-3

---

272) Cf. Allen, O.W., Jr., *The Death of Herod: the narrative and theological function of retribution in Luke-Acts* Dissertation (1996). 알렌(Allen)은 신의 처벌을 받은 많은 폭군들의 예를 들고 있다. 즉, Pheretime(Herodotus, *Persian Wars* 4.205), Pompeius(Diodorus of Sicily, *Library of Histiory* 36.13), Alcimus(*Antiquities* 12.413), Cassander(Pausanias, Description of Greece 9.7.1-3), Alexander of False Prophet(Lucian. Alexander the False Prophet 59), Jehoram(대하 21:1-20), Aristobulus(*Jewish War* 1.70-84; *Antiquitaties* 13.301-319), Herod the Great(Jewish War 1.647-656; *Antiquitaties* 17.146-199), Antiochus Epiphanes[1 Maccabees 6:1-13; *Antiquitaties* 12.354-359; 2 Maccabees 9:1-28; Diodorus of Sicily(Library of History 29.15; Polybius(Universal History 31.9(11)].

273) II Macc. 9:9 "이 불경건한 자의 몸에는 구더기가 들끓었고, 심한 고통을 느끼며 아직 목숨을 부지하고는 있었지만 그의 살은 썩어 들어갔다. 그의 온 군대는 그의 몸이 썩는 냄새에 구역질을 냈다." 전후 배경에 관하여는 II Macc. 9:5-28을 참조.

274) Cf. W. Radl, "Befreiung aus dem Gefängnis: die Darstellung eines biblischen Grundthemas in *Apg* 12," *BZ* 27 (1983), 81-96.

275) Cf. Nils A. Dahl, "The Neglected Factor in New Testament Theology," in idem, *Jesus the Christ*, ed. Donald H. Juel (Minneapolis: Fortress, 1991), 153-163.

절), 권세를 자랑하고(19-20절), 영광을 탐내고(21절), 신성을 모독한(22-23절) 인간의 최후 모습을 우리에게 보여주고 있으며, 막을 수 없는 하나님의 역사와 대적자의 최후 모델을[276] 제시하고 있는 것이다.[277]

4. 헤롯 아그립바 I세 죽음의 신학적 의미

1) 하나님의 대적자들에 대한 하나님의 징벌(Retribution)

누가가 1장의 가롯 유다, 5장의 아나니아와 삽비라 부부에 이어 세 번째로 헤롯의 죽음을 보도하는 이유는 5장 39절의 가말리엘의 설교에서처럼 헤롯을 "하나님을 대적하는 자"(Kämpfer gegen Gott)로 규정하기 때문이다.

가장 먼저 악한 자의 말로가 어떠한가를 보여주는 데 있다. 이와 같은 사상은 이미 그레꼬-로마적인 배경뿐만 아니라 유대적인 배경도 가지고 있다. 특히 아나니아와 삽비라 사건의 보도를 다룰 때 누가는 헤롯의 죽음에 사용된 단어 출애굽기 12장 29절에서 '주가 이집트의 장자를 쳤다'라고 기록할 때(LXX) 썼던 동사와(πατασσω)와 같은 동사를 사용하고 있다. 이것은 하나님을 대적하는 자들의 최후는 구약의 전통에서 해석될 수 있다는 것을 보여주는 증거이다.[278]

---

276) Cf. R. Pesch, *Apg* I, 369.

277) 박수암, 《사도행전》, 225.

278) 창 8:21; 출 9:15, 12:23; 민 14:12; 신 28:22; 계 11:6, 19:15(BAGD 6634 §2; BDAG 786

본문에서 하나님의 뜻은 헤아릴 수 없기에,[279] 베드로의 옥에서 놓임 사건을 더욱 부각시켜 하나님의 은혜와 돌보심을 강조하는 간접적인 효과는 있지만,[280] 12장의 구조를 통해 분명한 하나님과 교회의 핍박자요 적대자에 대한 하나님의 징벌로서 이해하는 것이 가장 적합하다.

크라츠(R. Kratz)는 헤롯의 죽음 기사를 "징벌 기적 이야기"(Strafwunder geschichte)로 명명하고 있으며,[281] 츠미예브스키(Zmijewski)는 '기독교적' 전승이라기보다 '유대적' 전승을 가지고 있다고 주장한다.[282] 헤롯의 비참한 죽음을 알리는 누가의 의도는 결국 기독교의 복음이 전파되어야 한다는 하나님의 뜻을 거스르는 것이 어떤 결과를 초래할 수 있는지를 경고하는 것이다.[283]

2) **하나님께만 영광**(Soli Deo Gloria)[284]

---

§2).

279) 물론 사도행전 5장에서 가말리엘은 명확하게 '하나님의 뜻'이라고 하지 않고, '만일'이라는 조건절로 표현함으로 한 걸음 유보하고 있다(행 5:39).

280) 츠미예브스키(Zmijewski)는 이 단락을 통해 하나님이 자신에 대항하는 그 어떤 세력보다 더 강하다는 것을 보여주는 신학적 메시지를 전달하려 한다고 하면서, 누가가 헤롯의 악행에 대한 평가를 미루며 오히려 하나님의 보호하심을 강조하려 한다고 주장한다. Cf. J. Zmijewski, *Apg*, 472.

281) R. Kratz, *Rettungswunder*, 473.

282) J. Zmijewski, *Apg*, 469.

283) 윤철원, 《사도행전 다시 읽기》, 209.

284) Cf. Zmijewski, *Apg*, 472. G. Schneider, *Apg* II, 109. '하나님께 영광을 돌림'이라는 표현은 눅 17:18; 요 9:24; 행 12:23; 롬 4:20; 계 11:13, 14:7, 16:9, 19:7, 그리고 Bar 2:17f. Esr 9:8; 4 Makk 1:12에서도 나타난다.

사도행전의 보도에 따르면 헤롯의 죽음의 원인은 '하나님께 영광을 돌리지 않았기 때문'(ἀνθ' ὧν[285] οὐκ ἔδωκεν τὴν δόξαν τῷ θεῳ)이다. 헤롯이 '신적 영광'(divine glory)을 가로채 자신이 누렸다. 누가의 더 정확한 의도에 따른다면, 그 '신적 영광'은 하나님께만 돌려야 하는데,[286] 사람인 헤롯이 가로챘다는 것이다. 하나님께 영광을 돌려야 한다는 것은 유일하신 하나님만을 인식하고(erkennen), 인정하고(anerkennen), 고백해야(bekennen) 함을 의미한다.[287]

이러한 하나님께만 영광을 돌려야 하는 사관은 누가 문서 전반에서 나타나는 누가의 일관된 인식이다. 가장 먼저 누가복음 4장의 예수의 시험 사건에서 찾아볼 수 있는데, 두 번째 시험에서 마귀는 천하 만국을 예수에게 보여주며 만약 자신에게 절하면 이 모든 권위와 '영광'을 줄 것이라고 말한다. 그때 예수의 대답은 신명기 6장 13절을 인용하며 '하나님께만 경배하고 섬겨야 한다'는 것이었다. 즉 자신이 영광을 받을 존재가 아니라 '하나님께만' 영광을 돌려야 한다는 것이다. 이와 같은 사상은 알렌(Allen)에 의하면 누가복음 18장에서도 찾아볼 수 있다.[288] 어떤 관리가 찾아와 "내가 무엇을 하여야 영생을 얻으리이까"(눅 18:18)라는 질문을 할 때 특별히 주목할 부분은 예수를 가리켜

---

285) ἀνθ' ὧν은 attractio relativ로서 '왜냐하면'의 의미로 해석될 수 있다. Cf. 눅 1:20, 19:44과 행 12:3 참조.

286) 헤롯은 영광을 자신이 가로채지 않고 '신의 영광'을 거부했어야 했다. Cf. J. Jervell, *Apg*, 336.

287) J. Zmijewski, *Apg*, 472.

288) Allen, O.W., Jr., *The Death of Herod: the narrative and theological function of retribution in Luke-Acts*, Dissertation (1996), 146-147.

'선한 선생님'(διδάσκαλε ἀγαθέ)이라고 부르고 있지만 예수님은 단호하게 그러한 칭호를 거부하시면서 '하나님만이 선한 이'(οὐδεὶς ἀγαθὸς εἰ μὴ εἷς ὁ θεός)[289]라고 확인시켜 주신다.

이와 같이 하나님께만 영광을 돌려야 한다는 누가의 사관은 사도행전에서도 반복적으로 드러나고 있다. 먼저 사도행전 3장 1-26절의 성전 미문에 있던 나면서 걷지 못하는 사람을 고친 기사에서 이스라엘 백성들이 '놀랍게 여기며 놀라며'(θάμβους καὶ ἐκστάσεως) 베드로를 바라볼 때 베드로는 단호하게 대답한다: "이스라엘 사람들아 이 일을 왜 놀랍게 여기느냐 우리 개인의 권능과 경건으로 이 사람을 걷게 한 것처럼 왜 우리를 주목하느냐?" 여기서 중요한 사항은 '우리 개인의 권능과 경건'(ἰδίᾳ δυνάμει ἢ εὐσεβείᾳ)[290]이 아님을 강조하는 것이다. 즉 이 모든 기적은 '하나님이 행하셨다'는 것이며, 하나님이 영광을 받으셔야 한다는 사실을 간접적으로 드러내고 있는 것이다.

이와 같이 베드로가 청중들에 의해 자신에게 돌려지는 영광을 거부하고 대신 하나님께 돌리는 예는 고넬료 기사를 통해서도 확인할 수 있다. 베드로가 고넬료의 집을 방문할 때 온 친척과 가까운 친구들이 함께 베드로에게 '발 앞에 엎드리어 절하니' 베드로는 그들을 일으키며 "일어서라, 나도 사람이라"(ἀνάστηθι· καὶ ἐγὼ αὐτὸς ἄνθρωπός εἰμι)고 말한다. 이어 자신의 방문도 '하나님께서 내게 지시하사'(ὁ θεὸς ἔδειξεν)[291] 오게 되었다는 것이다.

---

289) 문자적인 직역은 '하나님 한 분 외에 아무도 선하지 않다'이다.

290) 문자적으로 직역하면 '우리 자신의 권능과 경건으로'로 번역할 수 있다.

291) 문자적인 직역은 '하나님이 나에게 보여주셨다'이다.

하나님께만 영광을 돌려야 한다는 누가의 사상은 베드로뿐만 아니라 바울의 사역 속에서도 드러난다. 사도행전 14장에서 보도하는 바와 같이, 루스드라에서 발을 쓰지 못한 사람을 일어나게 하는 기적을 일으킨 바울과 바나바에게 이 광경을 목도한 무리들은 바나바는 '제우스'로, 바울은 '헤르메스'로 제사하고자 하였다. 즉 신으로 숭배하려고 한 것이다. 그때 바울은 옷을 찢으며(행 14:14) "우리도 여러분과 같은 성정을 가진 사람이라"(ἡμεῖς ὁμοιοπαθεῖς ἐσμεν ὑμῖν ἄνθρωποι)(행 14:15)고 말한다. 즉 자신들은 신이 아니라 사람이며, 숭배나 영광을 받을 위치나 존재가 아니라는 것이며, 대신 '살아 계신 하나님'을 소개하고 있는 것이다. 그분이야말로 영광과 예배를 받기에 합당하신 분이라는 것이다.

세 번의 이방인 사역 가운데에서도 동일한 사상을 발견할 수 있다. 즉 1차 전도여행을 마친 바울과 바나바는 이방인 가운데 행한 모든 사역이 '하나님이 함께 행하신 모든 일'이며(행 14:27), '하나님께서 자기들로 말미암아 행하신 표적과 기사'(행 15:12), 그리고 '하나님이 자기의 사역으로 말미암아 하신 일'(행 21:19)로 묘사한다는 것이다. 즉 바울, 바나바와 실라가 한 일이 아니라 '하나님의 사역'으로 언급하며 하나님께 영광을 돌리고 있는 것이다.

특히 바울의 제2차 전도여행에 있어서 특징적인 부분은 그가 신비하고 기적적인 사건들을 경험하고 또 이루었다는 사실이다. 드로아에서의 환상 체험, 빌립보에서 귀신 들린 여종에게 축귀를 행해 병을 치료하고, 또 빌립보 감옥에서의 지진 등 이러한 사건에서 누가는 결코 인간 바울이 얼마나 훌륭하고 위대한 인물이라는 사실을 직설적으로나 노골적으로 묘사하지 않는다. 그것은 구약시대 이래 전통적으로 행해 오던, 인간의 덕목과 위대함을 늘어놓음으로 결과적으로 낳게 되는 '인간에 대한 암묵적 경배'와 '인간 찬양'에 대한 거부가 분명히 드러나는 것이다.[292]

이처럼 헤롯의 죽음은 사도행전 내에서 베드로와 바울이 모범을 보인 것처럼 자신에게 주어진 '신적 영광'을 거부하지 않은 것이 죄이며, 그 죄악이 결국 죽음을 가져온 것이다. 더 정확히 말하자면, 자신의 그러한 '신적 영광'의 후면에 계신 하나님을 인식하지 못하는 것이다. 반면에 하나님께 쓰임 받은 사람들은 모두 그 '신적 영광'을 자신이 받을 것을 거부하고 오히려 하나님께 돌리고 있는 것이다. 자신들의 일이 아니라 하나님의 일(Werke Gottes)이며, 하나님의 선교(Missio Dei)와 사역이라는 고백이다.

3) 하나님 중심주의(Theozentrik)와 하나님의 뜻(Wille Gottes)

사도행전에 두드러진 역사관은 하나님의 역사라는 사실을 강조하는 데 있다. 이러한 경향을 소위 '하나님 중심주의'(Theozentrik)라고 할 수 있는데, 사도행전 곳곳마다 발견된다.[293] 베드로는 공회에서 복음 전할 것을 명하시는 하나님의 뜻을 거역하는 사람들, 즉 공회원들의

292) 유상현, 《바울의 제2차 선교여행》 (서울: 대한기독교서회, 2008), 372.

293) 소위 하나님 중심으로 펼쳐지는 역사 이해를 말한다. 자세한 내용은 Chang-Kyo Jeong, *Die Auferstehung in der Apostelgeschichte* (Göttingen: Cuvillier Verlag, 2005), 11-16 참조.

뜻에 반하여 하나님의 뜻에 순종할 것을 천명한다: "하나님 앞에서(ἐνώπιον τοῦ θεοῦ) 너희의 말을 듣는 것이 하나님의 말씀을 듣는 것보다 옳은가 판단하라."

위에서 살펴본 바와 같이 바울이 이방인 가운데 행한 사역을 '하나님이 자신들을 통하여 행하셨다'고 고백함으로 '하나님'의 주도적인 사역을 대변하고 있다. 또한 예수님의 사역에 있어서도 예수께서 나사렛에서 선한 일을 하게 된 원인도 '이는 하나님이 함께하셨음이라'고 밝히고 있다.

이러한 하나님 중심주의 역사관은 구체적으로 이 역사 가운데 '하나님의 뜻'이 이루어질 수밖에 없다는 것을 강조하고 있다. 즉 누가는 'δεῖ'라는 당위를 나타내는 헬라어 단어를 통하여 하나님의 뜻은 분명히 이루어질 수밖에 없고, 반면에 사람의 뜻은 '무너질 수 있다'는 것이다.

가말리엘은 드다와 갈릴리 유다의 두 역사적 실례를 들어 결국 '사람으로부터 난 사상과 소행은 무너질 것이요'(행 5:38), '하나님으로부터 났으면 무너뜨릴 수 없다'(5:39)는 논지를 펴고 있다. 이때 간과할 수 없는 사실은 "도리어 하나님을 대적하는 자가 될까 하노라"라는 언급이다. 우회적으로 하나님을 대적하는 사람은 멸망할 수밖에 없다는 의미를 내포하고 있는 것이다.

'δεῖ'라는 표현과 아울러 바울은 18장 21절에서 에베소에서 작별할 때 "만일 하나님의 뜻이면 너희에게 돌아오리라"고 말한다. 아울러 밀레도 설교에서 자신이 깨끗한 이유를 언급할 때도 '꺼리지 않고 하나님의 뜻을 다 전하였기 때문'이며(행 20:27), 또한 21장 14절에서도 "주의 뜻대로 이루어지이다"(Cf. 행 9:15-16; 눅 22:42)라고 말한다.

위에 언급된 표현들은 모두 '하나님의 뜻은 이루어질 수밖에 없다'는 당위성을 내포하고 있으며, 사람의 뜻을 좇을 때는 결국 멸망할 수밖에 없음을 암시하고 있는 것이다. 이와 같은 맥락에서 헤롯의 죽음을 바라본다면, 헤롯은 '사람에게 기쁨을 얻고자'(행 12:3) 하였던 죄악을 범한 것이다.

5. 요약적 결론과 신학적 의미

헤롯의 죽음은 위에서 살펴본 바와 같이 사도행전에서 빼놓을 수 없는 중요한 장면이다. 그의 죽음 보도는 먼저, 문학적으로 볼 때 누가의 세 번 반복하여 효과를 극대화하는 문학적 양식 가운데 한 부분으로서 기능을 하고 있다. 즉 가룟 유다(행 1:18-19), 아나니아와 삽비라(행 5:1-11)에 이어 부정적 죽음의 세 번째이다. 아울러 사도행전에서 드러나는 전반부의 베드로와 후반부의 바울의 역할의 대조처럼 12장 내에서도 야고보와 헤롯, 헤롯과 베드로, 더 정확히 말하자면 헤롯과 하나님의 대조가 뚜렷하게 드러나고 있다. 이러한 대조는 '사람의 소리와 신의 소리'라는 표현에서 정점을 이루고 있다.

아울러 헤롯의 죽음 기사를 통해 드러난 신학적 의미는 가장 먼저 누가의 하나님 중심적 신학(Theozentrik)이 주(主)를 이루면서, 하나님께만 영광을 돌려야 한다는 주된 메시지를 전하고 있다. 특히 헤롯의 결정적인 실수 또는 범죄는 자신에게 돌려진 '신적 영광'을 거부하지 않고 그대로 수용했다는 것이다. 반면 베드로와 바울 등 하나님의 일꾼들(agent)은 모두 자신들에게 돌려지는 '신적 영광'을 거부하고, 자신들에게 영광을 돌리고자 하는 이들의 시선을 모두 모아 영광을 받기에 합당하신 하나님께로 초점을 맞추게 하고 있다는 점이다.

두 번째로는 누가는 헤롯의 죽음을 구약과 헬라의 여러 군주들의 죽음에서 예표로 보여지는 하나의 '징벌'(retribution)의 관점으로 기술하고 있다는 점이다. 이때 하나님과 하나님의 일꾼들(agent)을 방해하거나 박해하는 세력들은 하나님의 대적들(opponent)로서 규정되고, 이 대적들은 징벌을 받게 되는데, 그것은 '하나님의 뜻을 거역해서는 안 된다'는 가말리엘의 연설에서 엿볼 수 있듯이 그들의 잘못에 대한 처벌로서 해석된다. 즉 헤롯이 12장 1절 이하에서 드디어 열두 사도들을 박해하기 시작하였으며, 세베대의 아들 야고보를 죽이고 베드로를 옥에 가두는 잘못을 범했기 때문이다. 이때 더욱 중요한 점은 앞에서 언급된 바와 마찬가지로 '하나님을 의식'하지 않고 사람들(즉, 유대인들)을 의식하였기 때문이다.

7장

서기오 바울과 사도 바울(행 13:4-12)

1. 서론

사도행전에서의 바울은 빼놓을 수 없는 핵심적인 역할을 감당하는 존재로 묘사된다. 사도 바울을 생략한 사도행전, 사도 바울을 제외한 원시 기독교 교회는 상상할 수도 없다. 사도행전에서의 바울은 갈라디아서의 바울 자신의 언급에 따라 늘 이방인의 선교사로서만 이해되어져 왔다(갈 2:8). 하지만 최근 들어 그를 '이방인 선교사'만이 아니라 점차 '유대인 선교사'로도 보아야 한다는 목소리가 높아지고 있다.[294] 지금까지 누가의 구원의 보편주의적 사상에 근거하여 누가 문서의 독자들이 헬레니즘적, 비유대인들로 구성된 이방인들이라는 점

294) 예르벨(J. Jervell)에 따른다면, "사도행전은 우리에게 바울을 이방인의 사도로서가 아니라 유대인들과 세계, 즉 디아스포라 유대인들에 대한 사도로 소개한다." 그는 이어 "……이러한 모든 요소들은 분명히 그리스도인이 된 유대인들이 수신자들이라는 것을 지적한다"라고 말함으로써 바울은 유대인 선교사로서, 그리고 수신자를 유대인 그리스도인으로 보아야 한다고 주장한다. J. Jervell, 윤철원 역, 《사도행전 신학》 (서울: 한들출판사, 2000), 46.

에 대부분 일치된 의견을 보이고 있었지만, 근래에 누가 문서의 유대적 성격과 유대인 청중에 대한 관심이 높아지고 있기 때문이다.[295] 유대인 청중을 향한 누가의 메시지와 유대인 선교사로서의 바울에도 관심을 기울여야만 사도행전에서의 바울을 통하여 누가가 전하는 메시지를 온전하게 이해할 수 있을 것이다.

이러한 맥락 가운데 필자는 본 장을 통해 서기오 바울의 회심 이야기를 이방인 선교가 아닌 유대인 선교 이야기의 틀 아래 유대인 중심 선교에서 이방인 중심 선교로 넘어가는 과도기적 본문으로 보고자 시도한다. 이를 위해 본문을 주석적으로 검토할 것이며, 본문에서 중요한 이슈가 되는 인물인 마술사 바예수, 총독 서기오 바울에 대한 인물 분석과 아울러 본문 가운데 처음 등장하는 '바울'이라는 이름이 어떠한 기능을 하는지를 살필 것이다.

2. 본문의 위치와 바울 일행의 여정

본 단락은 성령에 의해 보내심을 받은 바나바와 바울이 가장 먼저 도착한 구브로에서의 사역을 소개하고 있다.[296] 이들은 안디옥 교회

295) 윤철원은 "물론 누가의 청중들에 대한 일치된 의견은 헬레니즘적이고 비유대적 그리스도인들로 규정했었지만, 최근의 경향은 그들 가운데 유대인들이 합류했다는 의견에 다수의 학자들이 동의하는 것에서도 그 타당성이 점차 힘을 얻어가고 있다"고 평가한다. 윤철원, 《사도행전의 내러티브 해석》 (인천: 도서출판 바울, 2004), 181.

296) 이곳에서 요한은 '조력자'(ὑπηρέτης)로서 합류하여 함께 선교활동을 하고 있지만

의 선지자들 혹은 교사들로 사역하고 있었으며,[297] 성령께서 맡기시는 '일을 위하여'(εἰς τὸ ἔργον) 선택된 자들이었다. 그 '일'이라는 것은 1차 선교여행의 보고를(행 14:27, 15:12) 통해 '이방인 선교'라고 짐작할 수 있지만 본 단락에서는 명시적으로 나타나지 않고 있다. 성령의 보내심으로 시작된 구브로의 사역은 동편 살라미에서 시작하여 섬 가운데로 지나 서편에 위치한 이 섬의 공적인 중심도시인 바보에서 구체적으로 이루어지게 된다.[298] 그들은 동편 살라미에서 서편 바보로 이동할 때 '유대인의 회당'을 방문하며 우선적으로 '유대인에게' 복음을 전하였다. 바보에서는 유대인 마술사 바예수의 방해에도 불구하고 로마 총독 서기오에게 하나님의 말씀을 전하여 그가 '믿고, 놀라

그의 활동에 대해서는 전혀 침묵하고 있다.

297) 뤼데만(G. Luedemann)은 'te...,kai....kai...te'를 근거로 처음 세 사람은 선지자, 나중 두 사람은 교사라고 추정한다. G. Luedemann, Das frühe Christentum nach den Traditionen der Apostelgeschichte (Göttingen: V&R, 1987), 147. 바울과 바나바 두 사람은 다섯 명 가운데서도 지도자격으로 중요한 인물로 간주될 수 있을 것이다. 왜냐하면 "첫 번째 이름과 마지막 이름이 특별히 중요한 인상을 주리라고 저자로서 판단했을 것"이기 때문이다. 헨헨, 박경미 역, 《사도행전 II》 (서울: 한국신학연구소, 1989), 31.

298) 아마도 일주일 정도 걸린 것으로 판단된다. 헨헨, 앞의 책(1989), 32. 그리고 비켄하우저(Wikenhauser)에 따르면 그들은 남쪽 해안을 따라 이동했을 것이라고 본다. A. Wikenhauser, Apostelschichte (Regensburg: Pustet, 1961), 121. 원래 로마 제국 시대에는 구브로의 수도가 살라미였으나 주전 15년경 발생한 지진으로 인해 바보로 이전되어, 당시 로마 행정장관과 로마 수비대 본부도 그곳에 위치하므로 바보로 향하는 것은 당연스러운 결과일 것이다. A. Nobble, "Cyprus", in The Book of Acts in its Graeco-Roman Setting, D.W. Gill & C.Gempf (ed.) (Grand Rapids: Eerdmans, 1994), 280-281; 유상현, 《바울의 제1차 선교여행》 (서울: 대한기독교출판사, 2002), 39. 각주 6.

는' 결과를 얻게 된다.

바울과 바나바 일행의 다음 행선지는 밤빌리아 버가이다. 하지만 밤빌리아의 버가는 단지 마가 요한의 예루살렘 귀환을 설명하기 위해 언급된 장소일 뿐 다른 의미를 발견할 수는 없다. 그곳에서의 사역에 대한 특이한 보도가 없기 때문이다. 버가를 거쳐 바울 일행이 도착한 곳은 비시디아 지방의 안디옥이었다. 이곳에서도 그들은 가장 먼저 '회당'에 들어가 '이스라엘과 하나님을 경외하는 사람들'에게 이신칭의를 주제로 말씀을 선포한다. 구브로와는 달리 비시디아 안디옥의 유대인들은 물론 이방인들까지도 크게 호응하며, 심지어 이방인들은 하나님으로부터 영생까지 얻게 된다(행 13:48).

눈여겨볼 사항은 마가 요한의 예루살렘 귀환 사건 때문에 언급된 밤빌리아 버가를 제외한다면, 구브로와 비시디아 안디옥에서의 사역의 공통점은 그들의 일차적 선포 장소가 '유대인의 회당'이라는 점이며, 동시에 그들의 복음 선포의 대상도 유대인과 하나님을 경외하는 사람들로 나타나게 된다는 것이다. 다만 두 곳에서의 사역의 차이점이라면, 구브로에서는 여러 회당에서의 복음 선포에도 불구하고 유대인 선교의 결과는 전혀 없었지만 비시디아 안디옥에서는 획기적인 결과를 가져오게 되고, 유대인뿐만 아니라 이방인들도 복음을 듣게 되었다는 것이다.

3. 수행원 요한(행 13:5)

성령의 보내심을 받고 실루기아에서 배 타고 구브로의 살라미에

도착하자마자 그들은 '여러 회당에서' 하나님의 말씀을 전하게 된다. 가장 먼저 자연스럽게 합류한 이는 '수행원'(ὑπηρέτης) 요한이었다.[299] 사도행전 12장 12절의 보도에 따른다면, 성도들은 예루살렘에서 요한의 어머니 마리아의 집에서 베드로의 석방을 위해 기도하였으며, 25절에서는 바나바와 사울이 예루살렘에 있던 마가를 데리고 안디옥 교회로 데리고 오게 된다. 12장에서의 상황에서 마가 요한은 그들과 함께 있어야 할 존재이다. 하지만 구브로에서 그의 존재가 갑자기 드러나게 된다.

먼저 그에 대한 누가의 소개를 살펴보자. 본문 5절 "καὶ γενόμενοι ἐν Σαλαμῖνι κατήγγελλον τὸν λόγον τοῦ θεοῦ ἐν ταῖς συναγωγαῖς τῶν Ἰουδαίων. εἶχον δὲ καὶ Ἰωάννην ὑπηρέτην."(사역: 그들이 살라미의 유대인 회당들에서 하나님의 말씀을 선포하게 될 때, 그들은 수행원으로서 요한을 데리고 있었다)[300]에서 드러나듯이, 요한이 구브로에서부터 바울 일행과 합류했는지, 아니면 처음부터 그들과 동행했는지에 대해서 누가는 정확히 기술하고 있지 않다. 다만 바울과 바나바가 구브로의 여러 회당에서 복음을 전파할 당시에 요한이 수행원으로서 그들을 도왔다는 것이다. 이와 같은 모호함이 나타나는 이유는 무엇일까? 헨

299) 그의 업무는 D사본의 수정된 'ὑπηρετοῦντα'에 따라 헨헨은 물질적인 봉사를 했을 것이라고 본다. 헨헨, 앞의 책(1989), 24; 홀메스(B.T. Holmes)는 당시 언어용법을 따라 복음서 문서를 가지고 다녔을 것이라고 주장한다. 헨헨, 앞의 책(1989), 24 재인용.

300) 개역개정역은 "살라미에 이르러 하나님의 말씀을 유대인의 여러 회당에서 전할새 요한을 수행원으로 두었더라", 공동번역은 "그때 요한 마르코도 그들을 따라다니며 일을 도왔다", 표준새번역은 "그들은 요한을 조수로 데리고 있었다"로 번역하고 있다.

헨에 따른다면, 그 이유는 그의 예루살렘으로의 중도 귀환 때문이다.[301] 성령의 보내심을 받아 주의 바른길을 가고 있는 바울과 바나바는 그 길을 막고 있는 바예수와 대결하여 승리함을 보여준다(행 13:10). 하지만 성령의 보내심을 받은 요한이 제멋대로 귀환했다고 설명한다면 보다 심각한 불순종이 되었을 것이고, 그렇다면 바나바도 그를 또 다시 선교여행에 동참시키려는 발상도 하지 못하게 되었을 것이기 때문이라는 것이다.[302]

이와 같이 하나님의 뜻에 순종하느냐, 불순종하느냐 하는 문제는 누가에게 있어서 매우 중요한 일이다. 베드로는 하나님 앞에 올바르게 순종하고자 노력하였고(행 4:19, 5:29), 이방인의 선교에도 결국 순종했다(행 11:17). 바울의 독자적인 선교여행도 늘 하나님의 뜻에 합당하게 순종하는 삶이었다는 사실은 역사가 누가의 매우 중요한 강조점이 된다(행 16:6-10, 18:21, 20:27).

4. 바예수 마술사 엘루마(행 13:6–11)

바예수 마술사 엘루마 이야기는 본 단락의 핵심이다. 먼저 그에 대한 누가의 소개를 따른다면, 그는 유대인 선지자요 마술사(μάγος)[303]이

301) 헨헨, 앞의 책(1989), 32.

302) 헨헨, 앞의 책(1989), 32.

303) G. Delling은 본문에 나타난 'μάγος'를 '초자연적인 지식이나 능력을 가지고 있거나 실행하는 사람'으로 파악한다. G. Delling, μάγος κτλ., in: *ThWNT* IV, 360-363. 하지만 이와 달리 바우어(G. Bauer)는 "마술사(Zauberer),

다.[304] 클라우크(H.J. Klauck)는 바예수에 대해 누가가 여섯 가지로, 즉 " 마술사, 거짓 선지자, 유대인, 적절한 이름(proper name)은 바예수, 총독 서기오 바울과 함께한다. 그리고 엘루마라는 이름을 가진다"[305]고 묘사한다고 요약한다.[306] 그는 아마도 '선지자'라는 표현에 근거하여 볼 때 점성술, 마법의 주문이나 종교적 의식을 통한 주술을 통해 미래에 대해 이야기할 수 있었을 것으로 보인다.[307] 언제부터, 그리고 어떻게 총독부에서 일하게 되었는지 알 수 없지만 현재 그는 총독의 가장 가까운 위치에서 그와 함께하고 있다.[308]

바예수는 '예수의 아들'(υἱός Ἰησοῦ)이라는 의미이지만 10절의 5중적인 부정적 이미지와 합성되면서 이름의 의미와는 정반대인 오히려 '마귀의 자식'(υἱός διαβόλου)으로서 나타난다. 이러한 극단적인 부정적 이미지가 강조되는 이유는 무엇일까? 본 단락에서 그에 대한 부정적

요술사(Gaukler)"로 번역한다.

304) 위더링턴(Ben Witherington)은 3가지로 요약한다: 마술사, 거짓 선지자, 유대인. Ben Witherington III, *Acts* (Grand Rapids, Mich.: Wm. B. Eerdmans, 1998), 396; 디벨리우스(M. Dibelius) 같은 경우 '유대인 바예수' 이야기와 '마술사 엘루마' 이야기가 혼합되었다고 간주한다: M. Dibelis, *Aufsaetze zur Apostelgeschichte*, FRLANT 60 (Göttingen: V&R, 1951), 21.

305) 클라우크(H.J. Klauck)는 바예수가 총독 곁에서 법정 신학자(court theologian), 조언자, 그리고 아마도 점성가로서 일했을 것이라고 짐작한다. H.J. Klauck, "With Paul in Paphos and Lystra", 96.

306) H.J. Klauck, "With Paul in Paphos and Lystra", Neotestamentica 28(1) (1994), 95-97.

307) A.D. Nock, Paul and the Magus, *Beginnings* 5, 180-188. 위더링턴은 그가 공식적인 'comitatus'이거나 '수행원'(entourage)이었을 것으로 생각한다. Ben Witherington III, 앞의 책 (1998), 398.

308) 사도행전 13장 7절은 바예수가 단지 총독 서기오 바울과 '함께 있다'라고만 보도할 뿐이다. "ὃς ἦν σὺν τῷ ἀνθυπάτῳ Σεργίῳ Παύλῳ"

인 이미지가 확대되어 나타나는 것은 먼저, '그들을[=바나바와 바울을] 대적'(ἀνθίστημι)하여, 로마 총독 서기오 바울을 '그들과 떨어지게 하려고'(8절)(διαστρέψαι) 애썼기 때문이다. 여기에 쓰인 διαστρέφω라는 동사는 신약에서 주로 '비틀다', '왜곡시키다', '굽게 하다'의 의미로 사용되는 것을 볼 때 '거짓 선지자'로서의 이미지를 확대하여 부각시키는 것으로 보인다.

그가 시도하는 일은 바울과 바나바가 가고 있는 올바른 길, '주의 곧은 길'에 비틀기를 시도하고 있는 것이다(10절). 이러한 방해를 한 이유는 무엇일까? 자신의 돈벌이 자리를 잃어버릴까봐 그런 것인가?[309] 오히려 누가는 이 단락을 통해서 바예수의 존재와 행위에 초점을 맞추기보다 인간들의 방해에도 불구하고 하나님의 뜻은 실현될 수밖에 없다는 사실을 분명하게 보여주고 있다.

5. 바예수와 바울의 대결(행 13:8–11)

본 단락에서 핵심요소는 바울과 바예수의 대결이다.[310] 누가의 강조점을 파악한다면, 여기에서 중요한 싸움의 승패는 '무엇이 충만한가(πλήρης)'에 달려 있다. 바울은 예수님, 베드로, 스데반과 마찬가지로

---

309) 이승호, 《사도행전》 (서울: 한국장로교출판사, 2008), 176.

310) 사도행전에서의 세 번의 마술사와의 중요한 대결은 본문 외에 시몬 마구스와의 대결(8:18-24), 스게와의 일곱 아들들과의 대결(19:13-14)이며, 세 대결의 공통점은 대적자가 모두 유대인 또는 유대 계통이라는 점이다. Ben Witherington III, 앞의 책(1998), 397.

성령이 충만하였지만[311] 마술사 엘루마는 거짓과 악행이 가득한 자였다(행 13:10):

> 성령 충만한 바울(πλησθεὶς πνεύματος ἁγίου)
> 거짓과 악행이 가득한 마술사 엘루마(πλήρης παντὸς δόλου καὶ πάσης ῥᾳδιουργίας)

이와 같은 성령 충만과 거짓과 악행 충만의 대조는 이미 사탄 충만한 아나니아와 성령 충만한 베드로(행 4:8)가 드러나는 아나니아 삽비라 사건과 비교된다:

> "이에 베드로가 성령이 충만하여 이르되……"(Πέτρος πλησθεὶς πνεύματος ἁγίου)(행 4:8).
> "어찌하여 사탄이 네 마음에 가득하여……"(διὰ τί ἐπλήρωσεν ὁ σατανᾶς τὴν καρδίαν σου) (행 5:3).

결국 바울과 바예수의 대결은 성령과 사탄의 대결로 요약될 수 있다.[312] 예수의 착한 일(εὐεργεσίᾳ)(행 4:9)과 바예수의 거짓(δόλος)(행 13:10)된 행위의 대조, 참된 예수와 거짓 예수의 대조, 또한 헨헨이 주장하

---

311) 행 4:8, 6:10.

312) Cf. N.A. Dahl, Der Erstgeborene Satans und Vater des Teufels (Polykarp 7,1 und Joh 8,44) in: *Apophoreta* (FS E. Haenchen) (Berlin: Topelmann, 1964), 80.

는 바와 같이 그리스도교와 마술 사이의 대조이기도 하다.[313] 결국 아나니아와 삽비라 이야기가 베드로의 성령을 속인 거짓에 대해 승리한 것이라면, 바예수와의 대결 이야기는 참된 선지자(행 13:1) 바울이 거짓 선지자를 이긴 것이라 할 수 있다.

6. 총독 서기오 바울은 누구인가?

사도 바울과 바나바 일행의 첫 번째 선교여행 중 첫 번째 선교 결과를 평가하는 데 있어서 로마 총독 서기오 바울의 정체를 밝혀내는 일은 최우선적으로 해결되어야 할 과제이다. 왜냐하면 그의 정체에 따라 사도행전에서 이방인의 선교가 어디에서부터 실제로 시작되었는지를 가늠할 수 있기 때문이다. 그를 이해하기 위해 본문에 묘사된 사항들을 하나씩 점검해 보자.

가장 먼저 '서기오 바울'이라는 이름에 대해서 살펴보자면, 로마 시민의 이름이 일반적으로 '관례 이름'(praenomen, "이름"), 귀인의 이름(nomen gentilicum, '성(姓)'), '가명'(家名)(cognomen, '별명')의 세 마디로 구성되어 있는 것을 고려한다면,[314] 여기서 언급되는 'paulus'는 관례 이름(praenomen)으로 볼 수 있다.

313) 헨헨, 앞의 책(1989), 34.

314) 라틴어에 따른 번역명은 혼선을 피하기 위해 조광호의 번역을 따랐다. 조광호, 《자신과 세상을 바꾼 사람, 바울》 (서울: 비블리카 아카데미아, 2006), 30-31 참조.

둘째로, 서기오 바울은 실존 인물이었는가[315] 하는 것이다. 역사적 증빙자료를 정확히 제시할 수는 없지만 그는 로마 원로원 통치 지역(Senatorial province)인 구브로를 다스리는 총독(proconsul, ἀνθυπάτος)으로서, 다만 행정만을 담당하였을 것이다. 이러한 총독이라는 직책은 황제 지역(Imperial province)에서 군대를 가지고 치안과 행정을 담당한 빌라도와 같은 총독(propraeter)과는 구별되었다.[316] 그는 칼리굴라 황제 통치(A.D. 37-41) 당시 46-48년경 구브로의 총독(Prokonsul)으로서 재직했을 것이다.[317] 그러므로 실존 인물이었을 가능성이 높다.

셋째로, 그의 종교적 정체성에 대해 학자들은 순수 이방인인가, 아니면 하나님을 경외하는 사람이었는가에 대해서는 여전히 논쟁중이다. 대부분의 학자들은 본문 9절에 언급되는 "바울이라고 하는 사울"에 주목하여 이방 지역에서의 사도로서 등장하는 문맥과 연결시켜 그를 순수 이방인으로 보고자 한다. 예를 들어, 에카이(W. Eckey)는 서기오 바울이 어쨌든 유대 종교의 친구이지만 그의 높은 사회적 지위로 인해 그가 '하나님을 경외하는 자'가 될 수 없다고 주장한다.[318] 그리고 그는 바울이 하나님의 말씀을 선포한 비유대인의 첫 번째라고

315) 자료에 따른다면, 당시 바울, 서기오 또는 바울이란 이름의 로마 관리가 이 섬에 존재했다는 명문(銘文) 증거는 확인되지만 정확히 본문에 나타난 인물과 일치시키는 일에는 대부분의 학자들이 주저하고 있다. C.J. Hemer (ed. C.H. Gempf), *The Book of Acts in its Setting of Hellenistic History* (Tuebingen: J.C.B. Mohr, 1989), 109, 166.

316) L.T. Johnson, *The Acts of Apostles* (Collegeville: The Liturgical Press, 1992), 222.

317) J. Fitzmyer, *The Acts of the Apostles.* (AncB 31) (New York: Doubleday, 1998), 501.

318) W. Eckey, *Die Apostelgeschichte* I (Neukirchen-Vluyn: Neukirchener, 2000), 287.

간주하며, 이와 연관하여 바울의 이름이 유대식 이름 '사울'에서 이방인을 위한 선교를 위해 '바울'로 누가가 사용하기 시작한다고 말한다. 페쉬(R. Pesch)도 같은 맥락에서 이 이야기를 이방인의 사도 바울에 의한 첫 번째 이방인의 회심 이야기로 간주한다.[319)]

하지만 정반대의 입장에서 예르벨(J. Jervell)은 본문의 바울과 바나바의 선교는 유대인 선교, 디아스포라 및 회당선교라고 간주하면서,[320)] 총독 서기오 바울이 하나님을 경외하는 사람일 수밖에 없는 근거를 4가지 제시한다:[321)] 첫째, 사도행전 10장 35절에서 보여주는 바와 같이 비유대인에 대한 선교는 계획적으로(programmatisch) 하나님을 경외하는 자에 대한 선교의 범주 안에서 이해되어야 한다. 둘째, 13장 7절에서의 서기오 바울의 특성(charakterisierung)도 이러한 방향으로 규정하였고, 셋째, 7절에서 '하나님의 말씀'을 듣겠다는 그의 요구를 가지게 되며, 넷째, 한 유대인 선지자가 그의 집무실(hof)에 고용되었기 때문이다. 아울러 본 단락은 이방인 서기오 바울의 회심을 다루는 것이 아니라 유대교의 방해에도 불구하고 그리스도교가 승리하며 전파되는 것이 핵심내용이기 때문이다.

이제 누가는 그를 어떻게 소개하고 있는지 살펴보자. 그에 대한 누가의 묘사는 3가지로 다난다. 첫째, '지혜 있는 사람'(ἀνδρὶ συνετῷ, 행

319) R. Pesch, *Die Apostelgeschichte* II (EKK 5) (Zürich u.a.: Benziger Verlag, 1986), 25.

320) J. Jervell, *Die Apostelgeschichte* (KEK 3) (Göttingen: V&R, [17]1998), 348. 그는 비록 누가가 그를 직접적으로 하나님을 경외하는 사람으로 소개하지 않고 있다는 점은 인정하지만, 다른 가능성은 없다고 단적으로 말한다.

321) J. Jervell, 앞의 책(1998), 348.

13:7)이고, 둘째, 바울에 의해 마술사 엘루마가 맹인이 된 것을 믿었고(ἐπίστευσεν, 행 13:12), 셋째, 주의 가르치심을 놀랍게 여겼다(ἐκπλησσόμενος 행 13:12)는 것이다. 가장 먼저 언급되는 '지혜 있는 사람'이라는 표현은 6절의 '마술사'(ἄνηρ μάγος)의 대칭어로 이해될 수 있으며,[322] 누가복음 10장 21절에서의 'σοφός'와 병행으로 보아야 할 것이다. 또한 누가복음 2장 47절에서도 'σύνεσις'의 용례를 찾아볼 수 있다.

본문의 맥락 가운데서는 마술사 바예수의 적극적인 방해에도 불구하고 바나바와 바울을 불러 하나님의 말씀을 듣고자 하였던 그의 행위를 그렇게 묘사하고 있다. 왜 그는 하나님의 말씀에 귀를 기울이고자 했을까? 이미 10장 1절에서 11장 18절까지 고넬료의 회심 이야기를 다루면서, 베드로의 반대에도 불구하고 하나님의 의지에 의해 고넬료는 이방인으로서 생명 얻는 회개, 즉 구원을 받게 되는 일이 이미 확정지어졌다.

이러한 맥락에서 다만 더 높은 관직에 있는 총독 서기오 바울은 순수 이방인이라고 해야 할지,[323] 아니면 '하나님의 말씀을 듣고자' 하는 유대교에 관심을 가지고 있던 '하나님을 경외하는 자'에 속한 것인지는 분명하지 않다. 순수 이방인이라고 보기에는 '하나님 말씀'에 관심을 기울이는 것과 굳이 유대인 선지자를 곁에 두는 것이 어색하게 보인다. 하지만 분명한 사실은 그가 유대교에 대해 호감을 가지고 있었다는 사실이고, 그의 이러한 정체성에 대해 분명히 언급하지 못

---

322) G. Schneider, *Die Apostelgeschichte* (HThK V/2) (Freiburg/Basel/Wien: Verlag Herder, 1982), 21. 각주 28.

323) 예를 들어 헨헨은 그를 순수 이방인이라고 간주한다. 헨헨, 앞의 책(1998).

하는 것은 그의 회심이 고넬료만큼 분명하지도 않고, 주변 사람들에게 끼친 영향도 미미하였기 때문일 것이다.

고넬료는 이미 유대교에 깊이 빠져 있었고, 또한 유대인 백성들까지도 구제하였던 사람이었지만 서기오 바울은 아직 그 정도에 미치지 못했을 가능성이 높다. 둘째로, 언급된 12절의 '믿었다'(ἐπίστευσεν)는 표현은 '그리스도인이 되었다'로 이해하기는 쉽지 않다. 왜냐하면 앞에서 언급한 바와 같이 고넬료나 대부분의 그리스도인들이 되었을 때 나타나는 후속적인 조치나 행위, 즉 세례나 성령 강림, 혹은 그에 상응하는 결과가 나타나지 않기 때문이다. 셋째로, 본문 12절에서의 '주의 가르치심에 놀랐다'(ἐκπλησσόμενος)는 현재분사형으로서 '믿었다'(ἐπίστευσεν)와 동시에 나타나는 반응이지만, 누가복음의 용례를[324] 살펴볼 때, 그리스도인이 되었다는 의미로만 해석할 수는 없다.

7. 이방인 선교인가, 유대인 선교인가?

본 단락은 바울에 의한 최초의 이방인 선교 이야기인가, 아니면 유대인 선교인가? 이 질문의 정확한 납변을 위해서는 가상 먼저 구브로 선교에서 유일하게 얻게 된 결과, 즉 '총독 서기오 바울이 믿게 되었다'라는 결과와 연결지어 볼 때, '그가 과연 이방인인가?'라는 문제에 먼저 대답해야만 한다. '로마 총독이 이방인인가?'라는 어쩌면 어리석

324) 눅 2:48, 4:32, 9:43.

은 질문이 나오게 되는 배경에는 그가 사도행전 10장에서 등장하는 고넬료와 같은 '하나님을 경외하는 자'인지 아닌지에 대한 물음이 기저에 깔려 있기 때문이다.

바나바와 바울은 어떻게 구브로에 오게 되었을까? 바울의 마음은 제2차와 3차 전도여행에서의 그의 행선지에서도 드러나듯이 최우선적으로 에베소와 같은 '대도시'를 향해 달려가는 것이었다. 하지만 이곳 구브로는 전적으로 바나바의 의견이 반영된 듯하다. 바나바의 고향이자 아마도 마가 요한의 고향이기 때문일 것이다.

누구에게 전도했을까? 사도행전 13장 4-12절에서의 바나바와 바울, 그리고 조력자 요한에 의한 선교는 5절에서 보여주듯이 살라미에서 '유대인의 회당들(!)'을 돌며 주로 유대인들에게 집중하여 선교하였지만,[325] 결과적으로는 총독이 믿게 되었고, 또한 주의 가르치심에 놀라게 되었다. 물론 총독이 '믿었다'라는 표현으로 그리스도인이 되었다는 의미로 확정지을 수는 없을 것이다.[326] 이미 위에서 언급한 바와 같이 만약 그가 진실로 그리스도인이 되었더라면, 적어도 가정교회가 세워져야 하지 않겠는가?[327] 세례를 받든지,[328] 아니면 방언을

---

325) 필로와 요세푸스 등은 구브로에 유대인들이 많이 살고 있었을 것으로 간주한다. Cf. Philo, *LegGai*, 282; Jos., *Ant* XIII 10,4; G. Schneider, 앞의 책(1982), 120; A. Weiser, *Die Apostelgeschichte* (ÖTK V/1-2) (Gütersloh/W rzburg: Verlaghaus Gerd Mohn, 1985), 178.

326) D사본에서는 'τῷ θεῷ'를 추가적으로 기입하고 있다.

327) 헨헨, 앞의 책(1989), 34.

328) '믿음과 세례'가 연결되어 나타난 경우는 가장 먼저 최초의 교인들(행 2:41), 사마리아 백성들(행 8:12), 회당장 그리스보(행 18:8), 빌립보의 루디아(행 16:14-15), 빌립보의 간수(행 16:33) 등을 들 수 있다. 바레트(C.K. Barrett)는 그가 세례를

하든지, 성령이 내리시든지[329] 하는 앞에서의 회심한 자들과 같은 외형적인 표식이 나타나지 않음은 우리를 당혹하게 하고 있다. 그러므로 바울에 의한 최초의 공식적 이방인 선교라고 단정 짓기에는 누가의 표현이 너무나 모호하게 보인다.[330] 하지만 분명한 사실은 유대인 마술사의 적극적인 반대에도 불구하고 결과적으로 바울에 의해 로마의 고위 관리가 그리스도교에 대해 긍정적인 평가를 하게 되었다는 사실은 확실하다.[331] 그리고 결과적으로 로마 총독 서기오 바울이 '그리스도인이 되었다'라는 사실은 여러 가지 면에서 부족한 면이 많이 남아 있어 바울에 의한 첫 번째 이방인 전도의 성과라는 사실을 강조하기에는 주저하게 만든다.[332]

본 단락은 이방인 선교에 대한 이야기가 아니라 오히려 유대인 선교라고 말할 수 있다. 그 근거를 들자면, 가장 먼저 구브로를 선택하게 된 동기를 들 수 있다. 이미 11장 19-20절에 따른다면, 스데반의 박

받지 않았으므로 회심하지 않았다고 간주하고 있다. C.K. Barrett, *The Acts of the Apostles*. II (ICC) (Edinburgh: T&T Clark, 1998), 619.

329) '믿었다'는 외적이고 공적인 표식으로서의 성령 강림은 고넬료(행 10:44), 루디아(행 16:15), 회당장 그리스보(행 18:8) 등에서 나타난다.

330) 이달, 《사도행전》 (서울: 한국장로교출판사, 2013), 196: 이달은 성전 미문에서 고침 받은 사람을 보고 모든 사람들이 놀랍게 여겼지만(3:10) 회심했다고 보기 어렵고, 마술사 시몬이 믿고 세례를 받으며 표적과 능력을 보며 놀랐다고 했으나(8:13) 회심했다고 보기 어렵기에 본 단락에서의 서기오 바울의 경우도 자료의 부족으로 인해 명확한 결론을 내리기를 주저한다. 다만 서기오 바울이 믿었다고 보도하는 것은 높은 지위에 있는 사람이 기독교에 관심을 가졌다는 인상을 남기기 위함이라고 말한다(일차적으로 수신자인 데오빌로에게).

331) 사도행전의 호교론적 동기를 잘 드러내 주는 본문이다. 유상현, 앞의 책(2002), 57.

332) C.K. Barrett, 앞의 책(1998), 619 참조. 위더링턴(Ben Witherington)도 같은 결론에 이른다. Ben Witherington III, 앞의 책(1998), 396-97.

해로 인해 이미 유대 그리스도인들이 구브로에서 말씀을 '유대인에게만' 전하였고, 구브로 출신의 사람들이 안디옥에서 헬라인에게 예수를 전파했다고 언급하고 있다. 대도시 중심의 선교를 펼치고자 하는 바울 자신의 선교원칙에도 불구하고,[333] 이곳은 정황상 복음 전파의 긴박성이 없는 것이다. 또한 바울은 복음이 전파된 곳에는 되도록 지양하고자 하는 원칙도 가지고 있었다(롬 15:20). 그러므로 앞에서 살펴본 바와 같이 구브로로 향한 것은 구브로에 있는 이방인보다는 오히려 유대인을 염두에 두고 진행되었을 가능성이 높다.

둘째로, 본 단락이 유대인 선교 이야기라는 사실은 그들이 회당에 들어갔기 때문이다.[334] 바울과 일행은 살라미에서 바보로 구브로를 횡단하여 갈 때에, 하나님의 말씀을 회당에서 두루 전하였다. 이어지는 비시디아 안디옥에서도 안식일에 회당에 들어갔고, 또한 그가 행한 설교의 주된 청중도 '이스라엘 사람들과 하나님을 경외하는 사람들'이었다. 바울의 비시디아 안디옥에서의 설교의 반응에서도 "유대인과 유대교에 입교한 경건한 사람들"(행 13:43)이 믿게 되었다고 전하고 있음을 확인할 수 있다. 이와 같은 바울의 이방 선교지에서의 우선적인 유대인 회당 방문은 특별한 경우를 제외하고는 매우 일상적이

333) 이승호는 바울과 바나바가 대도시 중심의 선교를 하게 된 배경은 첫째, 바나바와 바울이 도시 출신이며, 둘째, 인구가 집중되어 있는 도시들을 대상으로 할 때 파급효과가 크기 때문일 것이라고 추측한다. 이승호, 앞의 책(2008), 174.

334) 그가 회당에 들어갔다는 표현은 사도행전에서 규칙적이고 반복적으로 언급된다. Cf. 다메섹(행 9:20), 비시디아 안디옥(행 13:14), 이고니온(14:1), 빌립보(16:13), 데살로니가(17:1-2), 베뢰아(17:10), 아덴(17:17), 에베소(18:19, 19:8) 등.

고 반복적으로 나타난다.[335)]

셋째로, 서기오 바울은 '하나님의 말씀을 듣고자' 하였기 때문이다. 예르벨이 언급한 것처럼 '하나님의 말씀'이라는 표현은 늘 '회당'과 관련되어 나타났고,[336)] 이와 연관 지어 볼 때 그 배경은 회당과 관련되었을 가능성이 높기 때문이다.

넷째로, "이방인에게로 향하노라"(행 13:46)라는 바울의 언급은 실제로 13장 46절 이후에 나타나기 때문이다.[337)] 실제적인 이방인 선교는 13장 44절 이후, 즉 '온 시민'이 하나님의 말씀을 듣고자 하여 모임에 따라 시작되게 된다. 이때부터 이방인과 유대인의 구분이 분명해지며, 바울도 "이방인에게로 향하노라"라고 이방인 선교를 천명하게 되는 것이다. 사도행전 내에서 바울에 의한 최초의 이방인 청중들은 바로 비시디아 안디옥의 시민들이었다(행 13:48). 이어지는 이고니온에서도 유대인의 회당에 들어가지만 '유대와 헬라'의 허다한 무리라고 언급함으로써 '헬라', 즉 이방인을 구분하여 이방인의 선교를 명확히 언급하고 있는 것이다. 이처럼 13장 46절 이후에 누가는 명확히 유대인들과 이방인들을 구분하여 이방인 선교가 구체적으로 어떻게 이루어지고 있는지를 설명하고 있는 것이다.

335) 행 13:14; 14:1; 17:1-2.10.17; 18:4.19.26; 19:8. 빌립보에서는 회당이 존재하지 않자 대신 유대인 (여인들)의 기도처를 찾고 있는 바울의 모습을 보여준다.

336) 행 13:5, 44, 46-48, 17:13 등.

337) 조광호는 이러한 표현이 13장 46절 외에 18장 6절과 28장 28절 등 사도행전의 후반부에서, 심지어 사도행전의 맨 마지막 장에 언급되는 이유는 이방선교의 정당성과 필연성을 부각하기 위함이라고 주장한다. 조광호, "이방인 선교의 관점에서 본 사도행전의 주요 주제들-사도행전의 저술목적을 파악하기 위한 하나의 시도", 〈신약논단〉 2013/봄호, 155.

위와 같은 근거들로 볼 때, 본 단락은 이방인의 선교 이야기라기보다는 오히려 하나님을 경외하는 사람, 즉 큰 틀에서 볼 때 유대인에 대한 선교 이야기 범주에 속한다고 간주할 수 있다.[338)]

8. **바울이라고 하는 사울**(행 13:9)

사도행전 13장 9절에서 누가는 지금까지 사용해 오던 유대식 이름 '사울'(Σαούλ 헬라어로는 Σαῦλος) 대신 바울 서신과 마찬가지로 라틴식 이름 '바울'(Παῦλος, 라틴어 Paullus)이라는 이름을 사용한다. '바울'이라는 이름은 별명(alias)[339)]인가, 아니면 본래부터 가지고 있던 이름인가? 주석가들은 대부분 '바울'이라는 이름이 사울의 'cognomen'이라는 입장에 큰 이의를 달지 않고 있다.[340)] 그리고 주석적으로 문제가 될 수 있는 'ὁ καὶ'도 'ὁ καλούμενος'로 이해하고 있지만,[341)] 오히려 'ὁ καὶ'를 강조용법으로 간주하여 '그 역시 바울'로 해석하는 것이 적절하게

338) 사도행전의 저자 누가는 고넬료와 같은 하나님을 경외하는 사람들은 유대인 선교의 맥락에 포함시킨다. 예를 들어 비시디아 안디옥에서의 설교의 청중은 '이스라엘 사람들과 하나님을 경외하는 사람들'로 나타나며, 설교의 핵심 내용은 이스라엘 사람들과 하나님을 경외하는 사람들이 함께 들을 수 있는 내용들이다.

339) H. Conzelmann, *Die Apostelgeschichte* (HNT 7) (Tübingen: Paul Siebeck, [2]1972), 74.

340) A. Weiser, 앞의 책(1985), 179; W. Eckey, 앞의 책(2000), 288; J. Roloff, *Die Apostelgeschichte* (NTD 5) (Göttingen: V&R, [18]1988), 199; J. Fitzmyer, 앞의 책(1998), 502; D.G. Peterson, *The Acts of the Apostles* (Grand Rapids: Apollos, 2009), 381 등.

341) BDR § 268.1, n.4.

보인다.[342] 그렇다면 동명이인인 로마 시민권자 두 사람을 동시에 소개하고 있는 것이 된다. 둘 다 로마 시민권자이며, 둘 다 같은 이름을 가졌고, 같은 하나님의 말씀에 대한 열정을 가진 사람들이다. 한 사람은 하나님의 말씀을 선포하는 입장이고, 한 사람은 하나님의 바예수의 방해에도 불구하고 그 말씀을 듣고자 하는 사람이다.

이미 오래전에 제롬이 설명한 바와 같이 사울이 서기오 바울이라는 이름으로부터 채용되었을 것으로(빌려왔을 것으로) 제안하지만,[343] 대부분의 학자들은 바울이 이러한 입장을 취하게 된 이유를 선교대상의 변화 때문이라고 설명하고 있다.[344] 대표적으로 람세이(Ramsay)는 두 이름이 동시에 언급되는 이유는 바울이 어떤 청중을 향하고 있느냐, 그리고 그가 어느 지역을 방문하느냐에 달려 있다고 생각한다.[345] 그의 선교여행이 이방 환경의 비유대적 대상으로 바뀜에 따라 이름도 바뀌어서 나왔다는 것이다. 레이먼드(R.L. Raymond)는 이 시점부터 회당이라는 틀을 벗어나 직접 이방인에게 나아갈 자세를 갖추게 되었다고 말한다.[346]

박수암은 '바울'이라는 이름이 유독 이 지점에서 나오는 이유에 대한 학자들의 견해를 다음과 같이 요약한다. 첫째, 이 이름은 이때 지

342) 예를 들어, D.G. Peterson, 앞의 책(2009), 381; NASB는 "who was also known as Paul"로 번역하여 그 의미를 한층 더 강화하고 있음을 확인할 수 있다.

343) 피츠마이어(J. Fitzmyer)는 제롬의 이러한 생각을 공상적(fanciful)이라고 평가한다. J. Fitzmyer, 앞의 책(1998), 499.

344) 이승호, 앞의 책(2008), 176.

345) Ramsay, *St. Paul the Traveller*, 81; C.K. Barrett, 앞의 책(1998), 616.

346) R.L. Raymond, 원광연 역, 《바울의 생애와 신학》 (서울: 크리스찬다이제스트, 2005), 157.

어진 것이고, 총독 서기오 바울의 회개와 관련이 있다(Bengel, Olshausen, Meyer, Conzelmann). 둘째, 이 이름은 원래부터 사울에게 있었던 것인데, 이때(총독의 회개)부터 나타내는 것이 좋다고 판단했다(Zahn, Lightfoot, Ramsay, Knowling, Vincent). 셋째, 이 시점부터 바울은 이방지역에서 주도적인 사역을 하기 때문에 바울의 이름을 사용하였다(Walker, Haenchen, Marshall, Witherington).[347] 박수암은 이때부터 바나바를 능가하여 주도적인 역할을 하므로 세 번째 견해에 찬성하고 있다.[348]

벤 위더링턴(Ben Witherington)은 위의 세 가지 부류의 견해 외에 "헬라어 사울로스는 마치 창녀처럼 성적(性的)으로 유혹하는 식의 삶을 사는 사람에게 사용되는 이름이었다"[349]라고 그 이름의 의미에 무게를 두고 설명하고 있다. 사울이라는 이름을 헬라-로마적 배경에서는 결코 사용할 수 없기 때문이다.

'사울'에서 '바울'로 변화된 이름이 사용된 것과 주도권의 변화에 대한 가장 보편적인 해결책으로 여겨진 '선교 대상의 변화'라는 의견은 다음과 같은 문제점을 가지고 있다. 즉, 현재 문제가 되고 있는 상황은 총독 서기오 바울의 하나님의 말씀을 듣고자 하는 열의에 대한 방해이다. 다시 말하자면 바울이라는 이름은 거짓 선지자인 유대인과의 대결 상황에서 처음 등장하였다는 점이고, 또 한 가지는 이어지는 비시디아 안디옥에서의 사역도 이방인 우선이 아니라 여전히 '회

347) 박수암, 《사도행전》(서울: 대한기독교서회, 2006), 233.

348) 앞의 책 (2006), 233.

349) Ben Witherington III, *The Paul Quest* (Downers Grove: Inter Varsity press, 1998), 72. 그리고 T.J. Leary, 'Paul's Improper Name' in *New Testament Studies* 38 (1992), 467-469 참조.

당'에서 유대인과 하나님을 경외하는 사람들을 향해 설교하고 있다는 점이다. 비록 총독 서기오 바울이 순수 이방인으로 보인다고 할지라도 그는 분명 하나님의 말씀을 듣고자 하는 관심과 열의가 있는 유대교 주변에 있는 사람일 것이다.

또 한 가지 중요한 문제는, 13장 9절에서 로마식 이름, 바울이 등장함과 동시에 그의 선교사역의 큰 변화는 선교사 바울과 바나바 사이에 있어서 서열 변화가 나타나고 있다는 점이다.[350] 즉 바울이 전면에 나서며, 바울이라는 이름이 바나바보다 우선적으로 언급될 뿐만 아니라 앞으로도 이러한 경향이 계속된다는 것이다. 이와 같은 서열의 변화는 무엇을 의미하는가? 이제는 바울이 주도적 역할을 해야 함이 정당하다는 것을 공식적으로 보여주고 있다. 바울은 거짓 선지자 바예수와의 대결에서 승리함으로써 예수와 베드로에 이어 참 선지자로서의 면모를 갖추고 있음을 명확히 드러내 주었기 때문이다.

베드로의 역할은 12장 17절에서 '다른 곳으로' 간 후 그 자취를 찾아볼 수 없다가 다시 15장의 예루살렘 회의에서 나타나지만 그때에는 의장이 아닌 한 개인의 자격으로만 등장한다. 누가에게 있어서 베드로도, 바나바도 이제 바울에게 모든 주도권을 넘겨주어야 하며, 그것은 또한 부활하신 주님의 뜻이기 때문이다(행 9, 22, 26장).

---

350) 명단에서 활동 정도에 따라 앞쪽에 위치시키는 것은 누가의 일관된 방침으로 보인다. ex. 눅 6:14-16; 행 1:13, 6:5.

9. 하나님 중심적 신학(Theozentrische Theologie)[351]으로 바라보기

본문을 하나님 중심적 신학으로 바라볼 때,[352] 바울과 바나바가 가고 있는 '주의 바른 길'(ἡ ὁδοὺς [του] κυρίου ἡ εὐθεία, 행 13:10)은 바예수의 방해에도 불구하고 뻗어나갈 수밖에 없다. 본문에서 거짓 선지자 바예수는 '바르고 곧은(ἡ εὐθεία) 길'에 '비틀기'(διαστρέφω)를 시도하지만 사도 바울은 여전히 '곧은 길'(호 14:10)을 제시하고, 그 길대로 나아가고 있다. 주의 바른길은 '성령의 보내심'(13:4)을 받은 주의 뜻대로 가는 길이다. 여기에서 중요한 점은 주님, 즉 하나님의 뜻은 결코 막을 수 없다는 사실이다. 사도행전에 나타난 그리스도인들은 모두 하나님의 뜻을 알기 위해 '기도'하며,[353] 또한 그 뜻을 막을 수 없음을 가말리엘

---

351) 정창교, "헤롯 아그립바 I세의 죽음의 문학적 기능과 신학적 의미"(행 12:20-23), 〈신학과 문화〉 (대전: 대전신학대학교 출판부, 2011), 82-83; 정창교, "사도행전에서의 부활 관련 구약 인용", 〈신약논단〉 (2012년 겨울) 19권 제4호, 721-75; 정창교, "에디오피아 내시 이야기에 나타난 그의 정체성과 하나님의 주도적 장벽 허물기", 〈신약논단〉 (2013년 가을) 20권 제3호, 721-750. 특히 733-736.

352) 누가의 하나님 중심적 신학은 3가지 면에서 나타난다. 가장 먼저, 이스라엘 역사에서 주어를 '하나님'으로 강조하여 하나님이 역사를 이끄셨다는 사실을 강조한다는 점이다. 둘째, '인도신학'(引導神學)으로서 결정적인 순간에 하나님이 개입하셔서 자신의 뜻을 명확히 밝히시고, 또한 그 뜻대로 이루신다는 것이다. 셋째, '신의현현'(神意顯現)의 신학으로서, 기도와 환상을 통해 드러난 하나님의 뜻은 인간들에게 계시될 뿐만 아니라 인간의 반대와 몰이해에도 불구하고 상황을 초월하여 실현될 수밖에 없다는 사실이다. 정창교, "사도행전에서의 부활 관련 구약 인용", 〈신약논단〉 (2012년 겨울) 19권 제 4호, 1141-72. 특히 1163-65.

353) 맛디아 선출 이야기(행 1:15-26)에서 두 가지 하나님의 뜻을 알기 위한 노력을

을 통해 전달한다.[354] 특히 고넬료 회심 사건에서 보여주듯이 특히 선교에 있어서 인간의 방해에도 불구하고 이루어질 수밖에 없다.[355] "주의 뜻대로 이루어지이다"(행 21:14)라는 언급은 그가 기술하고 있는 초대교회의 역사관을 잘 드러내 주고 있다.

10. 요약적 결론과 신학적 의미

위에서 살펴본 바와 같이 바울과 바나바의 구브로 사역(행 13:4-12)은 이방 지역으로 나가기 위한 전(前) 단계로서 아직 유대인의 선교에 머물고 있고, 바울도 아직 '유대인의 선교사'로서 남아 있음을 확인할 수 있었다. 비록 로마 총독 서기오 바울이 '믿고', '놀랐다'는 반응을 보이고는 있지만 세례나 성령의 강림이나 가정교회의 설립과 같은 그리스도인의 회심에 수반되는 현상들이 나타나지 않으므로 명확히 그가 회심하였다고 보기 어렵다. 오히려 그는 이미 하나님의 말씀을 들으려는 적극적 자세를 가지고 있었고(행 13:7), 또한 유대인 선지자를 가까이 두고 있는 것으로 보아 '하나님을 경외하는 자'일 가능성이 높음을 확인하였다. 다만, 누가가 그를 고넬료와 같이 '하나님을 경외하

하고 있는데, 하나는 베드로의 기도(1:24)이고, 또 하나는 제비뽑기(1:26)이다.

354) 가말리엘의 연설(행 5:34-39)의 핵심은 하나님의 뜻은 결코 인간이 막을 수 없다는 사실이며, 이에 대한 순종만이 올바른 선택이라는 것이다.

355) 사도행전 16장 6-10절의 사건은 인간의 계획을 초월한 하나님의 뜻이 '환상'을 통해 드러나고, 그 계획은 또한 이루어질 수밖에 없음을 보여주는 중요한 사건이 되었다.

는 자'라는 언급을 명백히 하지 못하는 이유는 고넬료와 같은 가시적인 공적이나 성과가 없었거나 미미했기 때문일 것이다.

사도 바울이 아직 유대인 선교에 머물고 있는 또 다른 증거는 구브로에서 시작된 회당에서의 설교 패턴은 이어지는 비시디아 안디옥에서도 나타나고 있어서, 그가 여전히 디아스포라 유대인을 향한 전도에 머물고 있음을 보여준다고 말할 수 있다. 정작 이방인을 향한 바울의 선교는 "이방인에게로 향하노라"(행 13:46)는 선포 이후에 시작됨을 확인할 수 있다. 왜냐하면 그 후에야 비로소 '이방인들'이 유대인들과 하나님을 경외하는 자들로부터 구분되어 복음 선포의 대상으로 언급되고 있기 때문이다.

또한 본문의 핵심적인 메시지는 하나님 중심적 신학의 입장에서 바라볼 때, 주의 바른길(ἡ ὁδοὺς [του] κυρίου ἡ εὐθεία)은 거짓 선지자 바예수의 '비틀기'(διαστρέφω) 방해에도 불구하고 계속하여 뻗어갈 수밖에 없다는 것이다. 그 바른길은 하나님에 의해(=성령에 의해) 보여진 길이요, 가야만 하는 길이기 때문이다. 거짓 선지자 바예수와의 대결에서 승리함으로써 예수님과 베드로와 같은 참 선지자로 인정받은 성령 충만한 바울은 이제 선교의 최전선에 설 수 있음이 로마 총독 서기오 바울 앞에 입증되었고, 특히 이 시점에서 같은 하나님의 말씀에 대한 열정[356)]을 가진 두 로마 시민권자, 두 바울에 의해 드러나게 되었다.

356) 한 사람은 선포하기, 한 사람은 듣기.

8장

유럽으로 향하는 발걸음
(사도행전 16장 6-10절의 주석적 연구)

1. 서론

사도행전의 저자인 누가는 역사가와 신학자로서 누가복음과 사도행전을 기술하였다.[357] 누가복음과 사도행전에는 누가의 역사가로서의 면모가 곳곳마다 드러나게 되는데, 예를 들어 바울의 1-3차 전도여행은 바울 자신의 예수 믿기 이전과 같은 인간적인 열정으로만 이루어지는 역사가 아니라 하나님의 역사, 그리고 성령의 역사임을 강조함을 볼 수 있다.[358] 즉 누가의 성령 중심의 관점이다.[359] 바

357) Cf. I.H. Marshall, *Luke: Historian and Theologian* (Exter: Paternoster), 1988.

358) 가장 먼저 성령에 의해 부름 받고, 성령에 의해 파송 받음을 직접 언급하고 있다. 행 13:2, 4, 16:6f., 20:22f., 21:4, 11. 그리고 성령은 사도행전 내에서 '교회의 진로'나 '선교의 방향'을 지시하고 있다(8:29, 10:19, 11:28, 13:2, 15:28, 20:23, 21:4, 11). Cf. 마크 A. 포웰, 이운연 역, 《사도행전 신학》 (서울: 기독교문서선교회, 2000), 93.

359) 많은 학자들은 이러한 사도행전 내에서의 성령의 역할이 중요함을 지적한다. "사도행전은 성령의 복음이다"(Arnold Ehrhardt), "성령이 누가의 사상에서 핵심이다"(W.B. Tatum), "성령이 누가의 사상에서 중심을 이루고 있다"(J.

울의 1-3차 전도여행에서 누가는 바울 서신과는 달리 바울이 늘 '성령에 매여' 움직이는 모습을 나타낸다.[360] 누가는 이방 선교에 있어서 중요한 순간마다 내레이터로 등장하여 성령의 주도적인 역할을 강조하는 것이다. 오늘 본문은 그러한 누가의 역사가이자 신학자로서의 강조점을 분명히 드러내 주고 있으며, 성령께서 어떻게 전도여행의 일정 가운데 간섭하시며 바울과 그의 동역자들을 이끌어 가시는지를 보여주는 좋은 예이다. 동시에 이 본문은 아래의 요소를 가지고 있기에 사도행전의 신학적 사상과 내레이터로서의 누가의 역할을 이해하는 데 중요한 기능을 한다. 그러므로 이 본문은 누가의 신학적인 사상을 엿볼 수 있는 중요한 단락이다.[361]

먼저 이 본문이 가지고 있는 중요성은 다음과 같다.

① 바울의 전도여행이 처음으로 성령에 의해 그 궤도가 수정되고 있다는 점.

② '환상' 모티브를 통하여 하나님의 뜻이 이루어짐을 보여준다는 점.

③ 소위 '우리 문서'라 불리는 단락이 시작된다는 점.

Fitzmyer), "성령이 누가 문서의 중요한 특징이다/ 두 부분을 연결시키는 실마리/ 성령의 활동이 그의 문서의 본질적인 주제이다"(G.W. Lampe), "성령이 '누가 저작의 중심사상 가운데 하나'이다"(F. Bovon). Cf. 마크 A. 포웰, 《사도행전 신학》, 86-96.

360) 행 21:20.

361) Cf. C. Breytenbach, "Probable reasons for Paul's unfruitful Missionary attempts in Asia Minor", in: C. Breytenbach u. J. Schröter(hrsg.), *Apostelgeschichte und die hellenistische Geschichtsscheibung: FS für Eckhard Plümacher zu seinem 65. Geburtstag* (Leiden: Brill, 2004), 157-169.

이 세 가지 중요한 문제들을 인식하면서 본문의 의미를 주석적으로 연구해 보고자 한다.

2. 본문의 사역

> [6]그들은 아시아에서 말씀 전하는 것이 성령에 의해 거부되고 나서
> 브루기아와 갈라디아 지방으로 지나갔다. [7]그리고 그들은 무시아
> 근처에 왔을 때 비두니아로 가고자 시도하였지만 예수의 영이 그것
> 을 허락하지 않으셨다. [8]그래서 그들은 무시아를 통과하여 드로아
> 에 도착하였다. [9]밤에 환상이 바울에게 보였다. 마게도냐 사람 하나
> 가 그에게 청하여 이르기를, "마게도냐로 건너와서 우리를 도우라."
> [10]그가(바울이) 환상을 보고 나서 마게도냐로 가려고 애썼다. 왜냐하
> 면 하나님이 우리를 그들에게 복음 전하기 위해 부르신 것으로 결론
> 지었기 때문이다.

3. 본문의 위치와 짜임새

사도행전 16장 6-10절의 본문은 제2차 전도여행의 중요한 기로에 놓여 있는 바울과 실라와 디모데를 보여준다. 사도행전 15장의 예루살렘 사도회의를 성공적으로 마치고 나서 1차 전도여행의 주역인 바울과 바나바는 마가라 하는 요한의 동행 문제로 서로 심히 다툰 후, 바

나바는 자신의 조카인 마가를 택하여 고향인 구브로로 떠난다. 그리고 바울은 실라를 택하여 수리아와 길리기아 지역 등을 다니며 1차 전도여행지를 재차 방문하는 것으로 2차 전도여행을 시작한다. 바나바는 조카 마가 요한과 함께 수로를 통하여 1차 전도여행지였던 자신의 고향 구브로로 향하지만 바울은 육로를 통하여 수리아 위쪽, 즉 자신의 고향이 있는 곳인 길리기아 지방을 거쳐 간다.[362)]

그리고 바울은 그의 동역자들과 함께 아시아, 즉 에베소로 향하려고 계획하였다. 그러나 성령의 막음으로 좌절되고 있다. 또 한 번 무시아 앞에서 비두니아로 향하려던 계획도 같은 방해를 받게 된다.[363)] 성령의 막음으로 아시아와 비두니아행이 좌절되고 나서 유럽인 마게도냐로 방향을 바꾸어 2차 전도여행을 계속하게 된다. 이러한 성령에 의한 두 번의 거절과 한 번의 마게도냐 환상을 통한 하나님의 방향 지시로 여행의 목적지가 전격적으로 수정됨을 볼 수 있다. 이어서 환상을 통한 하나님의 분명한 뜻을 인식한 바울과 그 일행은 거침없이 마게도냐로 향하여 제2차 전도여행의 나머지 일정에 임한다. 간단하게 본문의 구조를 살펴보면 다음과 같다.[364)]

---

362) 바울이 고향인 다소에 들렀는지에 대해서 누가는 명확하게 언급하고 있지 않다. 하지만 바울이 다메섹 도상에서 부활하신 예수님을 만난 후 일정 기간 동안 고향인 다소에 있었다는 언급은 그 가능성을 열어 두게 한다. Cf. 행 11:30.

363) Cf. H. Conzelmann, *Die Apostelgeschichte* (HNT 7) (Tübingen, [2]1972), 89. 바울이 가고자 하는 방향, 즉 왼쪽(에베소), 오른쪽(비두니아) 모두 가로막히게 된 것이다.

364) Cf. E. Haenchen, *Die Apostelgeschichte (KEK III[16])* (Göttingen, [7]1977), 423-424; R. Pesch, *Die Apostelgeschichte II (EKK V/1-2)* (Zürich/NeukirchenVluyn, 1986), 100; Zmijewski, *Die Apostelgeschichte (RNT 5)* (Regensburg, 1994), 591; G. Lüdedemann은 6-8절과 9-10절로 구분한다. Cf. G. Lüdemann, *Das frühe*

A　16:6-7　두 번의 성령의 거부

16:6a　첫 번째 성령의 거부 - 아시아에서의 복음 전파 거절

16:6b　브루기아와 갈라디아 지방으로 다녀감

16:7　두 번째 예수의 영(=성령)의 불허락 - 비두니아에서의 복음 전파 거절

B.　16:8-10　환상과 전도여행 궤도 수정

a. 환상의 내용 - 마게도냐 사람의 도움 요청

b. 환상의 반응 - 하나님의 뜻으로 수용/ 마게도냐로 갈 것을 결정

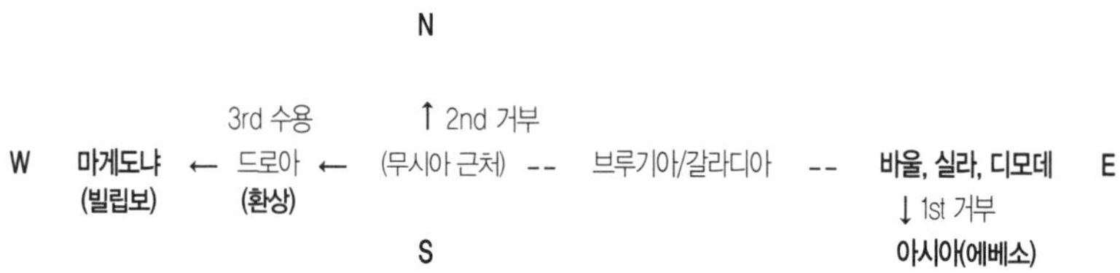

누가는 이 짧은 본문 가운데 두 번째 단락(8-10절)에 힘을 실으면서, 첫 번째 단락을 두 번째 단락의 예비 과정으로 보여주고 있다. 즉 마게도냐로 향하게 되는 바울 전도의 방향이 어떻게 바뀌게 되었는가를 설명하기 위한 의도에서 첫 번째 단락이 나오게 된 것이다.[365] 누가는 실제적으로 세 번에 걸친 신적인 간섭을 보여주고 있는 데,[366] 가장 중요한 세 번째 '신적인 간섭'(ein dritter Eingriff)이 성공적으로 이

Christentum nach den Traditionen der Apostelgeschichte. Ein Kommentar (G ttingen, 1987), 184.

365) J. Zmijewski, *Apg*, 592. Fitzmyer는 누가가 정말로 이야기하고 싶은 관심사는 9절이었다고 설명한다. Cf. J.A. Fitzmyer, Acts, 577.

366) 16장 6절의 아시아 전도, 16장 7절의 비두니아 전도, 그리고 마지막으로 '마게도냐행'으로의 결정이다.

루어지고 있는 것을 보여주고 있는 것이다.[367] 특히 이 본문은 "지체의 기술"(Technik der Verzögerung)을 적용하여, 이 단락의 주안점인 바울과 그 일행이 유럽으로 향하게 되는 과정을 이끌어 내면서 동시에 독자들에게 긴장감을 한층 더해 주고 있다.[368]

4. 첫 번째 성령의 막음(행 16:6): 소아시아 전도

본문 6절을 한글 개역개정판의 경우 "전하지 못하게 하시거늘"(κωλυθέντες ὑπὸ τοῦ ἁγίου πνεύματος)[369]이라고 번역하고 있지만 본문은 원어로 직역하자면 '성령에 의해 방해를 받고 나서'라고 번역해야 한다.[370] 바울과 그의 동역자인 실라, 그리고 디모데는 아시아에서 복음을 전파하려고 계획하고 실행에 옮기려 했지만 성령에 의해 방해를 받은 것이다. 문제는 그들의 계획이 성령의 계획과 일치하지 않았던 것이다.

누가는 이 기사를 통해 바울의 전도여행은 전적으로 성령의 주도

---

367) M. Dibelius, *Aufsätze zur Apostelgeschichte*, hg. v. Heinrich Greeven (FRLANT 60, NF 42) (G ttingen, 1951), 169.

368) K. Kliesch, *Apostelgeschichte*, 111.

369) kwluvw - 눅 9:49-50; 11:52; 23:2; 행 8:36; 10:47; 11:17.

370) 영어 번역 성경과 독일어 번역 성경(Luther, Einheitsübersetzung, Elberfelder 등)은 모두 수동태로 번역하고 있으나 한글 성경의 대부분은(개역, 공동번역, 표준새번역, 현대인의성경 등) 주어를 '성령'으로 번역하고 있다. 즉 영어 번역과 독일어의 번역은 주어가 '그들'이며, 한글 번역은 '성령'이 주어이다. Cf. G.M. Lee, the Aorist Participle of Subsequent Action (Acts 16,6), *Bib 51* (1970), 235-237.

로 이루어진 사건이라는 것을 강조한다는 사실은 이미 보편화되었다. 여기서의 문제는 바울과 실라, 디모데의 '인간적인 계획'과 성령의 '하나님의 계획'이 대비되는 것이다.[371] 또한 인간적인 의지와 하나님의 의지의 대립이다.

소아시아는 어디를 말하는 것일까? 헨헨을 비롯한 대부분의 학자들은 사도행전 16장 6절의 '아시아'는 요한계시록에서처럼 에베소를 가리킨다고 본다.[372] 아시아가 에베소를 가리킨다면 왜 바울은 굳이

371) L.T. Johnson은 바울과 디모데와 실라가 인간적인 계산으로(human calculation) 더 친숙한 길로 가고자 했다고 본다. Cf. L.T. Johnson, *Acts*, 290.

372) E. Haenchen, *Apg*, 424; J. Jervell, *Apg*, 416; R. Pesch, *Apg* II, 101; J. Roloff, *Apg*, 241. C. Breytenbach은 16장 6절의 '아시아'를 '에베소'로 해석하려는 헨헨의 이러한 주장에 대하여 3가지 이유를 들어 반대한다. 즉 첫째, 바울이 아시아로 들어가는 것을 에베소로 나아갔다가 다시 돌아와야만 하는 점에 있어서 이와 같이 쉽게 해석될 수 없고, 둘째, 만약 분사 κωλυθέντες가 우리에게 왜 바울과 그 일행이 그 방향을 취했는가에 대한 이유를 제시하는데, 명백한 해석은 안디옥 혹은 빌로멜리온(Philomelion)으로부터 아볼로니아(Apollonia), 아파메아(Apamea) 혹은 유메네이아(Eumeneia) 등과 같은 아시아 도시들로 가는 여정에 있어서 방해를 받았다는 것이다. 그리고 에베소의 유대인들이 처음부터 바울에 대항하여(행 20:19) 작당하였지만 그 아시아 유대인들이 사도행전에서 에베소로 재배치될 이유가 없다는 것이다(행 2:9, 6:9, 21:27, 24:19). 그리고 그는 중앙 아나톨리아 지역에서의 갈등이 점점 커가는 것을 가리키면서 유대 적대자들에 대한 언급이 있다는 것을 3가지 이유에서 고려할 것을 주장한다. 첫째, 사도행전 16장 1-5절에서 보여주는 바와 같이 갈라디아 사람들은 비유대인 그리스도인들이 기독교 공동체로 들어올 때의 문제이다. 둘째, 골로새서 2장 16절, 그리고 갈라디아서 4장 10절에서 언급되는 것과 같은 문제, 그리고 마지막으로 Lycus 계곡은 아직 복음화되지 않았으며, Apamea 지역은 1세기에 아직 복음화된 흔적이 없다는 것이다. Cf. C. Breytenbach, Probable reasons for Paul's unfruitful missionary attempts in Asia Minor (A Note on Acts 16:6-7), in: C. Breytenbach u. J. Schröter, *Apostelgeschichte und die hellenistische*

아시아에서 복음을 전하려고 시도하였을까? 아마도 당시 가장 번성하였던 도시였던 아시아에서 복음을 전하여 큰 효과를 기대하지 않았을까 짐작된다. 왜냐하면 바울은 그의 2차와 3차 전도여행에서 실제적으로 마게도냐의 수도인 데살로니가와 아가야의 수도인 고린도와 같이 큰 도시를 위주로 전도하였기 때문이다.[373)]

1) **브루기아와 갈라디아 지방 통과**(행 16:6b)

학자들은 오래전부터 6절 상반절에 나타난 "τὴν Φρυγίαν καὶ Γαλατικὴν χώραν"에서 Φρυγίαν와 Γαλατικὴν의 해석을 두고 논쟁을 하였다. 즉 '브루기아'가 형용사로 쓰였는지, 아니면 명사로 쓰였는지에 관한 것이다[374)]. 대부분의 주석가들은 명사로 쓰인 것으로 해석하여 "브루기아와 갈라디아 땅/지방"(Phrygien und das galatische Land)[375)]으로 해석한다. 그러나 최근 C. Breytenbach[376)] 같

Geschichtsscreibung: FS für Eckhard Pl macher zu seinem 65. Geburtstag (Leiden: Brill, 2004), 157-169. 특히 165.

373) Roloff는 바울이 에베소에서 전도하고자 했던 것은 바울의 선교전략(Strategie des Paulus)과 일치한다고 보며, 바울은 도시의 중심지로부터 주변 지역으로 선교지를 넓혔다고 주장한다. J. Roloff, *Apg*, 241.

374) 이에 관한 토론은 C.K. Barrett, *Acts* II, 766-768과 W. Eckey, *Apg* II, 349 각주 673 참고.

375) Cf. O. Bauernfeind, *Apg*, 205; H. Conzelmann, *Apg*, 96f.; E. Haenchen, *Apg*, 465; J. Jervell, *Apg*, 415; R. Pesch, *Apg* II, 99; J. Roloff, *Apg*, 239; G. Schneider, *Apg* II, 202. 205; G. Stählin, *Apg*, 211. 214; J. Zmijewski, *Apg*, 591; W. Schmithals, *Apg*, 146. 그리고 W. Bauer, *Wörterbuch*, 1729.

376) C. Breytenbach, Probable reasons for Paul's unfruitful missionary attempts in Asia

은 경우는 실제 터키 지역을 면밀히 검토하여 소위 남갈라디아설을 주장하고 있으며, 이에 근거하여 "브루기아-갈라디아 지역"(das phrygisch-galatische Land/Gebiet)으로 해석하고자 시도한다. 그의 견해는 W. Eckey에 의해 받아들여지고 있으며,[377] 그 외 남갈라디아설을 주장하는 학자는 W.G. Hansen,[378] R. Riesener,[379] J.M. Scott[380], F.F. Bruce[381] 등을 들 수 있다. 아울러 박수암도 헬라어 본문의 "χώραν"이 단수로 되어 있으므로 두 지역이 아닌 한 지역을 가리킨다고 보아 갈라디아 지방의 브루기아라고 주장한다.[382]

여기서 갈라디아의 해석이 논쟁의 핵심으로 부각된다. 누가가 의미하는 갈라디아는 당시 두 가지 명칭으로 불렸으며, 하나는 로마의 속주

Minor(A Note on Acts 16:6-7), 157-169; ders., *Paulus und Barnabas in der Provinz Galatien. Studien zu Apostelgeschichte 13f.; 16,6; 18,23 und den Adressaten des Galaterbriefes* (AGJU XXXVIII) (Leiden, 1996), 113-115.

377) W. Eckey, *Apg* II, 349.

378) G. Hansen, Galatia, in the Book of Acts in its First Century Setting, Vol. 2: *The Book of Acts and Its Graeco-Roman-Setting*, ed. by W.J. Gill/ Conrad Gempf (Grand Rapids, Mich./Carlisle, 1994), 377-395.

379) R. Riesner, *Die Früzeit des Apostels Paulus. Studien zu Chronologie, Missionsstrategie und Theologie* (WUNT 71) (Tübingen, 1994), 250-259.

380) J.M. Scott, *Paul and the Nations. The Old Testament and Jewish Background of Paul's Mission to the Nations with a Special Reference to the Destinaton of Galatians* (WUNT 84) (Tübingen, 1995), 190-201.

381) F.F. Bruce, *the Acts of the Apostles: The English Text with Introduction, Exposition and Notes* (NICNT) (Grand Rapids: Eerdmans, 1954), 298-300; idem, *Paul: Apostle of the Heart Set Free* (Grand Rapids: Eerdmans, 1977), 148-159.

382) 박수암, 《사도행전》 (서울: 대한기독교서회, 2006), 274-75. 이상근도 남갈라디아설을 취한다. Cf. 이상근, 《신약 주해 사도행전》 (성등사, 1994), 234.

로서, 또 하나는 갈라디아 속주의 북부 한 지역의 명칭으로서이다.

① 로마의 속주로 보는 학자들: C. Breytenbach,[383] W.G. Hansen,[384] R. Riesner,[385] J.M. Scott,[386] F.F. Bruce[387] 등

② 북부 한 지방으로 보는 학자들: H. Conzelmann,[388] A. Wikenhauser,[389] J. Zmijewski,[390] W. Eckey,[391] J. Fitzmyer[392] 등

18장 23절의 경우 순서가 바뀌어 언급되는 '브루기아 땅'과 '갈라디아 땅'(τὴν Γαλατικὴν χώραν καὶ Φρυγίαν)은 명사형이라는 것을 알 수 있

---

383) C. Breytenbach, *Paulus und Barnabas in der Provinz Galatien*, 117.

384) G. Hansen, *Galatia, in the Book of Acts in its First Century Setting*, Vol. 2: *The Book of Acts and Its Graeco-Roman-Setting*, ed. by W.J. Gill/ Conrad Gempf (Grand Rapids, Mich./Carlisle, 1994), 377-395.

385) R. Riesner, *Die Früzeit des Apostels Paulus. Studien zu Chronologie, Missionsstragie und Theologie* (WUNT 71) (Tübingen, 1994), 250-259.

386) J.M. Scott, *Paul and the Nations. The Old Testament and Jewish Background of Paul's Mission to the Nations with a Special Reference to the Destinaton of Galatians* (WUNT 84) (Tübingen, 1995), 190-201.

387) F.F. Bruce, *the Acts of the Apostles: The English Text with Introduction, Exposition and Notes* (NICNT) (Grand Rapids: Eerdmans, 1954), 298-300; idem, *Paul: Apostle of the Heart Set Free* (Grand Rapids: Eerdmans, 1977), 148-159.

388) H. Conzelmann, *Apg*, 89.

389) A. Wikenhauser, *Apg*, 185.

390) J. Zmijewski, *Apg*, 596.

391) W. Eckey, *Apg* II, 349.

392) J.A. Fitzmyer, *The Acts of the Apostles: A New Translation with Introduction and Commentary (Anchor Bible 31)* (Garden City: Doubleday, 1998), 139-40.

다.[393] 그리고 '갈라디아'가 여기서 중요한 이유는 소위 '남갈라디아설'과 '북갈라디아설'의 중요한 근거가 되기 때문이다. 남갈라디아설을 지지하는 학자들의 경우, 로마 속주인 갈라디아 주 전체를 의미한다고 본다. 즉 "갈라디아 주의(행정적으로) 브루기아 지방(지리적으로)"(브루기아-갈라디아로 불리는 갈라디아 주의 한 지역)을 뜻한다.[394] 그러나 다수의 학자들은 북갈라디아설을 지지하는 입장에 서 있으며, 로마의 속주인 갈라디아 주 중에서 북부를 차지하는 갈라디아 지방을 이야기한다.[395]

결론적으로 정리하자면 16장 7절에 언급되는 '브루기아'는 로마의 아시아 속주의 동쪽 편에 위치한 곳을 가리키며,[396] '갈라디아'는 같은 지명의 로마 속주인 갈라디아 주의 북쪽 편에 위치한 곳을 의미한다.[397]

5. 두 번째 성령의 막음(행 16:7): 비두니아 전도

아시아에서 복음을 전파하려는 계획이 성령에 의해 방해를 받은 후 바울과 그 일행은 이제 비두니아로 가고자 했다. 그러나 역시 조금

393) J.A. Fitzmyer, Act, 578. Cf. G.W. Hansen, "Galatia", *The Book of Acts in Its Graeco-Roman Setting (BAFCS 2)*, 377-395.

394) 이상근, 《신약 주해 사도행전》, 275.

395) 행 19:10, 22. J. Jervell, *Apg*, 416.

396) H. Balz, *EWNT* III, 1054.

397) G. Schille, *EWNT* I, 557ff.

더 완곡한 표현인 '허락하지 않았다'(εἴασεν)고 본문은 말하고 있다.

1) 예수의 영[398)]

누가는 본문에서 성령이라는 표현 대신 '예수의 영'이라는 표현을 쓰고 있다.[399)] 허주는 누가가 이러한 '담대한 표현'[400)]을 하게 된 신학적 이유에 대해 두 가지로 설명하고 있다. 첫째는, 누가복음 24장 49절의 '예수가 보내실 성령', 둘째는 사도행전 2장 33절의 '예수가 약속하신 성령을 부어 주셨다'는 배경하에서 이해할 수 있다고 주장한다.[401)] '예수의 영'이라는 표현은 새로운 자료에서 인용했다는 증거로 보기보다는 단순한 반복을 피하려는 것일 뿐이다.

---

398) Cf. G. Stählin, to pneuma Jesu, Apostelgeschichte 16:7, in: *FS C.F.D. Moule* (Cambridge, 1973), 229-252. 신약 성서 가운데 이러한 표현은 단 한 번 나온다.

399) 본문 비평적으로 접근하면, '주의 영'으로 수정된 후대 본문은 C* gig bo^mss 등이며, P 74 ℵ ABC² DE (Ψ) 33.81*. 453. 1175. 1505. 1739 그리고 vg sy bo; Cyr 등과 같은 오래된 사본들은 '예수의 영'으로 기록하고 있다. 신약의 다른 곳(빌 1:19; 롬 8:9; 벧전 1:11; 고전 15:45 등)을 보라.

400) 허주는 구약은 물론 유대 중간기 문헌 가운데서도 장차 다가올 메시아가 하나님의 영에 주체적으로 쓰이는 표현은 찾아보기 힘들다고 언급한다. 김영봉/오덕호 편, 《누가복음 새로 읽기》 (서울: 한들출판사, 2001), 245-247. Cf. M. Turner, "The Spirit of Christ and Divine Christology", in: J.B. Green and M. Turner (ebds.), *Jesus of Nazareth Lord and Christ: Essays on the Historical Jesus and New Testament Christology* (Festschrift I.H. Marshall; Grand Rapids: Eerdmans, 1994), 413-36. 그리고 Ju Hur, *A Dynamic Reading of Holy Spirit in Luke-Acts*, the 1998 Ph. D. thesis at the University of Sheffield, 121-23.

401) Ibid.

2) 비두니아행 불허(不許)

Zahn 같은 경우는 실라가 만류하는 영의 음성을 듣고 확신에 차서 그것을 그의 동료들에게 전했다고 해석한다.[402] 헨헨은 Zahn의 이러한 의견에 대해 사이비 역사적인(pseudohistorische) 추론 방식에 의해 이 구절의 성격을 오해했다고 평가한다.[403] 그리고 그는 왜 비두니아행이 불허(不許)되었을까에 대한 대답을 시도하면서, 갈라디아 사람들과 그 이웃 북쪽 지방과의 관계 때문에 바울이 비두니아로의 여행을 포기했을 것이라고 추측한다.[404] 한 예로 데살로니가전서 2장 18절의 "사탄이 우리를 방해했습니다"라는 구절을 언급한다. Breytenbach는 현재 무시아 근처에 온 것에 대해 바울과 그 일행이 브루기아의 Prymnessus로부터 곧바로 왔을 것이라고 가정하고, 현대 지명으로 Dorymaeum으로 왔을 것이라고 주장한다. 그리고 그 여정들을 따라가면서 조사한 결과 1세기 당시 기독교는 이미 바울에 의한 전도가 아닌 다른 방법에 의해 복음화되었다는 것이다.[405] Breytenbach는 바울의 비두니아행이 불허된 부분에 대해, 바울과 실라와 디모데는 원래 니케아(Nicea)와 니고메디아(Nicomedia)로 계획했다는 것과 관련 있

402) 헨헨, 박경미 역, 《사도행전 II》, 140 각주 2. 재인용.

403) Ibid.

404) 헨헨, 《사도행전 II》, 144.

405) Philo는 비두니아에 유대인들이 있었고, 니고메디아(Nicomedia)에 있는 유대 공동체는 후에 잘 알려졌다고 한다. Philo, LEgGai 281; E. Schürer, the History of the Jewish People in the Age of Jesus Christ (175 B.C. - A.D.135). Volume III.1. (Edinburgh, 1986), 36.

음을 지적한다. 그리고 비두니아로 가고자 했을 때부터 바울과 그 일행은 우선적으로 로마 식민지로 가고자 했다는 것이다.[406) 결국 그는 그의 논문에서 밝히고자 했던 '아시아의 어디에서, 그리고 왜 아시아에서 말씀 전하는 것이 금지되었는지', '비두니아의 어디에서 전도하고자 했는지', '비두니아로 들어가지 못했던 역사적인 이유'에 관한 대답으로 바울의 선교전략(missionary strategy)은 유대 회당의 존재가 요구된다는 것, 바울은 로마 식민지 우선적으로 전도하고자 했다는 것과 아울러 누가가 바울과 유대인(relation between Paul and the Jews), 그리고 바울과 로마 사람들과의 관계(relation between Paul and Romans)를 묘사하고 있다고 결론짓고 있다.[407)]

6. 무시아를 지나 드로아로(행 16:8)

무시아를 '지난다'는 말은 본문에서 분사형인 'παρελθόντες'로 표현되고 있다.[408)] D사본에 의하면 'παρελθόντες' 대신 'διελθόντες'로

406) Breytenbach는 그 증거로 갈라디아의 안디옥(Antiochia Colonia Caesarea), 이고니온으로(Colonia Iulia Augusta Iconium), 그리고 루스드라(Colonia Iulia Augusta Lustra), 이어 드로아에서(Colonia Iulia Augusta Trodensis) 마게도냐의 빌립보로(Colonia Iulia Augusta Philippensis), 그리고 아가야에서의 고린도로(Colonia Iulia Laus Corinthiensis) 이동해 나간다는 것이다. Cf. C. Breytenbach, Probable reasons for Paul's unfruitful missionary attempts in Asia Minor, 169.

407) Ibid., 161, 169.

408) παρέρχομαι는 '지나가다' 또는 '통과하다'는 의미로 번역될 수 있다. Cf. W. Bauer, 1241f. A. Sand, *EWNT* III, 90.

표현하고 있다. 헨헨은 이에 대해 마카베오 상 5장 48절의 예를 들어 '통과하여 지나가다'라는 의미를 지니고, D사본은 παρέρχομαι의 '그냥 지나가다'라는 의미만을 알고 있었기 때문에 'παρελθόντες'를 'διελθόντες'로 대치했다고 본다.[409] 누가가 여기서 강조하는 부분은 '무시아'에서 체류 없이, 그리고 선교적인 행동 없이 곧바로 드로아로 내려갔다는 내용이다.[410]

> 바울과 그 일행이 이제 좌(에베소)와 우(비두니아)가 차단된 상황에서 드로아로 향하게 된 이유는 무엇일까? 아직도 직접적인 성령의 의중이 드러나지 않은 상황이다. Jervell 같은 경우는 그들이 아마 고린도나 아덴으로 향하려 했을 것이라고 짐작한다.[411] 이제 두 번의 실패의 경험을 하고 난 바울과 그 일행은 이제 드로아에서의 하나님의 뜻, 환상을 통한 하나님의 선교계획을 분명히 깨닫게 된다.

7. 성령 막음의 방법

아시아에서 복음 전하려는 바울과 그 일행의 시도는 이렇게 성령에 의해 저지를 받았을까? 이 질문에 대해 학자들은 대개 세 가지 가

---

409) 헨헨, 《사도행전 II》, 141 각주 6번 참고.

410) R. Pesch, *Apg* II, 101. 그렇다면 한 가지 남는 문제는 사도행전 20장 7-12절에 나타나는 복음화된 증거를 어떻게 설명하느냐 하는 것이다.

411) J. Jervell, *Apg*, 417.

능성을 제시하고 있다.

첫째, 구체적인 방해와 어려움들로 인해(konkrete Hindernisse und Schwierigkeiten)[412]

이러한 시각으로 해석하고자 하는 학자들은 J. Roloff, R. Pesch, J. Jervell, K. Kliesch 등을 들 수 있다. 가장 보편적이고 중론인 이 입장은 바울과 그 일행이 구체적으로 방해와 어려움들을 겪었을 것이라는 가정이다. 그러면서 누가가 정확한 언급을 하지 않고 있기 때문에 정확히 알 수 없다고 본다.[413]

둘째, 질병으로 인해(Cf. 갈 4:13-15)

G. Schneider는 한 가능성에 대해 이야기하면서 어떤 질병에 대한 가능성을 열어 놓고 있다. 그러나 그는 갈라디아서 4장 13-15절에 나오는 바울의 질병과 직접적으로 관련이 없다고 주장한다.[414] W. Barclay는 어떻게 성령에 의해 방해를 받았는지, 첫째, 한 선지자의 말을 통해,

---

412) R. Pesch, *Apg* II, 101; Roloff, *Apg*, 241; J. Jervell, *Apg*, 416; K. Kliesch, *Apg*, 110-111.

413) 이러한 입장은 사도행전 13장 13절에서 수행원으로 함께했던 마가라 하는 요한이 밤빌리아 버가에서 예루살렘으로 갑자기 돌아갔다는 보도도 마찬가지 입장이다. 누가는 마가가 왜, 어떤 이유로 그러한 결정을 내렸는지에 대해 전혀 침묵으로 일관하고 있다. 15장 36절 이하에서 바나바가 마가를 옹호하는 입장과 이 문제를 간과하지 않는 바울의 모습을 보도하고 있지만 내레이터 누가는 시종일관 침묵하고 있다. 아마 독자들이 그 해답을 이미 알고 있든지, 아니면 전적으로 독자들의 판단에 맡기고 있음을 알 수 있다.

414) G. Schneider, *Apg* II, 205, Anm. 15. Cf. Schlier, *Galaterbrief*, 17f.; H. Binder, Die angebliche Krankheit des Paulus, *ThZ 32* (1976), 1-13. 특히 5-7.

둘째, 어떤 한 얼굴을 통해, 셋째, 바울 자신의 고유의 내적인 증거를 통해, 넷째, 그의 질병을 통해, 육체의 가시를 통해서 인식하게 될 수 있는 가능성은 열어 놓고 있지만 누가가 바울과 만났고, 의사인 누가가 의료적인 도움을 주었을 것이라고 무게를 두어 추측한다.[415)]

F. Mussner는 이 문제에 대해 분명하게 이렇게 답하길, 갈라디아서 4장 13절에 근거하여 바울이 그의 질병으로 인해 갈라디아에서 선교하였고, 18장 23절은 누가가 갈라디아에서의 선교를 전제하고 있음을 보여준다고 주장한다.[416)]

셋째, 에베소에서 발생한 환난의 반영(고전 15:32와 고후 1:8)

G. Lüdemann[417)]은 바울 서신에서 언급하는 아시아에서 가졌던 어려움이 반영된 것으로 이해한다. 즉 고린도전서 15장 32절과[418)] 고린도후서 1장 8절에서[419)] 나타나는 에베소에서의 환난을 반영한다는 것이다.

그 외 A. Weiser는 질병, 거절, 박해, 천재지변 혹은 하나의 내적인 곤궁(Drang) 등에서 오는 자연적인 영향(Einwirkung), 또는 직접적인 계시(Weisung)의 가능성을 추론한다.[420)] 그리고 C.K. Barrett는 사도행전

---

415) W. Barclay, *Acts*, 141.

416) F. Mussner, *Apg*, 98.

417) G. L demann, *Paulus* I, 171.

418) 고전 15:32 - "내가 사람의 방법으로 에베소에서 맹수와 더불어 싸웠다면 내게 무슨 유익이 있으리요."

419) 고후 1:8 - "형제들아 우리가 아시아에서 당한 환난을 너희가 모르기를 원하지 아니하노니 힘에 겹도록 심한 고난을 당하여 살 소망까지 끊어지고."

420) A. Weiser, *Apg* II, 405.

13장 1-3절과 같은 예언자들을 통한 교제(communication through the prophets)가 있었을 것으로 추측한다.[421]

위에서 언급된 모든 의견들은 가설들에 불과할 뿐이다. 궁극적으로 독자들에게 누가는 정확한 근거를 제시하지 않고 있기 때문이다. 가장 근접한 가능성은 많은 학자들이 동의하는 바와 같이 첫째 가설로 보이며, 그 외에 누가의 궁극적인 관심은 '하나님의 간섭하심'을 표현하고자 하는 데 있었을 것이다.

8. 성령의 막음의 이유와 의미: 하나님 중심적 신학의 표현[422]

2차 전도여행의 새로운 장소로 나아가는 의미에서 '막는다'와 '허락하지 않았다'는 어떤 의미인가? 누가 문서, 특히 사도행전에서 이러한 표현은 '이끎'(führen)의 또 다른 표현으로 볼 수 있다.[423] 사람의 계획이 아닌 성령의 주도적인 역사에 대한 누가의 특별한 표현인 것이다.[424]

---

421) Cf. C.K. Barrett, *Acts* II, 769.

422) Cf. Chang-Kyo Jeong, *Die Auferstehung in der Apostelgeschichte*, (Göttingen: Cuvillier Verlag, 2005), 11-16.

423) G. Schille는 그의 주석서에서 "이끎의 신학/인도(引導)의 신학"(Fhrungstheologie)이라는 용어를 만들어 내고 있다. Cf. G. Schille, *Apg*, 338f.

424) J. Jervell, *Apg*, 416; R. Pesch, *Apg* II, 101. 그러나 C. Breytenbach는 16장 6-7절에서의 아시아와 비두니아에서의 바울의 전도 시도와 그 실패의 이유를 두 가지 면에서 해석하고자 한다. 즉 그가 우선적으로 로마 식민지에 전도하고자

지금까지 누가 문서 가운데서 중요한 역할을 하는 인물들도 모두 성령과 깊이 관련되어 있다.[425] 아울러 성령은 이방인 선교의 주도권을 지닌 실질적인 주체이고,[426] 누가의 묘사로 볼 때 바울과 그 동역자들은 다만 도구로 사용되었고, 바울 자신 또한 그렇게 고백한다.[427] 사도행전 15장 28절의 "성령과 우리는……알았노니"라는 표현은 15장에서의 예루살렘 사도회의가 야고보 의장을 중심으로 이루어진 회의이지만 실제적으로 사람들만의 모임의 결정이 아니고 성령의 주도하에 이루어진 사건임을 간접적으로 암시하고 있다. 더군다나 그 순서에 있어서도 '우리'보다 '성령'이 먼저 언급되는 것은 중요한 의미를 가지고 있다.[428]

사도행전 16장에서 두 번의 성령의 막음과 새로운 방향의 지시가 가지는 의미는 사도행전이 하나님 중심적으로 기록되어 있다는 사실

했기 때문이며, 이 두 구절을 통해 누가는 바울과 유대인 그리고 바울과 로마인들과의 관계를 묘사한다고 주장한다.

425) 요한(눅 1:15); 마리아 (눅 1:35); 엘리사벳(눅 1:41); 사가랴(눅 1:67); 시므온(눅 2:25, 26, 27); 그리고 무엇보다 예수(눅 1:35, 3:22, 4:1, 4, 18, 10:21. Cf. 행 1:2, 2:33, 10:38)이며, 사도행전에서 베드로와 12사도들(행 4:8, 8:17, 10:19, 11:12), 스데반(행 6:3, 5, 7:55), 빌립(행 6:3, 8:29, 39).

426) 행 8:29, 39, 10:19, 44, 11:12, 15, 17, 13:2, 15:28.

427) 행 14:27, 15:4, 12, 21:19.

428) 예를 들어, 사도행전 1장 13절에서의 사도의 명단도 예수의 부활 후 활동 정도에 따라 언급되고 있다. Cf. 박수암, 《사도행전》, 48. 그리고 6장에서의 일곱 집사 명단도 마찬가지다. 가장 중요한 역할을 했던 스데반이 가장 먼저 언급되고, 다음으로 사마리아 전도에서 활약했던 빌립이 언급되고 있다. 바울의 1차 전도여행에 있어서도 자연스럽게 '바나바와 바울'에서 '바울과 바나바'로 바뀌는 것은 누가의 내러티브에서 중요한 의미를 지니고 있음을 알 수 있다.

을 다시 한 번 명백히 확인해 준다.[429] 그러므로 누가가 묘사하고 있는 하나님 중심적인 신학에서 바라본다면 '성령의 인도' = '하나님의 인도'로 보는 것이 더 적합할 것이다.

어떤 이는 16장 6-10절에서 '성령', '예수의 영', '하나님'으로 삼위일체적인 신학을 내포하고 있다고 말하지만 오히려 성령의 주도적인, 더 나아가 하나님 중심적인 신학을 보여주고 있다. 예를 들어 13장 2절에서 성령이 그들을 전도여행으로 파송하지만 이 이야기를 풀어 설명하는 내레이터는 바나바와 바울의 1, 3차 전도여행을 '하나님께서 그들을 통하여 일하셨다'고 요약하기 때문이다.[430] 그러므로 사도행전 전체를 지배하고 있는 하나님 중심적 신학이 이곳에서 바울과 그 일행의 일방적인 계획에 맞서서 성령과 하나님의 뜻이 특히 이방인 선교의 가장 중요한 시점에서 분명하게 반영되고 있는 것이다.

9. **마게도냐 사람 환상**(τὸ ὅραμα)[431](행 16:10)

누가 문서에서 환상은 하나님의 뜻을 전달하는 중요한 수단이다. 누가는 구약의 '하나님 중심적 역사관' 또는 '하나님 중심 신학'과 함께 구약의 '환상 모티브'를 그의 문서에서 핵심적인 부분에 위치시키고 있다. 사도행전에서 환상은 열 번 나타나며, 모두 그의 내러티브에

429) Cf. 마크 A. 포웰, 《사도행전 신학》, 67-98; Chang-Kyo Jeong, 앞의 책(2005), 11-16.

430) Cf. 행 14:27, 15:12, 21:19.

431) 이에 대해서 A. Weiser, *Apg* (1985), 406-415를 보라.

있어서 중요한 역할을 하고 있다.[432] 또한 L.T. Johnson이 말하는 바와 같이 환상은 진전되는 플롯(plot) 가운데 '핵심적 역할'(a key role)을 하고 있음을 볼 수 있다.[433]

행 9:10, 12 - 아나니아의 환상(바울 회심 관련)

행 10:3 - 고넬료의 환상(이방인 구원 관련)

행 10:17, 19, 11:5 - 베드로의 환상(이방인 구원 관련)

행 16:9f. - 바울의 마게도냐 환상(마게도냐 전도 관련)

행 18:9f. - 바울의 고린도 환상(고린도 전도 관련)

9장에서 아나니아의 환상은 모든 인위적인 간섭을 제외시키고 있다.[434] 그것은 아나니아를 통하여 주어지는 바울에 대한 주님의 계획은 전혀 인간적인 의도와 계획과 간섭이 없고 온전히 하나님의 뜻에 의해 벌어지는 사건이라는 것을 확인시켜 주고 있다. 10장에서의 고넬료가 기도 중에 본 환상은 차후에 벌어질 고넬료 가정에 대한 성령의 강림을 예시하며, 이는 당시의 통념으로는 이해될 수 없는 사건이지만 인간의 생각과 뜻을 뛰어넘는 하나님의 뜻을 보여주고 있다.

또한 10장에서의 베드로의 환상은 처음에는 무슨 뜻인지 분명하게 알 수 없었지만(17절) 이어지는 성령의 가르침으로 인해 그 뜻이 분

432) 행 7:31, 9:10, 12, 10:3, 17, 19, 11:5, 12:9, 16:9f., 18:9. 스데반의 설교 가운데 나타난 환상, 즉 모세의 소명 사건(행 7:31)과 베드로의 탈옥 보도에서의 환상은(행 12:9) 큰 의미가 없다.

433) L.T. Johnson, *Acts*, 286.

434) J. Jervell, *Apg*, 282; J. Roloff, *Apg*, 151.

명해지고 있다. 또한 '성령'이 고넬료가 보낸 사람들을 보고 '베드로'에게 그 뜻을 설명하면서 "내가 그들을 보내었느니라"고 말함으로 이 문제는 '성령에 의한 문제'임을 확인시켜 주고 있다. 그러나 베드로는 이 문제를 '성령의 주도적인 역사'보다는 '하나님의 역사'로 이해하고 있다. 즉 하나님의 뜻이 환상을 통하여 전달되고, 그 뜻이 베드로를 통해 이루어짐을 보여준 것이다. 18장에서의 바울의 환상은 어떻게 바울이 18개월 동안이나 고린도에서 전도할 수 있었는지, 그에 대한 신학적인 근거로서의 역할을 하게 된다.

마게도냐 사람 환상의 구조

a. 환상의 시간적 배경 - 밤에

b. 환상의 시각적 내용 - 마게도냐 사람 한 명이 나타남

c. 환상의 청각적 내용 - "마게도냐로 건너와서 도와달라"고 말함

d. 환상의 결과와 반응 - 하나님의 뜻으로 받아들임/ 마게도냐로 여행궤도 수정

1) **환상 속의 마게도냐 사람**

어떤 학자는 환상 속의 한 마게도냐 사람이 '누가'라고 주장한다.[435] 그러나 유세비우스가 보도하는 바에 의하면 누가는 '안디옥 사람'이었다.[436] Fitzmyer는 조심스럽게 마게도냐 사람을 '하나님'으로

435) Ramsay, *Acts*, 202; 헨헨, 《사도행전》, 146에서 재인용.

436) A. Schlatter, *Apg*, 202; W. Barclay, *Acts*, 141.

볼 수 있는 가능성을 열어 두고 있다.[437] 본문에 따르면 'ἀνὴρ Μακεδών τις'이라고 언급된다. '한 마게도냐 사람'이다. 환상 속의 사람이 '마게도냐' 사람이라는 것을 어떻게 알 수 있을까? '의상'이나 '말투'로도 알 수 있는 가능성이 있지만 더욱 분명한 것은 '마게도냐로 와서 도우라'는 요청의 내용 때문이다.[438]

2) 환상의 의미

Fitzmyer는 이러한 바울의 환상은 구약의 환상과 비슷하다고 지적하며,[439] 바울이 하늘의 부르심에 응답하고 있으며, 왜 성령에 의해 그가 아시아와 비두니아에서 방해를 받게 되었는가를 이해시켜 준다고 주장한다.[440] 그래서 누가가 묘사하고 있는 바울은 사도행전의 독자들에게 어떻게 그리스도의 제자들이 참을성 있게 하늘의 인도하심(haeven's instructions)을 기다려야 하는가를 보여준다고 말한다.[441]

16장 6, 7절의 이상스런 성령의 막음과 불허는 10절에서 하나님의 선한 뜻에 의해 해석되어야 함이 확증되고 있다. 그리고 이 환상은 결코 불분명하지 않으며, 오해를 살 수도 없다.[442] 모두가 인정하는 확실

437) J.A. Fitzmyer, *Acts*, 580.

438) 조병수, "행 16장: 마게도냐 지경의 첫 성 빌립보 전도", in: 목회와 신학 편집부 엮음, 《사도행전 어떻게 설교할 것인가?》 (두란노 How 주석 38), 311.

439) Cf. 사 6:8; 렘 1:5-10.

440) J.A. Fitzmyer, *Acts*, 578.

441) *Ibid*.

442) Cf. J. Roloff, *Apg*, 241.

한 하나님의 계시로 이해되기 때문이다. 분사형 συμβιβάζοντες의 'συμβιβάζω'는 '결론짓다',[443] 개역성경은 '인정하다', 공동번역은 '믿었다', 표준새번역은 한 걸음 더 나아가 '확신하였다'로 번역한다.[444] 10절에 대한 D사본의 설명은 그 뜻을 분명하게 해준다: "이제 그는 깨어나서 우리에게 그 꿈[환상]을 이야기해 주었다. 그래서 우리는……알았다."

3) 이루어지는 하나님의 뜻

사도행전 16장 6-10절은 하나님의 뜻이 분명히 이루어진다는 것을 간접적으로 보여준다. 사도행전 내에서 '하나님의 뜻이 이루어진다'는 내용은 10장 47절, 11장 17절, 21장 17절에서도 언급되고 있으며, 누가는 '하나님의 뜻'은 인간이 절대로 막을 수 없다는 것이며(행 5:35-39), 하나님의 뜻에 순종하는 것이 올바른 행동이라는 것을 연설 또는 설교를 통해 강조한다(행 4:19).

10장에서의 베드로는 환상을 보고 또 고넬료에게 자신이 온 배경에

443) 가장 원문에 충실한 번역으로 알려진 독일어 Elberfelder 번역은 '결론짓다'(schliessen)로, 그리고 영어번역 NIV, NASB, RSV 등도 같은 의미로 'conclude'로 번역하고 있다. 슈나이더도 사도행전 16장 10절에서의 의미를 위와 같은 의미인 'sich zurechtlegen 또는 schliessen'으로 번역한다. Cf. G. Schneider, *EWNT* III, 684.

444) L.T. Johnson은 'συμβιβάζ'의 두 가지 의미의 가능성을 이야기하면서, 16장 10절은 '논리적 귀결에 이르다'는 의미와 단순히 '가르치다'(예, 출 4:12, 15; 레 10:11; 신 4:9; 고전 2:6)의 의미가 있으며, 9장 22절에서는 두 번째 의미로 쓰였다고 한다. Cf. L.T. Johnson, *Acts*, 171.

대해 이렇게 요약한다: "……하나님께서 내게 지시하사 아무도 속되다 하거나 깨끗하지 않다 하지 말라 하시기로." 사도행전에서의 가장 핵심적인 주제 중 하나인 이방인에 대한 복음 선포가 인간의 의지와 계획이 아닌 '하나님의 계획과 뜻'에 있음을 확인해 주고 있음을 알 수 있다. 결국 하나님은 고넬료와 베드로의 환상이라는 방법을 통해 고넬료와 같은 이방인의 구원에 대한 하나님의 의지가 관철됨을 보여주는 것이다.

최우선적으로 복음을 전파하고자 했던 곳인 에베소에 바울과 그 일행은 2차 전도여행의 마지막 경로에서 잠깐 들러 "만일 하나님의 뜻이면 다시 돌아오리라"라는[445] 의미 있는 말을 하고 지나간다. 원래 계획이 수정되어 마게도냐와 아가야 지방을 거친 후에라야 에베소에 들르게 된 것이다. 그리고 3차 전도여행 당시 3년(행 20:31) 동안 머물게 되는 것은 결코 바울의 의지와 인간적인 뜻이 아니라 하나님의 뜻이라는 것을 보여주는 것이다.

10. 우리 문서(행 16:10b)[446]

16장 10절에서 소위 '우리 문서'가 사도행전에서 처음으로 언급된

---

445) 행 18:21.

446) J. Zmijewski, *Apg*, Exkurs 19, 592-595. 이 문제에 관한 전반적인 토론과 정보는 우선 베너트의 책을 참고하라: Jürgen Wehnert, *Die Wir-Passagen der Apostelgeschichte. Ein lukanische Stilmittel aus jüdischer Tradition* (Göttingen: Vandenhoeck&Ruprecht, 1989). 조금 오래된 글로는, H.J. Cadbury, "'We' and 'I' Passage in Luke/Acts.", *NTS* 3 (1957), 128-132.

다.[447] 1인칭 복수의 내레이터가 갑자기 등장하여, 하나님이 마게도냐로 부르신 것에 대한 확신을 강조해 준다. 이 사실은 결코 여행 일지 또는 여행 목록에서(Itinerar)에서 나온 것(M. Dibelius)이라는 입장을 대변해 주기보다 누가의 실감나게 하는 '작가의 이야기 묘사 기술'(schriftstellerisches Stilmittel)로 보아야 한다.[448] 그래서 '우리－구절'은 결코 어떤 자료를 암시하는 것이 아니라 오히려 보도의 진정성을 강조하는 문체로 보는 것이 적절하다.[449]

11. 요약적 결론과 신학적 의미

이 장에서는 사도행전 16장 6절에서 10절까지의 본문을 통시적, 공시적 방법론을 상호 보완하여 '왜 성령이 바울을 아시아에서 전도하려는 계획을 막았을까?'라는 질문에 대한 대답을 얻고자 시도하였다. 본 단락이 가지고 있는 세 가지 중요성을 염두에 두고 연구한 결과, 다음과 같은 결과를 얻게 되었다.

첫째, 이 단락은 인간의 계획을 배제한 순수한 성령의 역사라는 사

447) '우리'라는 1인칭 복수는 배 여행에서 주로 언급되고 있으며, 아가야 북쪽 지역(드로아-빌립보, 16:10-17), 3차 전도여행(빌립보-예루살렘, 20:5-15, 21:1-18), 그리고 로마로의 여행(가이사랴-로마, 27:1-28:16)에서 나타난다. Cf. G. Schneider, *Apg* II, 208.

448) W. Schmithals, *Apg*, 148.

449) 페르디난트 한, 김문경 외 5인 역, 《신약성서신학 I》 (서울: 대한기독교서회, 2007), 620.

실을 강조하고 있다. 6-8절과 9-10절로 양분되는 본문은 9-10절이 본 단락의 핵심이다. 누가는 하나님의 뜻을 전달하는 수단으로 인정된 '환상 모티브'를 이용하여 왜 바울과 그 일행이 '유럽'으로 향하게 되었는가를 독자들에게 설명하고 있다. 6-8절까지의 앞 단락에서는 아시아와 비두니아로 가려는 인간적인 계획이 성령의 간섭과 방해로 저지됨을 보여준다. 누가는 사도행전에서의 바울의 전도여행은 결코 인간적인 계산으로 이루어진 사건이 아니며 직접적인 성령의 역사임을 시사하고 있는 것이다. 그러나 그 구체적인 간섭과 거절의 방법에 대해서는 직접적으로 언급하지 않고 독자들의 상상과 판단에 맡기고 있다.

둘째, 이 단락은 결국 사도행전 전반에 나타나는 누가의 역사관인 '하나님 중심적인 신학'을 다시 한 번 드러내 주고 있다. 바울의 전도여행이 성령으로 시작하지만 결국 하나님이 행하신 역사임을 고백하는 것, 그리고 고넬료 사건을 통해 이방인을 구원하시는 것 등은 전적으로 하나님의 의지에 따른 것이라는 사실은 같은 맥락에서 이해될 수 있다. 성령의 거부와 예수의 영의 불허, 하지만 이 모든 것은 누가의 하나님 중심적 역사관의 일부분임을 보여준다. 셋째, 처음으로 언급되는 우리 문서는 환상을 통해 드러난 하나님의 뜻을 확증하고, 이 이야기를 설명하고 있는 내레이터의 이야기 묘사 기술로 볼 수 있다는 점이다.

9장

바울의 밀레도 설교(행 20:17-38)

1. 서론

누가 자신의 과거를 자신 있게 드러내 보일 수 있겠는가? 인사 청문회 앞에서 수많은 지도자들은 어떻게든 자신들의 과거를 합리화, 정당화하려 애쓴다. 한 사람도 그 자리에 떳떳하게 선 사람을 본 적이 없다. 모두 "과거를 묻지 마세요"라고 말할 뿐이다. 그러나 오늘 본문에서 바울은 그의 제자들, 에베소 장로들에게 당당히 말한다. 하나님 앞에 당당히 설 수 있고, 떳떳한 과거를 낱낱이 보여줄 수 있으며, 에베소 장로들은 바울의 증인으로 나와 있다. 과연 어떤 과거일까?

바울은 이제 자신의 제3차 전도여행을 마무리하는 시점에 와 있다. 이제 남은 것은 예루살렘으로의 귀환 여정뿐이다. 앞으로 그에게 결박과 환난이 닥쳐올 것이라는 그의 미래가 성령을 통해 전해지자 그의 제자들은 예루살렘으로 가지 말 것을 권면한다. 그러나 그의 달려갈 길과 복음 증거의 사명을 완수하려는 바울의 의지는 그 모든 권면을 무력화시킨다. 자신들의 영적 스승을 고난으로 내몰 수밖에 없는 처지에 있는 에베소 장로들은 그저 눈물로 이별할 수밖에 없다.

바울이 밀레도에서 행한 설교는 세 가지 두드러진 특징이 있다. 먼저, 사도행전에 나타나는 24개의 설교 또는 담화 중 유일하게 그리스도인을 대상으로 한 설교이다. 그러므로 복음 전파 및 회개로의 권면이 빠져 있고, 대신 신앙의 어느 정도 단계에 올라서 있는 것을 전제로 하고 있다. 두 번째로, 바울 자신의 사역에 대한 주제로 설교한 유일한 설교이기도 하다. 누가는 지금까지 바울의 이방인에 대한 사역은 '하나님이 행하신 일'로 요약하고 있다(행 14:27, 15:12). 하나님이 바울과 바나바를 통하여 이루신 일이라는 고백이다. 하지만 설교를 통하여 바울 자신의 사역을 요약하는 것은 이곳뿐이다. 세 번째로, 바울의 유언 형식을 띠고 있는 고별설교라는 것이다. 바울은 이제 예루살렘에 돌아가면 고난을 당하게 된다는 것이 여러 가지 채널을 통해 확정되어 있는 상황이다. 그래서 전반적인 분위기는 이별에 대한 슬픔과 마지막 순간이라는 분위기가 지배적이다.

바울은 이 설교를 통해 자신의 속마음을 통째로 드러내 보이며, 자신의 에베소 사역에 대한 회고와 앞으로 벌어질 고난의 미래에 대해 진솔하게 이야기한다. 아울러 에베소 장로들에게 행하는 진심 어린 권면이 이어진다.

우리는 이 설교를 통해 바울의 열정적이고 깨끗한 과거의 삶을 만나게 된다. 이러한 바울의 모습은 오늘 우리의 현재를 어떻게 채워 나가야 할지를 분명하게 가르쳐 줄 것이다.

2. 밀레도 설교의 윤곽 잡기

1) 이 설교는 어떻게 시작되었을까?

사도행전 20장 16절에서 누가는 바울이 오순절 안에 예루살렘에 도착하려고 서두른 탓에 에베소를 방문하지 못한다고 말한다. 오순절에는 곳곳에 흩어졌던 유대인들이 예루살렘에 모이게 된다. 바울은 이 기회를 놓치고 싶지 않은 것이다. 그래서 바울은 밀레도에서 사람을 보내어 에베소 장로들을 청하게 된다. 밀레도에서 에베소까지는 약 45-50km 정도 떨어져 있고, 최소 3일 정도의 시간이 소요될 것이다. 이렇게 하여 장로들과의 만남이 성사되었고, 이때 행해진 설교가 바로 오늘의 본문이다.

2) 에베소는 어떤 곳인가?

당시 에베소는 상업상으로는 매우 중요한 교역의 중심지로서 소아시아에서 가장 부유한 도시였다. 종교적으로는 주후 29년에 여신 로마와 시저를 경배하기 위한 신전이 세워져 황제 예배의 중심지였다. 정치적으로는 로마로부터 자치권을 인정받아 '스테라테고이'(Sterategoi)라는 독자적 행정관이 있었고, 민주적으로 선출된 통치기관으로 '불레'(Boule)라는 민회관과 재판소가 있었다. 명목상 '버가모'가 소아시아의 수도였으나 실질적으로는 에베소가 소아시아의 정치, 경제, 문화의 중심지 역할을 하였다.

신약성경에서 에베소 교회에 관한 정보를 얻는다면 에베소서와 사도행전, 그리고 요한계시록을 들 수 있다. 그러나 사도 바울과의 긴밀한 관계는 에베소서와 사도행전을 통해서 짐작할 수 있다. 바울은 이곳에 그의 제3차 전도여행 때 머물렀다. 에베소에 이미 아굴라와 브리스길라 부부가 있었고, 아볼로라는 학문이 많고 성경에 능한 자가 벌써 제자들을 양육하고 있었다. 그럼에도 전도 과정에서나 전도 결과에 있어서도 엄청난 성과를 보여주고 있다(행 19장). 에베소 교회가 바울에게 특별한 의미를 지니는 것은 바울이 가장 오랫동안 머물며 제자들을 양육한 곳이기 때문이다. 바울은 대부분의 이방선교지에서 길어야 몇 개월 정도 머물면서 교회를 세우고, 그 후에 조금 더 성숙한 제자들을 그들의 지도자로 파송한다. 그러나 에베소에서는 현저히 달랐다. 두란노 서원에서 2년이나 직접 제자들을 양육한 것을 비롯하여 3년이나 머물렀던 것이다(행 19:10, 20:31). 고린도에서의 1년 반을 제외한다면 그의 3차 전도여행의 대부분의 시간을 이곳에서 보낸 것이다. 그런 의미에서 에베소 교회는 바울이 세운 교회들 가운데 바울과 가장 긴밀한 관계에 있는 교회라 말할 수 있을 것이다. 그래서 바울은 기도할 때마다 에베소 교회를 위해 기도했던 것이다(엡 1:16).

3) 다른 본문과의 유사성

가장 먼저 눈에 띄는 것은 이 본문이 문학적 형식에 있어서 구약의 고별설교와 유사하다는 것이다(비교, 신 29-31; 수 23-24; 삼상 12; 대상 28). 아울러 이 설교는 디모데후서와 비교할 때 몇 가지 공통점을 보인다

(W. Eckey, C.K. Barrett).

① 바울이 자신의 삶을 경주자로 비유하고 있다(행 29:24/ 딤후 4:7).

② 자신의 순교가 눈앞에 있다고 말한다(행 20:25, 37-38/ 딤후 4:6-8).

③ 거짓 교사의 위험에 대해 이야기한다(행 20:29-30/ 딤후 2:14-18).

④ 밤낮 깨어 있을 것을 권면한다(행 20:31/ 딤후 4:2-5).

⑤ 주와 은혜의 말씀께 부탁한다(행 20:32/ 딤후 4:22).

4) 본문의 구조

J. Roloff가 지적하듯이 누가는 여행에 관한 보도를 잠시 멈추고, 결정적이고 역사적인 순간을 독자들에게 보도한다. 바울은 이제 완전히 아가야 지방을 떠난다. 그리고 그의 선교여행도 이제 마무리되었다. 그리고 지금까지 관심을 가져 왔던 설교에 대한 청중의 반응도 이제는 더 이상 중요하지 않다. 바울은 에베소 장로들과 그의 과거와 현재, 그리고 미래를 함께 바라보고 있는 것이다. 특히 이 본문이 소위 '우리' 본문 사이에 위치하고 있는 것은 주목할 만하다. 이 설교가 지닌 역사성뿐만 아니라 누가가 이 설교를 전승에 충실하고 있음을 간접적으로 입증하고 있는 것이다.

이 본문은 회상과 조망, 그리고 위로와 충고가 교차되는 구조를 가지고 있다. 가장 간략하게 양분한다면, 전반부의 개인적인 부분(18-27절)과 후반부의 에베소 장로들에 대한 권면(경고)의 부분(28-35절)으로 구분할 수도 있다.

그러나 R. Pesch 같은 학자는 다음과 같이 밀레도 설교를 13개 단락으로 세분화한다. 즉, 회고 I(18b-21), 조망 I(22-24b), 회고 II(24cd), 조망 II(25ab), 회고 III(25c), 무죄선언(26), 회고 IV(27), 경고 I(28), 조망 III(29-30), 경고 II(31a), 회고 V(31b), 이별(32), 회고 VI(33-35). 전체적으로 보면 6개의 회고, 3개의 조망, 2개의 경고, 그리고 1번씩 무죄선언과 이별이 나타난다.

우리는 이 설교를 다음과 같이 4부분으로 구분 지을 수 있다: 1) 에베소 목회사역 회고(행 20:18-21, 26-27, 31, 33-35), 2) 다가올 고난에 대한 조망(행 20:22-25), 3) 에베소 장로들에 대한 권면(행 20:28-32) 4) 이별 장면(행 20:36-38).

3. 중요 구절 해석

* 18절 ὑμεῖς ἐπίστασθε - 여기 ἐπίσταμαι는 사도행전에서 8번 나타나며, 그 밖에 신약에서 5번 나타나는 단어로서 단순히 아는 것이 아니라 '여러 번 상종한 결과 완전히 알게 되는 것'을 말한다. 에베소 장로들과의 깊은 관계를 짐작할 수 있게 한다. 얄팍한 만남과 지식이 아니라, 하루 이틀 만에 내리는 결론이 아니라 3년간이나 쌓아 온 신뢰를 바탕으로 이야기하고 있는 것이다. 바울이 이야기하고자 하는 내용들은 에베소 장로들이 충분히 동의할 수 있다는 것을 강조하고 있다. 특히 청중의 대상인 '너희'가 다시 한 번 강조되어 나타난다.

* 21절 - 유대인에게는 하나님께 대한 회개를, 그리고 헬라인에게는 예수 그리스도께 대한 믿음을 전하였다(J. Roloff).

* 22절 δεδεμένος ἐγὼ τῷ πνεύματι - "심령에 매임을 받아"(개역한글)라는 번역보다 '성령에 사로잡혀'('성령에 매여'-개역개정)가 더 적합하다. 왜냐하면 지금까지 바울은 성령에 의해 파송 받고(행 13:4), 성령이 충만하여 복음을 전파하였으며(행 13:9), 성령이 허락지 않아서 아시아에서 말씀을 전하지 못하고(행 16:6), 비두니아에도 가지 못했다(행 16:7). 바울은 성령의 이끄심에 따라 움직였으며, 이번 예루살렘으로의 여행도 성령의 이끄심 때문이다.

* 26절 καθαρός εἰμι ἀπὸ τοῦ αἵματος πάντων - "모든 사람의 피에 대하여 내가 깨끗하니"라는 이 구절은 에스겔 3장 18절에 근원하고 있으며, 지금까지 복음 선포의 사명을 자신 있게 완수한 모습을 표현하고 있다. 이 구절은 앞으로 맞이할 자신의 미래에 대한 자신감을 불어넣어 주는 중요한 의미를 지니고 있다. 만약 이 부분에 깨끗하다는 것을 분명하게 증명하지 못한다면 이 설교는 애매모호한 변명의 장이 되고 말았을 것이다.

* 34절 αὐτοὶ γινώσκετε - 18절에 이어 다시 한 번 청중과 교감을 가지며, 에베소 장로들의 동의를 얻을 정도로 확실한 이야기를 꺼내려 하고 있다.

* 35절 πάντα ὑπέδειξα ὑμῖν - 바울은 말로만 목회를 한 것이 아니라 그의 제자들이 어떻게 살아야 할지를 실제로 그 삶으로 보여준 사람이다. 바울은 이곳에서 모범적으로 "모본을 너희에게 보여주었다"고 말하고 있다. 그 내용은 '약한 자를 돕는 생활'과 '베풀어 주는 생활'이다.

* 36절 - 무릎 꿇고 기도함과 목을 안고 입을 맞춤은 유대교로부터 물려받은 전통이다(왕상 8:54; 스 9:5; 단 6:11/ 눅 15:20; 창 33:4, 45:14f. Tob 7,6). 이 광경을 지켜본 누가는 가장 극적인 묘사로 그려내고 있다.

4. 설교자를 위한 메시지

1) 바울의 에베소 목회

(1) 겸손과 눈물로 섬김

바울의 에베소 목회사역 중 돋보이는 두 가지는 겸손과 눈물의 섬김이다. 먼저, 어거스틴이 그리스도인의 가장 큰 덕목을 '겸손'으로 정의하듯이, 겸손의 삶은 그리스도인에게 있어서 없어서는 안 될 가장 중요한 삶의 태도이다. 예수의 가르침이 그러하고(막 10:35-35), 그의 삶 역시 그러하다(빌 2:5-8). 바울이 추구했던 목회철학 중 가장 먼저 언급되었다는 것은 중요한 의미를 지닌다. 또한 예레미야에 버금가는 눈물의 사도 바울, 그의 눈물의 흔적은 그의 서신 곳곳에 묻어난다.

고린도 교회를 향해 눈물의 편지를 썼으며(고후 2:4), 오늘 본문 31절에서는 3년간이나 눈물로 목회했다고 고백하고 있고, 37절을 보면 에베소 장로들과의 이별에서는 눈물바다가 되었다고 전하고 있다.

(2) 깨끗한 전도의 삶

바울은 모든 사람의 피에 대하여 깨끗하다고 말한다. 왜일까?

- 어디서나 전하였기 때문에(20절: 공중 앞에서나 각 집에서나)
- 누구에게나 전하였기 때문에(21절: 유대인과 헬라인들에게)

여기서 간과하지 말아야 할 것은 바울이 이방인의 사도(갈 2:8)라 할지라도, 유대인에게 복음 전파하는 것을 게을리 하지 않았다는 점이다. 이방인에게 복음을 전하는 것은 오히려 쉬운 일이 될 수도 있을 것이다. 유대인들은 심지어 복음 전하는 바울을 죽이기 전에는 먹지도 마시지도 않겠다고 말하는 사람이 40명이나 있을 정도로 거세게 반항하였다(행 23:12-13). 그럼에도 불구하고 바울은 결코 유대인들의 복음 전도에 소홀히 하지 않았다. 사도행전 13장 5절에서 바울과 바나바가 파송을 받아 최초의 복음을 전파한 곳이 다름 아닌 이방에 있는 '유대인의 여러 회당'이었다(행 14:1, 17:1, 10, 16, 18:4, 19, 26, 19:8 등). 심지어 바울은 먼지를 털어 복음을 거부한 유대인에게 아무 책임이 없다고 공적으로 선언하기도 하였지만(행 18:6), 그 이후에도 계속 바울은 유대인의 회당에서 복음을 전하고 있다.

- 언제나 전함(31절: 밤낮 쉬지 않고)

에베소의 두란노 서원에서 바울은 날마다 하나님 나라에 대하여 강론하였다(행 19:9). 사도행전 19장 9절의 서방사본인 D사본은 "제5시부터 제10시까지"(즉, 오전 11시부터 오후 4시까지)를 첨가하고 있다. 이것은 서원에서 사용할 수 있는 시간을 말하는 것일 것이다. 그러나 바울은 그 시간뿐 아니라 어디에서든지, 기회만 되면 쉬지 않고 밤낮으로 복음을 전하였다.

(3) 모범이 되는 깨끗한 행실

바울은 33절의 탐욕을 절제하는 삶, 34절의 자급자족의 자비량 선교에 대해, 35절에서는 '약한 자를 돕는 삶', '베풀어 주는 삶'의 모범을 보여주고 있다. 이 모든 일에 바울은 몸소 실천해 보임으로 모범을 보였다. 이는 입증 가능한 사실이다. 34절의 "여러분이 아는 바"이기 때문이다.

(4) 성령에 이끌림 받는 삶

얼핏 보면 우리는 에베소에서의 사역을 바울 스스로, 바울 자신의 능력으로 모든 것을 잘 해낸 것처럼 보기 쉽다: "내가……나는……나의 생명을……내가……내가……." 그러나 바울이 그렇게 해낼 수 있었던 비결은 "성령에 매여"(행 20:22) 살았던 결과라는 것을 간과해서는 안 된다. 그의 드러내 놓을 수 있는 깨끗한 과거의 삶은 성령에 이끌린 바 된 현재의 집합이기 때문이다. 성령에 이끌림 받는 깨끗한 현재들이 모여 깨끗한 과거를 만들어 나갔다.

5. 요약적 결론과 신학적 의미

밀레도 설교에 나타난 바울의 에베소 목회는 겸손과 눈물의 목회다. 언제 어디서나 열정적으로 복음을 전한 전도의 삶이다. 탐욕을 절제하며, 자급자족하고, 약한 자를 돕고, 베풀어 주는 모범이 되는 깨끗한 행실이었다. 그러나 중요한 것은 그의 모든 에베소의 목회가 누구에게나 명백하게 보여졌다는 사실이다. 오늘 청중으로 나온 에베소 장로들은 실제로 바울이 3년간 동고동락하면서 어떻게 목회하였는가를 대변하고 입증해 줄 수 있는 인물들이다. 바울의 깨끗한 과거를 입증해 줄 수 있는 사람들이다.

한국교회 신자들의 가장 큰 문제점은 성경의 가르침이 삶에서 입증되지 못한다는 것이다. 지금 현재의 불투명한 삶은 누구나 들여다볼 수 있는 투명한 삶으로 바뀌어야 한다. 어디에서나 누구에게나 드러내 놓고 떳떳하게 말할 수 있을 정도의 깨끗한 현재를 하나하나씩 만들어 가야 한다. 이러한 깨끗한 현재가 모일 때 깨끗한 과거가 만들어지며, 바울처럼 청중과 함께 공유하며 자신의 과거를 향유할 수 있을 것이다. 또한 앞으로 펼쳐질 미래에 대해서도 떳떳하게, 용감하게 대처해 나갈 수 있을 것이다. 이 모든 깨끗한 현재의 집합, 깨끗한 과거의 누림도 '성령에 사로잡힌 바' 된 삶이 될 때에만 가능할 것이다.

10장

사도행전에서의 예수 말씀(행 20:35)

1. 서론

본 장은 사도행전 20장 35절에 언급되고 있는 복음서 이외의 가장 오래된 예수의 말씀인[450] "주는 것이 받는 것보다 복이 있다"(μακάριόν ἐστιν μᾶλλον διδόναι ἢ λαμβάνειν.)에 대한 연구이다. 본 구절을 담고 있는 바울의 밀레도 설교는 언어와 문체에 있어서 바울의 사상을 담고 있다는 것은 분명하지만 대부분의 학자들은 누가의 해석이 가미되었다는 데 동의하고 있다.[451] 특히 그 구절이

450) G. Staehlin, *Die Apostelgeschichte* (Göttingen: V&R, [11]1966), 272.

451) Cf. M. Dibelius, *Aufsaetze zur Apostelgeshichte*, hg. von H. Greeven (FRLANT NF 42) (Goettingen: V&R, [4]1961), 133-136; H.-J. Michel, *Die Abschiedsrede des Paulus an die Kirche Apg 20:17-38* (Muenchen, 1973), 28-31; E. Pluemacher, *Lukas als hellenistischer Schriftsteller. Studien zur Apostelgeschichte* (Goettingen: V&R, 1972), 48ff. 69ff; F. Prast, *Presbyter und Evangelium in nachapostolischer Zeit. Die Abschiedsrede des Paulus in Milet (Apg 20,17-38) im Rahmen der lukanischen Konzeption der Evangeliumsverkuendi- gung* (fzb 29) (Sttutgart: Katholisches Bibelwerk, 1979), 28-38; H. Conzelmann, *Die Apostelgeschichte* (HNT 7)

사도행전의 3분의 1 이상을 차지하는 26개의 설교 가운데 나타난다는 점은 누가의 특별한 관심 가운데 인용되고 있다는 것을 의미한다.[452] 따라서 20장 35절에서 언급되고 있는 주의 말씀 구절을 연구하기 위해서는 그 배경이 되는 밀레도의 설교에 대한 살핌이 동시에 요구된다. 아울러 본 구절이 밀레도 설교 내에서 어떤 기능을 하게 되며, 그 배경에 있어서도 헬라-로마의 격언에서 유래하였는지,[453] 아니면 유대적 배경을 가지는지, 혹은 역사적 예수에게서 직접 유래되었는지에 대해서도 세밀하게 학자들의 입장들과 함께 검토될 것이다. 이처럼 배경을 살피는 이유는 예수의 말씀이지만 복음서에는 직접 언급되지 않고 유대 문헌과[454] 헬라 격언, 초기 그리스도교의 문헌들에서 그 병행들이 발견되고 있기 때문이다. 그리고 이 구절이 예수 말씀 어록인 Q와 어떤 관계에 있는지를 묻게 될 것이다.

(Tuebingen: J.C.B. Mohr, ²1972), 126; J. Roloff, *Die Apostelgeschichte* (NTD 5) (Goettingen: V&R, 1981), 301ff.; G. Schneider, *Die Apostelgeschichte* II (Freiburg/ Basel/Wien: Herder, 1982), 293; J. Zmijewski, *Die Apostelgeschichte* (Regensburg: Pustet, 1994), 737ff.

452) W. Eckey, *Die Apostelgeschichte* (Neukirchen-Vluyn, Neukirchener Verlag, 2000), 31-39. 츠미예브스키(J. Zmijewski)는 사도행전에 나타난 설교의 수를 24개로 파악한다. J. Zmijewski, *Die Apostelgeschichte* (Regensburg: Pustet, 1994), 125-130.

453) 헬라적 배경을 논할 때, 주로 투키디데스의 글과 비교하는 연구가 주를 이루고 있다.

454) 시락서 4:31 - "받을 때 손을 펴지 말고, 줄 때 손을 오므리지 말라": Sir 4:31 - "Let not your hand be stretched out to receive, but held back when it is time to give."

2. 본문의 연구사

사도행전 20장 35절에 대한 연구는 주로 두 가지 가능성 중에서 하나를 택하는 방법을 취하였다. 즉, 누가가 그리스-로마의 격언에서 유래된 것을 예수님의 말씀으로 차용하였는가, 아니면 본래 예수님의 말씀이었는가?

1) 그리스-로마 격언에서 유래되었다는 견해들

예레미아스(J. Jeremias)를[455] 필두로 한 학자들은 일반적으로 사도행전 20장 35절에서 언급된 예수님의 말씀은 그리스-로마 세계에서 유래된 격언을 예수님의 입으로 인용하였다고 간주한다.[456] 헨헨(E. Haenchen)은 "누가는……그리스 격언을 받아들이고 그것을 예수의 말로 서술했음이 분명하다. 그리고 헬레니즘적인 ἥδιον(즐거운) 대신 성서적인 μακάριον(복이 있다)를 씀으로써 그 격언을 그리스도교화했

---

455) C.K. Barrett, *The Acts of the Apostles*, vol.2 ICC. (Edinburgh: T&T Clark, 1998), 982 재인용. "Auch das *Apg* 20.35 zitierte Agraphon ist wahrscheinlich ein aus der griesch-roemischen Welt stammendes Sprichwort, das Jesus in den Mund gelegt worden ist"(37쪽). 이와 같은 입장을 가진 학자들은 H. Conzelmann, 앞의 책, 129; Dupont, *Paulus an die Seelsorger*, 232f.; E. Haenchen, 앞의 책, 569f., Anm. 5; J. Jeremias, *Unbekannte Jesusworte*, 37; G. Schneider, 앞의 책, 299; R. Pesch, *Die Apostelgeschichte* II (Zuerich: Benziger/ Neukirchen-Vluyn: Neukirchner Verlag, 1986), 206; F. Prast, 앞의 책, 155f.

456) J. Jervell, 앞의 책, 514.

다"고 주장한다.[457] 플류마허는(E. Pluemacher)는[458] "주는 것이 받는 것보다 복이 있다"라는 말이 주님의 말씀인가에 대해 "절대 그럴 리가 없다"(extreme unwahrscheinlich)[459]고 단정 지으면서, 사도행전 20장 33-35절과 Thuk. II 97, 3f.의 두 본문이 정확히(recht genau) 일치한다고 주장한다.[460] 이러한 일치는 누가가 그 본문을 수용함으로써 가능했으며, 이와 같은 격언이 인용된 것의 근거로서 사도행전 17장 21절의 경우를 예로 들고 있다.[461]

뤼데만(G. Luedemann)도 누가가 원래 세속에서 잘 알려진 격언을 예수의 말씀으로 받아들여 제시하고 있다고 한다.[462] 이때 원래 있던 ἧδιον을 μακάριόν으로 수정하였다는 것이다.[463] 피츠마이어(Fitzmyer)도 다른 학자들과 마찬가지로 누가가 당대에 잘 알려진 말씀을 취한 후 그것을 주의 말씀으로 돌렸다는 것이다.[464]

에카이(W. Eckey)는 본문의 말씀이 초대교회의 말씀으로는 알려진 바 없지만, 가장 가까운 병행으로는 투키디데스의 《펠레폰네소스 전

---

457) 헨헨, 앞의 책, 281. 각주 24번.

458) E. Pluemacher, "Eine Thukydidesreminenz in der Apostelgeschichte (Act 20,33-35 Thuk. II 97,3f.)", *ZNW* 83 (1992), 270-275.

459) E. Pluemacher, 앞의 논문, 270.

460) E. Pluemacher, 앞의 논문, 271.

461) 행 17:21 - "모든 아덴 사람과 거기서 나그네 된 외국인들이 가장 새로운 것을 말하고 듣는 것 이외에는 달리 시간을 쓰지 않음이더라." 이때 '아덴 사람들의 새로운 것에 대한 관심(Neugier)'이 속담처럼 되어 버렸다는 것이다.

462) G. Luedemann, 앞의 책, 237.

463) *Ibid.*

464) Fitzmyer, 앞의 책, 682; A. Weiser, *Die Apostelgeschichte* II (Guetersloh: Mohn, 1985), 580.

쟁사》의 2권 97.4에서 발견되며,[465] 트라키아인의 원칙, '사람은 받는 것보다 오히려 주어야 한다'에 대해 전하고 있다는 것이다. 그 격언은 클레멘스 1서 2장 1절에서의 "ὧδιον διδόντες ἤ λαμβάντες"에서 발견할 수 있듯이 초기 기독교에서는 알려져 있던 그 속담을 누가가 끄집어내어 예수의 말씀으로 전하였다는 것이다.[466] 그 외 최근 맥도날드(D.R. Macdonald)는 본문과 호머(Homer)와의 연관성을 연구하여 구조는 비슷하지만 그 내용에 있어서는 현저하게 차이가 남을 확인하였다.[467]

2) 본래 예수님의 말씀이었다는 견해들

일찍이 랭스토프(K.-H. Rengstorf)는 후대 랍비 유대교에서 때때로

465) "……this paragraph from Thucydides indicates that 'the rule' of Odrysian was 'to receive rather than to give,' or in his Greek: '……*ton*……*nomon*……*lambanein mallon e didonai*'(*Hist*. 2.97.4). Further, Thucydides notes that this Odrysian way of acting ('ton nomon') is quite the opposite of what one finds in the kingdom og Persia. This rather clearly suggest that in Persia the rule is rather to give than to receive." J.J. Kilgallen, "Act 20:35 and Thukdides 2.97.4", *JBL* 112 (1994), 313.

466) W. Eckey, 앞의 책, 479.

Iliad 6.479-80	Acts 20:35
May someone say of him as he returns from battle, "He is much better than his father"	[R]emember the words of the Lord Jesus, that he himself said, "It is more blessed to give than to receive."
καὶ ποτέ τις εἶποι πατρος γ' ὅδε πολλὸν ἀμείνων ἐκ πολέμου ἀνιόντα	μνημονεύειν τε τῶν λόγων τοῦ κυρίου 'Ιησοῦ ὅτι αὐτὸς εἶπεν· μακάριόν ἐστιν μᾶλλον διδόναι ἢ λαμβάνειν.

467) D.R. MacDonald, *Does the New Testament Imitate Homer?* (New Haven and London: Yale University, 2003), 89.161.

나타났던, "자비를 베푸는 것보다 자비를 받는 것이 더 유익하다"(왜냐하면 받는 사람은 주는 사람으로 하여금 사랑의 의무를 다할 수 있게 해주기 때문에)는 견해를 예수의 제자들이 먼저 말했다고 주장한다.[468] 그에 의하면 예수는 정반대로 이 말을 했을 수 있다는 가능성을 제안한다.[469]

오틀(O'Toole)은 자신의 논문 "What Role Does Jesus' Saying in Act 20,35 Play in Paul's Address to the Ephesian Elders?"에서 바울의 에베소 장로들을 향한 설교 가운데 예수의 말씀(행 20:35)이 어떤 역할을 하는지에 대해, 그리고 이 말씀이 본래 바울의 설교 중 일부였다는 것을 입증하고자 시도하였다.[470] 특히 그는 뒤퐁(J. Dupont)과 같은 학자들이 바울의 밀레도 설교는 원래 20장 32절로 끝나고, 33-35절은 부록 정도로 취급하는 것에 반대하여,[471] 20장 35절이 본래 바울의 밀레도 설교의 맨 마지막에 위치한 것은 '클라이맥스 혹은 요약'(climax or summary)으로서의 기능을 잘하고 있으며, 아울러 누가는

---

468) K.H. Rengstorf, "Geben ist seliger als Nehmen", Bemerkungen z.d. ausserevang. Herrenwort *Apg*. 20,35 ("Die Leibhaftigkeit des Wortes", Festschrift f. A. Koeberle, 1958, 23-35. 헨헨, 《사도행전 II》, 280-82. 각주 24번 재인용.

469) K.H. Rengstorf, "Geben ist seliger als Nehmen", 23-35. 그러나 예수의 제자들이 랍비적인 지성주의의 위험에 빠져 있었으리라는 것은 전혀 개연성이 없다고 헨헨은 지적한다. 그는 이어 이 말의 삶의 자리로서 "예수의 삶의 자리"를 고려할 수 없으며, 랭스토프(K.-H. Rengstorf)가 이 말이 그리스 로마 세계에서 잘 알려진 관용어라는 사실을 보지 못했다고 비판한다. 헨헨, 《사도행전 II》, 282. 각주 24번 참조.

470) O'Toole, "The Role of Jesus's Saying in Acts 20,35 Play in Paul's Address to the Ephesian Elders?", *Bib* 74 (1994), 329-49.

471) Cf. J. Dupont, "La construction du Discours de Milet", *Nouvelles Ethdes sur les Actes des Apotres* (LD 118; Paris 1984), 441, 442-445 참조.

"복이 있다"는 긍정적인 언급을 하고 있는데, 그것은 누가가 선호하는 주제인 부활, 즉 예수 혹은 그리스도인들의 부활의 주제를 끄집어내고 있다는 것이다.[472)]

아울러 그는 렘브란트의 구조에 동의하면서,[473)] 밀레도 설교를 3구분(18b-27, 28-32, 33-35)하여 결국 20장 35절의 주의 말씀이 본래 밀레도 설교의 일부였음을 입증하려 하였다. 특히 그의 연구에 있어서 돋보이는 점은 '주는 것'(giving)은 누가에게 있어서 아버지의 고유한 특성(characteristic)으로 본다는 데 있다. 누가는 그러한 하나님의 특성에 맞추어 하나님의 자녀들 또한 그러한 자가 되기를 바라고 있다. 그리고 '복이 있다'는 표현은 '약자 돕기'와 주기를 원하시는 아버지의 보상이 자연스럽게 연결되어 있다는 것이다. 실례로 그는 '선한 사마리아 사람의 비유', '나사로 이야기', 그리고 '삭개오와의 대화'를 들고 있다.

유상현도 누가가 그리스 격언을 받아들여 그것을 예수의 말로 받아들였다는 헨헨의 결론에 대해 지나친 지적이고 경솔하다는 인상을 받는다고 말하면서, 예수가 이 말을 인용한 그대로 발언하였든 하지 않았든 그 정신, 곧 타인에게 물질을 무상으로 주는 것, 보상 없는 증여의 예찬은 누가복음에서 여러 편린을(눅 6:30, 35, 37 등) 발견할 수 있다고 말한다.[474)]

---

472) O'Toole, 앞의 논문, 333.

473) J. Lambrecht, "Paul's Farewell Address at Miletus (*Acts* 20,17-38)", *Les Actes des Apotres: Tradition, redaction, theologie* (ed. J. Kremer) (BETL 48; Leuven 1979), 326 참조.

474) 유상현, 《바울의 제3차 선교여행》 (서울: 대한기독교서회, 2011), 333.

3) 그 밖의 견해들

베르거(Klaus Berger)는 페르시아의 잘 알려진 지혜문학과의 유사성을 인정하면서도, 본절에서 “nicht, sondern”(=not……but) 대신 “……보다 오히려”[eher(lieber, besser)……als (=more, better……than)]라는 비교급이 쓰인 것에 대해 주목한다.[475] 여기서 비교급이 의미하는 바는 수신자들, 즉 받는 자들이 고려되어야 하는지? 그들(=받는 자들)에게 행복하지 않음이 전적으로 부인되는 동안 그들은 손상(Beschaedigung)으로부터 보호받아야만 하는지? 아니면 위장된(verkapptes) “nicht, sondern”(=not……but)에 관한 문제인지? 베르거는 20장 35절에서는 두 번째의 경우라고 판단하며, “주는 자, 선물하는 자 모두는 수신자(Adressaten)가 필요하다”고 주장한다. 그 격언(Sentenz)은 그러므로 문체에 따라 한 질문으로 대답된다고 말한다: ‘둘 중에 어떤 것?’ 그것은 종종 지혜문학에서의 양식으로 나타나는데, 예를 들면, 누가복음 22장 27절의 “앉아서 먹는 자가 크냐, 섬기는 자가 크냐? 앉아서 먹는 자가 아니냐? 그러나 나는 섬기는 자로 너희 중에 있노라.” 그러므로 이것은 형식에 있어서 두 가지 가능성 중에 한 가지를 결정해야 하는 ‘결정을 묻는 질문’(Entscheidungsfrage)에 관한 문제이다. 그런 의미에서 사회심리학적 고려는 여기에서 거리가 멀다고 한다.[476]

475) K. Berger, *Kommentar zum Neuen Testament* (Guetersloh: Guetersloher Verlaghaus, [2]2012), 482-483.

476) *Ibid.*

3. 사도행전 20장 35절

1) 본 구절의 위치, 구조와 배경

"주는 것이 받는 것보다 복이 있다"(행 20:35)는 말씀을 담고 있는 바울의 밀레도 설교(행 20:17-35)는 에베소 장로들과 3년간의 자신의 에베소 사역을 회고하면서 오순절 안에 예루살렘에 도착하려는 계획에 따라 에베소가 아닌 밀레도에서 이루어진 설교이다.[477] 사도행전 내의 26개의 설교 중 유일하게 그리스도인들을 대상으로 한 설교이기에 복음 전파가 목적이 아니라 오히려 장로들에 대한 권면의 내용이 주를 이룬다. 시기적으로 바울은 제3차 전도여행을 마무리하는 시점이며, 장로들을 초청한 지 빨라야 3일 정도의 시간이 흐른 후였을 것이다.[478]

바울의 밀레도 설교의 구조와 배경을 간략히 살펴보면, 18절부터 27절까지 온전히 바울 자신과 관련된 내용으로 채운 후, 28-35절에서 장로들을 향한 권면을 하고 있다. 특히 후반부(28-35절)는 3개의 권면으로 구성되어 있는데, '자신과 모든 양 떼를 잘 살피라'는 목회적 권면, '사나운 이리'(29절)와 '어그러진 말을 하는 사람들'(30절)이 야기하

477) 헨헨은 지적하기를 Chrysostomus 이래 많은 학자들은 바울이 예루살렘에 오순절 안에 가려고 했던 이유에 대해 알아내려 하였지만, 여행에 대한 누가의 불확실한 언급 때문에 그 노력은 실패로 돌아갔다고 단정 짓는다. 헨헨, 앞의 책, 273. 각주 4.

478) 유상현, 앞의 책, 271. 밀레도에서 에베소까지의 거리는 직선으로 약 50km(헨헨) 혹은 육로로 70km(Pesch, *EKK* II, 196) 정도 떨어졌을 것이다.

는 교회의 위기에 '깨어 있으라'는 권면(31절), 그리고 '물질적 탐욕을 버리라'(35절)는 요지의 교훈이 나타난다.[479] 즉 장로들을 향한 '탐욕'에 대한 경계의 당부이다.[480]

2) 밀레도 설교의 유언적 성격

바울의 에베소 장로들을 향한 권면은 자신의 1-3차 전도여행의 마지막 단락인 것을 염두에 둔다면 무엇보다도 예수님의 최후의 만찬(눅 22:7-23), 그리고 구약에서는 창세기 49장 1-28절에서의 열두 아들에 대한 야곱의 축복과도 비교될 수 있다. 헬라의 고별강연(Farewell Discourse)과도 연관 지어 생각할 수도 있다.[481] 왜냐하면 바울 자신의 죽음을 앞두고 있는 상황이며, 자유인의 신분으로서 행한 마지막 설교이기 때문이다. 유세비우스의 견해를 따라 바울의 순교를 64년으로 잡는다면 아직 5-6년의 기간이 남아 있지만 에베소 장로들과의 마지막 만남이며, 예루살렘에서의 예고된 고난을 염두에 둘 때 유언의

479) 유상현, 앞의 책, 307.

480) 유상현은 장로들에게 바울은 '자신과 양 떼를 살피라'(28절)는 명령과 '깨어 있으라'(31절)는 두 명령이 장로들을 향한 메시지의 중심이며, 밀레도 설교의 구체적 목표가 에베소 교회의 안정과 발전이라고 할 때, 그것의 가장 명시적인 표현이 두 명령법에 표현되어 있다는 것이다. 한 걸음 더 나아가 그는 그 둘 중 '자신과 양 떼를 살피라'는 가르침이 밀레도 설교 전체의 중핵이요 절정이라고 주장한다. 유상현, 앞의 책, 307. 탈버트의 경우 20장 35절이 밀레도 설교의 절정이라고 간주한다. C.H. Talbert, *Reading Acts: A Literary and Theological Commentary on the Acts of the Apostles* (Macon, Ga: Smyth & Helwys Publishing, 2005), 236.

481) L.T. Johnson, *Acts* (Minnesota: the Liturgical Press, 1992), 366.

성격이 짙다고 말할 수 있을 것이다. 그러므로 대부분의 학자들이 주장하는 바와 같이 본 설교의 유언적 성격을 인정하여 바울의 유언이 담긴 '고별설교'로 간주할 수 있다.[482]

렘브레흐트(J. Lambrecht)는 바울의 밀레도 설교와 주님의 최후의 만찬(눅 22:14-38)이 동일한 동기를 가지고 있음을 밝히고자 시도한다.[483] 그에 따르면, 두 사람은 동일하게 그들의 시련에 대해 이야기하면서 제자들과 에베소 장로들은 동일하게 지금 부지런해야 한다고 권면한다(눅 22:35-38; 행 20:28-31, 35). 바울은 '주는 것이 받는 것보다 복이 있다'는 예수의 말씀을 언급하며, 주님은 누가복음 22장 24-30절에서 하나님 나라의 나눔(sharing)을 약속하고 계신다.[484] 예수님은 자신을 기억하게 하기 위해 성만찬을 제정하시며, 바울은 또한 예수님의 말씀을 기억하라고 한다. 이러한 병행은 누가복음에서의 예수님의 말씀과 바울의 밀레도 설교의 주의 말씀과의 연관성을 보여준다.

3) 사도행전 20장 35절의 사역과 석의

πάντα ὑπέδειξα ὑμῖν ὅτι οὕτως κοπιῶντας δεῖ ἀντιλαμβάνεσθαι τῶν ἀσθενούντων, μνημονεύειν τε τῶν λόγων τοῦ κυρίου Ἰησοῦ

482) William S. Kurz, *Farewell Address in the New Testament* (Grand Rapids: Liturgical Press, 1980), 35-51; S. Walton, *Leadership and Lifestyle: The Portrait of Paul in the Miletus Speech and 1 Thessalonians* (Cambridge: Cambridge Univ. Press, 2000), 61-65 등.

483) J. Lambrecht, 앞의 논문, 326; J. Roloff, 앞의 책, 228-231 참조.

484) J. Lambrecht, 앞의 논문, 337-338.

ὅτι αὐτὸς εἶπεν· μακάριόν ἐστιν μᾶλλον διδόναι ἢ λαμβάνειν

사역: 나는 모든 것들을 여러분들에게 보여주었습니다. 그러므로 이와 같이 (여러분들이) 힘써 일해서 약한 사람들을 도와주는 것과 주의 말씀(들)을 기억하는 것이 마땅합니다. 즉 예수님께서 친히 (이렇게) 말씀하셨습니다: "받는 것보다 오히려 주는 것이 더 복이 있다."

사도 바울은 본문에서 모든 것들(=본)을 여러분들, 즉 에베소 장로들에게 다 보였다고 말한다. 본문 비평적으로 바라볼 때, 우리의 본문과 두 가지 차이점을 드러낸다. 모든 것들에 해당하는 'πάντα' 대신 D사본(D Speculum)에서는 'πᾶσιν'으로 기록되어 있어서, 본문과 같이 "나는 모든 것들을 너희에게 보여주었습니다"와 함께 "나는 모든 면에서 보여주었습니다"로 해석될 가능성을 열어 주고 있다. 그리고 역시 D사본(D Speculum)에서는 μακάριόν 대신 산상설교의 모범을 따라 인격적인 의미인 μακάριοι로 번역하고 있다.[485] 하지만 근본적인 의미의 변화는 가져오지 못한다.

바울은 수신자들로 자신을 본받게 하기 위하여 열심히 수고하였다(κοπιάω). 그 자신을 따라 하기를 원했던 것은 ① 약한 사람들을 도와주는 것과, ② 예수께서 친히 하신 말씀을 기억하는 것을 해야만 한다는 것이다. 왜냐하면 본문에서 δεῖ/가 두 부정사 ἀντιλαμβάνεσθαι와 μνημονεύειν를 지배하고 있는 상황이므로, 두 가지 모두 마땅히 해야

485) Cf. 헨헨, 앞의 책, 283. 각주 26번.

만 하는 일이다.[486] 하지만 두 가지 본받아야 할 공통적인 내용은 결국 '도와주는 것'이다. 그리고 αὐτὸς 강조용법이 나타나는데, 이 표현은 예수님 자신이 말씀하셨다는 것을 분명히 할 뿐만 아니라, 바울 자신이 늘 기억하고 있었던 말씀이자 공동체 가운데 늘 말해 왔던 내용일 가능성이 높다.

4. 주의 말씀 기억하기(μνημονεύειν)

바울의 밀레도 설교 가운데 지배하고 있는 개념은 에베소에서의 자신의 3년간의 사역을 기억함과 미래 활동에 대한 새로운 인식 등을 꼽을 수 있다. 특히 주의 말씀을 기억하기(μνημονεύειν)는[487] 본문 내에서 31절에서 드러나는 바와 같이 바울 자신의 사역을 기억하게 하는 기능도 함께 가지고 있다. 바울은 자신의 목회사역 즉 "내가 삼 년이나 밤낮 쉬지 않고 눈물로 각 사람을 훈계하던 것"(행 20:31)과 함께 "수고하여 약한 사람들을 도운 일"(행 20:35)과 주님께서 친히 하신 "주는 것이 받는 것보다 복이 있다"는 말씀을 기억해야 한다는 것이다. 위의 세 가지 사항은 에베소 장로들이 우선적으로 기억해야 할 것들이며 지켜야 할 것들이다.

---

486) δεῖ에 관하여는 마크 A. 포웰, 이운연 역, 《사도행전 신학》, 69-70 참조. δεῖ는 신약성경에서 총 101회 등장하고 있는데, 사도행전에서 22회로 가장 많이 나타난다. 성종현, 《성서 헬라어 사전》, (서울: 장로회신학대학교출판부, 1999), 104.

487) 헬라어 동사 μνημονεύω는 신약에서 21회 등장하며 사도행전에서는 31절과 35절에서 2회 나타난다. 성종현, 283.

김형동에 따른다면, 복음서 내용도 예수에 대한 제자들의 '기억으로서의 예수 그리스도의 생애'이며,[488] 이 기억은 또한 단순히 머리에 간직하는 것이 아니라 이 기억이 청중들과 독자들의 생각과 행동을 형성하게 되어, 결국 복음서에서의 예수의 이야기는 현대적 의미의 예수의 전기와는 다르다는 것이다.[489] 결국 바울의 사역과 예수님의 말씀 속에 나타난 예수님의 사역을 기억하여 행동 실천의 강령으로 삼을 수 있다는 말이다.

유상현은 특히 이 '기억하라'는 바울의 권면은 단순한 기억과 회상, 또는 불망(不忘)에의 기대 자체에 의미가 있는 것이 아니라 그 기억 속의 어떤 모습이 그들로 하여금 그렇게 살기를 촉구하는, '기억과의 윤리적 합일'을 바라는 역동적 메시지가 담겨 있다고 주장한다.[490] 즉 기억 속의 인물이 살았던 삶의 패턴에 자신의 삶을 포개고, 그 기억이 자신을 그렇게 살도록 밀고 이끌게 한다는 것이다.

그런 의미에서 예수의 말씀은 바울 설교의 마지막을 장식하면서 본보기(Richtschnur)로서의 기능을 하고 있다.[491] 즉 μνημονεύειν이 일반적인 의미에서는 '기억하다', '생각하다', '회상하다'이지만 20장 35절에서의 경우는 공동체 안에서 이미 알려져 있었고, 그 예수의 말씀을 암송했을 것이고, 그 말씀을 바울은 표준 내지 본보기(Richtschnur)

488) 김형동, 《공관복음》 (서울: 한국장로교출판사, 2010), 17.

489) 김형동, 앞의 책, 18.

490) 유상현, 앞의 책, 321.

491) G. Staehlin, 271. 이러한 기능을 하는 또 다른 경우는 고전 7:10, 9:14, 11:23; 살전 4:15 등에서 찾아볼 수 있다.

로써 사용했을 것이다.[492] 이와 같은 말씀 기억하기(μνημονεύειν)의 공식은[493] 누가복음 22장 61절과 요한복음 15장 20절, 그리고 클레멘스 1세 13장 1,2절, 46장 7,8절 등에서도 발견된다. 존슨(L.T. Johnson)에 따르면, 이러한 기억하기(μνημονεύειν)의 모델은 헬라의 권면방법에서 규칙적인 요소(regular element)로써 기능을 하기에, 본 설교도 헬라의 고별설교(farewell discourse)의 범주에 속한다는 것이다.[494]

한편 사도행전 내에서 베드로도 '주의 말씀'을 기억하고 있는데, 사도행전 11장 16절에서 이렇게 언급한다:

> "내가 주의 말씀에 요한은 물로 세례를 베풀었으나 너희는 성령으로 세례를 받으리라 하신 것이 생각났노라"(ἐμνήσθην δὲ τοῦ ῥήματος τοῦ κυρίου ὡς ἔλεγεν·).

여기에서 베드로가 기억하고 있는 말씀은 사도행전 20장 35절과 비교할 때, 'τῶν λόγων τοῦ κυρίου Ἰησοῦ'가 아닌, 단수형태인 'τοῦ ῥήματος τοῦ κυρίου'로 등장하지만 의미에 있어서는 별다를 바 없다. 특히 11장 18절의 "하나님께서 이방인에게도 생명 얻는 회개를 주셨도다"라는 요약적 결론을 이끌어 내는 데 결정적인 권위를 부여하

492) H. Balz/G. Schneider, *EWNT* Bd. II, 1072-1073.

493) 말씀 기억하기(μνημονεύειν)의 공식(logoi와 함께)에 대한 토론은 J. M. Robinson in J.M. Robinson and H. Koester, *Trajectories through Early Christianity* (Philadelphia, 1971), 96f. 참조.

494) L.T. Johnson, *Acts*, 364.

고 있는 것이다. 마찬가지로 주의 말씀이 여기에서 등장하는 것은 바울의 자유인으로서의 마지막 설교인 본 설교에서 바울의 권면의 권위가 더욱 요구되는 중요한 시점이기 때문이다.

누가복음 17장에서는 부정적인 용례를 발견할 수 있는데, 소위 "롯의 처를 기억하라!"(μνημονεύετε τῆς γυναικὸς Λώτ. 눅 17:32)이다. 이와 같은 맥락에서 디모데후서 1장 3-6절, 2장 8절, 베드로후서 1장 9, 12-13절 등에서도 기억과 함께 고별설교의 성격이 나타난다.

5. 사회적 약자 돕기

본문 35절에서 바울 자신이 청중인 에베소 장로들에게 '내가 너희에게 모본을 보여주었다'라고 언급했을 때, 위에서 살펴본 바와 같이 그 목적은 청중인 에베소 장로들로 하여금 '수고하여 약한 사람을 도우라'는 것과 예수의 '주는 것이 받는 것보다 복이 있다'는 말씀을 기억하게 하기 위함이다. 두 가지 사항은 해야만 하는 당위성을 표현할 때 사용되는 δεῖ로서 두 부정사 ἀντιλαμβάνεσθαι과 μνημονεύειν을 지배하고 있음을 통해 확인할 수 있다. 특히 1장 16절에서 보는 바와 같이 여기에서도 신적인 필요성(δἰινε νεχεσσιτψ)을 나타내고 있다. 에베소 장로들이 해야만 하는 첫 번째 일은 '돕기'(ἀντιλαμβάνεσθαι)이다. 그리고 도와야 할 대상은 'τῶν ἀσθενούντων', 즉 경제적으로 도움이 필요한 사람들을 도와야 한다는 것이다. 대부분의 성경 번역은 '약한 사람들'('약한 사람들' - 표준새번역/공동번역/현대인의성경; 'the weak' - NIV,

KJV, NASB)로 번역하고 있는데, 그 약함은 경제적인 곤란을 겪고 있는 자들이라고 말할 수 있다.[495] 하지만 존슨(L.T. Johnson)은 '약한'이라는 표현이 본 절 이외에는 '육체적으로 아픈 사람들'[눅 4:40(병자들), 9:2(앓는 자들); 행 9:37(병들어)]을 지칭하는 데 사용되고 있으며, 그밖에 바울에게 있어서는 공동체 안에서 '강하지 않은'(not strong) 사람들을 지칭하는 데 사용되고 있음을(롬 14:1-2. 21; 고전 1:27, 4:10, 8:11-12, 9:22, 12:22) 지적한다.[496] 많은 학자들이 주장하는 바처럼 '약함'의 의미가 경제적인 범위에만 제한하지 않고, 오히려 모든 종류의 필요가 요구되는 사람(Bedureftigen aller Art)[497]으로 간주하는 것이 적절하며, 결국 이 '약한 사람들'은 사회적 약자들이라고 간주하여 그 범위를 넓힐 수 있다.[498]

눅 6:30 "네게 구하는 자에게 주며 네 것을 가져가는 자에게 다시 달라 하지 말며."

눅 12:15 "그들에게 이르시되 삼가 모든 탐심을 물리치라."

눅 12:33 "너희 소유를 팔아 구제하여 낡아지지 아니하는 배낭을 만들라."

---

495) 라이우스 캠스(Josep Rius-Camps)와 리드 하이머딩어(Jenny Read-Heimerdinger)는 바울이 약한 자를 도우라고 할 때, 그 약한 자가 로마서에서 이방인들을 관용적이고(tolerate) 친절히 대할 것을 권면하는(14:1, 15:1) 것을 반영(echoes)한다고 주장한다: Josep Rius-Camps and Jenny Read-Heimerdinger, The Message of Acts in Codes Bezae, 138.

496) L.T. Johnson, 앞의 책, 365.

497) G. Staehlin, 앞의 책, 271.

498) J. Jervell, 앞의 책, 514; R. Pesch, 앞의 책, 206; Prast, 앞의 논문, 153; G. Schneider, 앞의 책, 299, 각주 72번.

누 14:33 "이와 같이 너희 중의 누구든지 자기의 모든 소유를 버리지 아니하면 능히 내 제자가 되지 못하리라."

위와 같은 사회적 약자들을 배려하는 '인도주의'는 누가복음에서 곳곳마다 발견된다. 특히 누가복음 14장 12-14절에서의 명령은 이 비유 속에 나오는 잔치의 주인이 자신의 잔치에 초대하는 사람들과 동일한 집단인 사회적인 약자들 및 소외받은 자들을 대접하라는 것이다.[499] 본문에서는 상호성의 윤리에 따라 식사 초대를 하는 것을 비판하고 있으며, 식사를 제공하는 자가 받게 될 복에 대한 전망은 철저히 대접을 받은 자들이 보답할 수 없다는 것에 토대를 두고 있다.

어려운 자를 영접하는 것은 구약성서와 유대교 문헌에서 쉽게 찾아볼 수 있고(겔 18:9; 집회서 7:32-34), 누가복음을 비롯한 복음서의 여러 곳에서는 어려운 자를 돕는 것이 구원의 길이라고까지 언급한다(눅 10:25-37; 막 10:17-22).

6. 누가의 재물 신학

1) 누가복음서에서의 재물 신학

누가복음서에서 부각되는 여섯 가지 주제는 '보편주의, 가난한 자

499) 존 놀랜드, 김경진 옮김, 《누가복음 9:21-18:34》 WBC 35(중) (서울: 도서출판 솔로몬, 2004), 559.

들에 대한 관심, 여인들의 향상된 지위, 부자들에 대한 비판, 재물 문제와 연결된 구제 명령, 기도와 성령에 대한 강조'[500]이지만 김경진은 보편주의, 기도와 성령에 대한 강조를 제외한 나머지 주제들은 크게 한 범주로 묶는다면 그 핵심은 윤리적 특징이라고 주장한다.[501] 그러한 배경하에 지난 반세기 동안 누가복음 연구는 재물 및 빈부 문제에 집중하게 되었다.[502] 누가복음 내에서의 재물 신학을 간단히 요약하자면, 재물의 '남용, 축적, 집착'을 비판하며, 구제와 같은 재물의 선용(善用)을 강조함이다.[503] 이러한 내용이 특히 예수님의 예루살렘 상경기(눅 9:51-19:27)에 집중되고 있는데, 사도행전에서의 밀레도 설교가 예루살렘에서의 체포를 앞두고 있는 시점을 고려한다면, 두 상황은 비교될 수 있을 것이다.

---

500) Cf. Donald Guthrie, *New Testament Introduction* (Downers Grove: IVP, 1978), 90-93; D.A. Carson, Douglas J. Moo and Leon Morris, *An Introduction to the New Testament* (Grand Rapids: Zondervan, 1992), 127-133; Robert H. Gundry, *A Survey of the New Testament* (Grand Rapids: Zondervan, 1981), 91-93; 김경진, 《누가 신학》 (서울: UCN, 2005), 48.

501) 김경진, 《누가 신학》, 49.

502) J.R. Donahue, "Two Decades of Research on the Rich and the Poor in Luke-Acts", in *Justice and the Holy* (ed., by D.A. Knight & P.J. Paris; Atlanta; Scholars Press, 1989); 마크 포웰, 배용덕 역, 《누가복음 신학》 (서울: 기독교문서선교회, 1995), 134; 김경진, 《제자도와 청지기도》, 14-41; 김경진, 《잃어버린 자를 찾아오신 주님》 (서울: 한국성서학연구소, 2000); 김득중, 《누가의 신학》 (서울: 컨콜디아사, 1997), 105-137.

503) 누가가 보도하고 있는 예루살렘 상경기(눅 9:51-19:27)의 자료들은 약 80%가 누가만의 특별 자료이며, 407절 가운데 182절(45%)이 재물과 구제의 주제를 다루고 있다. 김경진, 《잃어버린 자를 찾아오신 주님》 (서울: 한국성서학연구소, 2000), 105쪽 68번 참조.

2) 사도행전에서의 재물 신학

"주는 것이 받는 것보다 복이 있다"는 예수님의 말씀이 포함되어 있는 사도행전 20장 32-35절에서 두드러지게 강조되는 내용은 재물의 사용에 관한 것이다. 김경진은 20장 35절이 누가 행전에 기록된 예수님의 마지막 말씀이자 동시에 누가 행전에 나타난 재물 문제에 관한 자료 중 마지막이기도 하다고 언급한다.[504] 그는 이곳에서 누가가 재물 문제와 관련하여 특히 구제를 강조하였음을 결론적으로 확인시켜 준다.[505] 필그림(W.E. Pilgrim)도 같은 맥락에서 사도행전 20장 35절의 예수의 말씀이 누가의 부와 청빈(wealth and poverty)의 주제와 가난한 자들을 위한 복음 선포의 주제의 결론으로 가장 잘 어울린다고 평가한다.[506]

사도행전에서의 재물 신학에 있어서 가장 부정적인 모델은 아나니아와 삽비라 부부이며, 가장 두드러진 긍정적 모델은 바나바(4:36-37), 다비다(9:36-42), 고넬료(10:2, 4) 등이다. 그 외에도 초대교회의 사랑의 공산주의적 삶[507]은 일시적이며, 제한적인 범위 내에서 긍정적인

504) 김경진, 《하나님 나라와 윤리》 (서울: 도서출판 그리심, 2003), 54-55.

505) 김경진, 앞의 책, 55.

506) "We find this word from the Lord, 'It is more blessed to give than receive', to be a most fitting conclusion to Luke's presentation of the theme of wealth and poverty an the proclamation of good news to the poor", W.E. Pilgrim, *Good News to the Poor: Wealth and Poverty in Luke-Acts* (Minneapolis: Augsburg, 1981), 159. 김경진, 앞의 책, 55. 각주 42 일부 재인용.

507) W. Schrage, *The Ethics of the New Testament*, GNT4 (Goettingen: V&R, ²1989), 119.

모델이지만(2, 4, 5장), 헬라파와 히브리파의 편파적 행위는(6장) 부정적 모델로서 기능을 한다.

밀레도의 설교자 바울은 지금 아가야 지방과 마게도냐 지방에서의 이방인 그리스도인들이 마련한 연보를 예루살렘에 전달하는 과정 가운데 있다. 하지만 다른 곳과 달리 직접적인 헌금의 의미에 대한 언급은 회피하고 있다.[508] 이곳에서는 다만 자신의 에베소 사역 가운데 물질(은, 금, 의복)과 관련하여 탐하지 않았으며, 오히려 자신의 필요한 것들을 자급자족하는 자비량 선교에 힘썼다고 주장하고 있다. 그리고 35절의 '모본'은 바울 자신의 모본이다. 이를 더욱 강조하기 위해 이어서 예수님의 말씀을 인용하고 있는 것이다.

7. Q공동체와의 관계

예수님의 말씀의 전승과 보존은 정경 내에서 주로 마태, 마가, 누가, 요한에 의해 이루어졌다. 그 외에 예수 말씀복음서 Q자료를 꼽을 수 있다. 하지만 사도행전에서는 이례적으로 사도 바울의 설교 가운데 '주의 말씀'으로 인용되는 "주는 것이 받는 것보다 복이 있다"는 격언적 형태가 보존되어 있는 것이다. 물론 사도행전 1장에서 예수님의 승천 과정을 묘사할 때 제자들과 예수님과의 대화가 드러나 있는 것은 사실이다. 하지만 그와 전혀 다른 성격으로서 소위 격언과 같은 예

508) 롬 15:25-28; 고전 16:1-4; 고후 8-9장; 갈 2:10.

수님의 말씀은 짧고도 명료하게 전달 및 보존되어 온 것이다.

소기천은 예수 말씀복음서(이하 Q)가 지닌 문학적 장르로서의 특징은 두 가지로 나타나는데, 첫째는 "주의 말씀을 기억한다"는 형식문(formula)이 반복적으로 나타난다는 점과, 둘째는 인용형식문(quotation), 즉 "주께서 말씀하신다" 또는 "그가 말씀하신다"가 빈번히 사용되고 있다는 것이다.[509] 신약의 다른 본문들(눅 22:61; 요 15:20, 18:9)과 클레멘트전서 46장 7-8절 등에서도 나타나고 있는 "주의 말씀을 기억한다"는 형식문은 사도행전 20장 35절에서 명확히 언급되고 있다. 그런 의미에서 본 구절은 Q의 인용문일 가능성이 상당히 높다고 말할 수 있다.

Q공동체와의 관계성에서 살펴본다면, Q공동체에서의 사회적 약자들을 배려하는 모습은 본문의 맥락과 잘 어울리며,[510] 아래와 같은 본문들은 사회적 약자들을 배려하는 Q의 신학을 잘 대변하고 있는 것으로 보인다:

> Q 6:30 "너에게 구하는 자에게 주어라. 빌리는 자에게 너의 것을 갚으라고 요구하지 말아라."
>
> Q 6:34 "그런데 만일 너희가 받고자 바라는 자에게 빌려주면, 무슨 상을 너희가 받겠느냐? 이방인들도 그렇게 하지 않느냐?"

---

509) 소기천, 《예수말씀복음서 Q개론》, 54.

510) 김명수, 《역사적 예수와 Q복음서》 (서울: 대한기독교서회, 2009), 115-127. "제3장 사회적 소수를 위한 복음서 큐(Q)" 참조.

8. 요약적 결론 및 신학적 의미

우리는 위에서 사도 바울이 밀레도 설교 가운데 인용한 주의 말씀, 즉 "주는 것이 받는 것보다 복이 있다"라는 말씀에 대해 살펴보았다. 연구사적으로 볼 때, 대다수의 많은 학자들은 누가가 당대 일반 세속에서 잘 알려져 있던 격언을 주의 말씀으로 인용하고 있다는 데 동의하고 있지만 오툴(O'Toole)과 같은 학자들과 마찬가지로 실제 예수님의 말씀의 인용일 가능성이 높다. 그 근거는 첫째, 역사가 누가는 초대교회의 역사인 사도행전뿐만 아니라 누가복음의 저자이며, 누가복음에서도 이와 비슷한 사상(눅 6:30 등)을 쉽게 발견할 수 있기 때문이다.

둘째, 사도행전 20장 35절의 말씀의 핵심적인 주제는 '약한 자 돕기'인데, 그러한 사상은 누가의 재물신학과 직접적으로 연관되어 있으며, 재물의 선용을 강조하는 그의 신학적 입장은 물론 주의 말씀 Q의 중심사상과 일치됨을 확인할 수 있다.

셋째, 사도행전 20장 35절의 주의 말씀을 바울이 인용할 때 등장하는 소위 '기억하기' 양식은 Q의 인용 문구에서 자주 인용됨을 다시 확인할 수 있다. 이러한 근거들을 볼 때, 투키디데스 등의 작품에서 등장하고 당대 일반인들에게 잘 알려진 헬라의 격언을 누가가 인용하였다기보다 오히려 바울의 기억 속이든지, 아니면 누가의 기억 속에 담겨진 주께서 직접(αὐτός) 말씀하신 내용일 것이다. 그러한 것이 가능한 것은 암송이 쉬운, 매우 간단한 짧은 격언식 문장이기 때문이다.

부록

사도행전에서의 율법

1. 서론

사도행전에서 율법이라는 주제는 신약의 다른 어떤 책보다 중요한 역할을 하고 있다.[511] 헨헨은 누가가 사도행전의 처음부터 끝까지 율법으로부터 자유로운 이방선교와 관련된 문제를 놓고 씨름하고 있었다고 주장한다.[512] 율법이라는 주제가 특히 사도행전에서 간과할

---

511) Nomos는 마가복음에서는 전혀 나타나지 않고, 마태복음에서는 8번, 그리고 누가복음에서는 9번 나타난다. 누가복음에서 5번은 예수님의 탄생 이야기에서(눅 2:22, 23, 24, 27, 39), 2번은 마태와 공통으로(눅 16:16, 17; 마 5:18, 11:13), 그리고 2번은 누가의 고유자료에서(눅 10:26, 24:44)에서 나타난다. 그러나 사도행전에서는 15회나 사용되는데 2번은 스데반과 관련되어 있고(6:13, 7:53), 13번은 바울과 관련되어 있다(13:15, 39, 15:5, 18:13, 15, 21:20, 24, 28, 22:3, 12, 23:3, 28, 24:14, 25:8, 28:23). 그리고 이 명사는 대부분 다른 수식어와 연결되어 나타나는데, '주님의 율법'(눅 2:23-4:39), '모세의 율법'(눅 2:22; 행 15:5, 13:39), 'the customs of the Law'(눅 2:27) 혹은 단순히 '율법'(눅 10:26, 16:7; 행 7:53, 13:15, 18:13, 15, 21:20, 24, 28, 22:3, 12, 23:3, 29, 25:8) 등을 들 수 있다. Cf. S.G. Wilson, *Luke and the Law* (Cambridge: Cambridge University Press, 1983), 1-11.

512) 헨헨(Haenchen)은 그의 주석에서 이렇게 서술하고 있다: "사실 역사가 누가는 사도행전의 처음부터 끝까지 '율법으로부터 자유로운 이방선교'와 관련된 문제를 놓고 씨름하고 있었다. 바로 이것이 사도행전의 서술 전체를 결정짓고 있다. 이 문제는 두 가지 면을 지니고 있다. 즉, 신학적인 면과 정치적인 면이 있다. 첫째로 그리스도교는 유대교의 율법을 거부함으로써 유대교로부터 분리되었다. 그렇다면 구속사의 연속성이 단절된 것이 아니냐 하는 것이 그 문제의 신학적인 측면이다. 두 번째로 그리스도교는 유대교로부터 분리됨으로써, 유대교가 누리고 있던 로마 당국의 종교적 허용을 받지 못하게 되었다. 그리고 그리스도교는 유대인들에 의하여 반국가적이라는 명목으로 고소를 당하자 로마 당국으로부터 의심을 받게 되었다. 이것이 문제의 정치적인 측면이다. 사도행전은 이 두 가지 측면에 대하여 항상 관심을 두고 있다." in: E. Haenchen, *Die Apostelgeschichte* (KEK Bd, III), 이선희/박경미 역, 《사도행전 I》 (서울: 한국신학연구소, 1989), 178.

수 없는 것은 가장 중요한 인물인 사도 바울이 율법을 준수하는 것처럼 보인다는 것이다. 바울은 자신의 서신에서 율법보다는 복음을 더 강조하고, 율법 준수보다는 율법으로부터의 자유(갈 5장)를 선포하고 있다. 바울뿐 아니라 스데반과 베드로의 모습 가운데에서도 같은 경향을 쉽게 찾아 볼 수 있다. 이러한 차이는 어떤 의미가 있는가? 누가는 과연 어떤 의도로 이런 차이를 보이고 있는가?

연구사적으로 볼 때, C.L. Blomberg가 언급하듯이 20년 전까지만 해도 누가-행전에서 율법에 대한 관심은 거의 없었다.[513)] 대표적인 연구서로는 J. Jervell[514)]의 논문과 S.G. Wilson[515)]의 저서 정도밖에 없었다. 외로이 70년대 사도행전에 대한 새로운 바람을 일으킨 Jervell은 율법 문제를 누가-행전에서 구원론과 관련하여 취급함으로써 바울과 누가를 대조시키는 것은 잘못된 접근이며, 오히려 교회론적으로 접근해야 한다고 주장한다.[516)] Wilson의 경우 율법 문제에 대해 언급하기를, 이 문제는 누가가 복음서를 쓸 당시 누가 공동체에서 상당히 해결된 문제로 여기고 있다.[517)] 그러나 사도행전을 쓸 때 이 상황이 바

513) C.L. Blomberg, 그리스도인과 모세 율법, in: Ed. I. Howard, Marshall, *Witness to the Gospel -The Theology of Acts-*, 류근상 역, 《복음의 증거. 사도행전 신학》 (서울: 크리스챤출판사, 2004), 489-513.

514) J. Jervell, *Luke and the People of God: A New Look at Luke-Acts* (Minneapolis: Ausburg Publishing House, 1972).

515) S.G. Wilson, *Luke and the Law* (SNTSMS 50) (Cambridge: Cambridge University Press, 1983). Blomberg는 그가 율법 준수적 관점과 율법에 자유로운 측면 두 가지 다 발견하지만 전자에 초점을 맞춘다고 평가한다. Cf. Blomberg, 앞의 책, 491.

516) J. Jervell, *The Theology of Acts*, 윤철원 역, 《사도행전 신학》 (서울: 한들출판사, 2000), 99.

517) S.G. Wilson, 앞의 책.

뀌었다. 즉 바울에 대한 유대 그리스도인들의 공격은 초대 그리스도인들의 율법에 충실할 것을 강조하는 결과를 낳았다는 것이다.[518] Wilson은 율법을 준수하는 관점과 율법에서 벗어나는 두 가지 관점을 동시에 보고 있지만,[519] 전자의 입장으로 초점을 맞추고 있다.

1987년 J.T. Sanders는 그의 《누가 문서에 나타난 유대인》이라는 책을 출간했다.[520] 그는 그의 책 서문에서 누가의 문서가 반유대적(anti-Jewish)이며, 특히 사도행전에서 그러한 흔적을 발견할 수 있다고 주장하였다. 그의 논지를 입증하고자 그가 제시하는 본문들은, 예를 들면 율법사들에 대한 저주의 본문인 누가복음 11장 50절과 스데반의 유대인에 대한 설교 중 사도행전 7장 52절, 그리고 바울의 전도여행 중 유대인 대적자들을 향해 "너희 피가 너희 머리로 돌아갈 것이라"고 바울이 말하는 본문 사도행전 18장 6절 등이다.[521]

1988년 출간된 M. Klinghardt[522]의 박사학위 논문은 누가 문서의

518) M.A. Powell, *What are They Saying About Luke?*, 배용덕 역, 《누가복음 신학》 (서울: 기독교문서선교회 1995), 77.

519) 율법을 준수하는 쪽을 강조하는 입장에 대표적인 학자는 J. Jervell, 율법이 누가와 그의 공동체에게 그리 중요하지 않다고 주장하는 학자의 대표적인 학자는 Ph. Vielhauer를 들고 있다.

520) J.T. Sanders, *The Jews in Luke-Acts* (Philadelphia: Fortress Press, 1987).

521) J.T. Sanders, 앞의 책, 83. 그러나 Jervell은 '유대인들'이라는 말이 신약에서 192회 등장하는데 누가 혼자서 84회나 긍정적인 의미로 사용한다고 말한다. Cf. J. Jervell, *The Theology of the Acts of the Apostles*, 윤철원 역, 《사도행전 신학》 (서울: 한들출판사, 2000), 74.

522) M. Klinghardt, *Gesetz und Volk Gottes, Das lukanische Verständnis des Gesetzes nach Herkunft, Funktion und seinem Ort in der Geschichte des Urchristentums* (WUNT 2. Reihe 32) (Tübingen: Mohr, 1988).

율법 연구에 새로운 통찰력을 제공하였다. 그는 누가가 유대 신자들에게는 대부분의 율법 준수(특히 구원에서조차)를 요구한 반면 이방 신자들은 그들에게 요구된 것(사도훈령)만 지키면 된다고 보았다고 주장하였다.[523] 그는 누가복음 16장 16-18절에 대한 해석과 사도행전 13장 38-39절 및 15장 10-11절의 의미와 사도들의 선언에 대해 침묵(생략)하고 있는 부분에 초점을 맞추었다.[524]

이어 J. Fitzmyer가 곧이어 신학자 누가에 관한 연구서를 발표한다.[525] 그는 모세의 율법이 누가에게 계속적으로 유효한 인간의 규범(valid norm)이며, 그것은 또한 하나님의 백성의 정체성이라고 보았다. 그리고 그것은 세 가지 면에서 의미를 가지고 있는데, 1) 율법의 규범적인 의미(the normative sense), 2) 단정적인 의미(predicative sense), 3) 보충적인 의미(supplemental)가 있다는 것이다.[526]

K. Berger는 그의 《신약신학의 역사》라는 책에서 누가에게 있어서 율법은 구원론적인 의미가 없다고 보았다.[527] 사도훈령(행 15:20)은 유대 그리스도인들과 이방 그리스도인들이 함께 사는 공동체 형성을 가능케 하는 교회론적으로 중요한 기능을 한다고 주장한다. 아울러 그는 누가가 사도행전에서 바울이 어디에서도 이방인들과 같이 살

523) Klinghardt, 앞의 책, 312-313.

524) Blomberg, 앞의 책, 491.

525) J.A. Fitzmyer, *Luke the Theologian. Aspects of His Teaching* (Oregon: Wipf and Stock Publishers, 1989).

526) Fitzmyer, 앞의 책, 176-187.

527) K. Berger, *Theologiegeschichte des Urchristentums* (Tübingen u. Basel: Francke Verlag, 2te. Aufl. 1995), 762.

지 않고,[528] 오히려 유대인의 율법에 전적으로 일치하는 모습(행 22:2, 23:6, 24:14)을 보여준 것과 나실인의 서원을 행하는 모습(행 21:26) 등을 강조하는 것은 초대교회사에서 누가의 "결정적인 교정"(entscheidende Korrektur)이라고 보았다.[529]

J. Jervell은 자신의 사도행전에 대한 연구의 결실로 사도행전 신학을 정리하면서 율법을 중요하게 다루고 있다. 그에 의하면 누가는 율법에 대하여 대단히 긍정적이고 일관적인 진술들을 한다고 하며, 아래의 특징들이 나타난다고 주장한다:[530]

① 누가만이 '주의 율법'과 '조상들의 율법'이라는 용어를 사용한다(행 22:3; 눅 2:23, 24, 39).

② 그는 모세 율법을 '모세가 우리에게 전하여 준 규례들'과 그와 비슷한 표현으로 언급한다(행 6:14, 15:1, 21:21, 28:17).

③ 오직 누가만이 '모세가 전해 주고 있는' 것에 대하여 이야기하고(행 15:21) '율법을 어긴다'는 단어를 사용한다(행 23:3).

④ 누가는 율법을 '살아 있는 말씀'(행 7:38)으로 규정하고 유대인들이 스데반과 바울에게 '모세/율법에 대항해서 말한다'(행 6:11, 13, 14, 21:21, 28, 25:8, 28:17)고 언급한다.

⑤ 율법을 언급하는 '모세'라는 이름은 누가-행전에 자주 등장하지만 다른 문서에서는 거의 나타나지 않는다(행 6:11, 15:1, 21, 21:21; 눅 5:14,

528) Cf. 고전 9:21.

529) K. Berger, 앞의 책, 762.

530) J. Jervell, 앞의 책, 100.

16:19, 31, 24:27).

⑥ 모세의 율법이라는 표현은 누가에 의해서 다섯 번 사용된다; 다른 모든 신약성서 문서들에서는 세 번만 나온다(행 13:39, 15:5, 28:23; 눅 2:22, 24:44).

J. Tyson은 학자들의 누가의 유대인과 유대교에 대한 시각을 연구사적으로 정리하였다.[531] 특별히 신학자 중심으로 자세하게 소개하고 있으며, 각 신학자들에 대한 평가와 비판도 함께 보여준다.[532] 결국 그의 다른 책에서 결론 내리고 있듯이[533] 그는 사도행전에 두 극단적인 경향, 즉 친유대적-반유대적 경향이 공통적으로 드러나고 있음을 전제하고 있으며 아직도 풀리지 않은 숙제로 남겨 두고 있다.[534]

Blomberg는 그의 논문에서 최근 누가에 대한 연구가 Jervell과 Wilson의 연구에서 보여주는 바와 같이 유대적인 성향으로 흘렀다고 판단한다. 그러한 대부분의 연구들은 누가와 유대교와의 불연속성이

---

531) J.B. Tyson, *Luke, Judaism, and the scholars: critical approaches to Luke-Acts* (Columbia: University of South Carolina Press, 1999). 그는 이 책에서 F.C. Baur, A. v. Harnack, E. Haenchen, H. Conzelmann, J. Jervell 등의 입장들과 그 이후의 경향들을 소개하고 있다.

532) 특히 그는 Jervell에 관하여 이렇게 비판한다: Jervell이 주장하는 바, 누가가 유대인과 하나님을 경외하는 사람들(God-fearers)의 큰 무리가 회심했다는 보도(11:11, 24, 13:43, 14:1, 17:4, 12, 18:8, 10)에 대해 의구심을 가지고, 그 무리 안에 이방인들도 포함되는 구절이 있다고 Tyson은 주장한다(11:11, 24, 18:8, 10). Cf. Tyson, 앞의 책, 108.

533) J.B. Tyson, *Images of Judaism in Luke-Acts* (Columbia: University of South Carolina Press, 1992).

534) J.B. Tyson, *Luke, Judaism, and the scholars*, 146.

아니라 연속성에 보다 많은 초점을 두고 있는 것으로 보인다는 것이다.[535] 그는 이와 같은 성향의 연구의 핵심적 특징은 일관성 있는 서술 비평적 분석(narrative-critical analysis)이 없고, 넓은 문맥이나 구성상의 서술적 흐름은 무시한 채 독립된 구절에 대해서만 해석한다고 비판한다.[536] 그리고 결론적으로 그는 누가가 유대인이든 이방인이든 그리스도인의 삶에 있어서 모세의 율법이 중요한 역할을 하는 것으로 제시하지 않는다는 것이다. 그것은 누가의 초대교회 역사 기술에 있어서 초점이 아니었다고, 오히려 점차 유대적 뿌리로부터 벗어나는 과정에 초점을 맞추고 있다고 주장한다.[537]

본 장에서는 가장 먼저 율법이 이슈가 되고 있는 본문들을 살필 것이다. 즉 베드로, 스데반, 바울과 관련하여 살펴본 후에 예루살렘 사도회의에서의 사도훈령에 관련 본문들을 살피게 될 것이다. 그리고 율법이 구원과 어떤 관계를 가지고 있는지, 그리고 유대인과 이방인과 어떤 관계를 갖게 되는지 그 의미를 살펴보고자 한다.

2. 베드로와 율법

베드로에게 율법은 어떤 의미가 있는가? 사도행전에서 베드로는 성전에 대하여 경건한 신앙을 지니고(행 2:46), 정해진 시간에 기도를

535) Blomberg, 앞의 책, 492.
536) Blomberg, 앞의 책, 493.
537) Blomberg, 앞의 책, 513.

드리는 율법을 신실하게 지키는 유대인이요(행 3:1), 이방 그리스도인의 집에는 발도 들여 놓지 않고 음식에 관한 규정을 엄격하게 준수하는 유대인이다(행 10:14-15, 11:3). 비록 바울 서신에서는 바울에 의해 율법의 위선자로 바울에게 책망 받는 그이지만, 이곳에서는 율법을 신실하게 지키고자 하는 진지한 모습으로 나타난다.[538]

사도행전 초반부에서의 베드로의 모습은 바울과 마찬가지로 율법에 대해 떳떳하고 당당한 모습으로 등장한다. 특히 3장에서는 제구시 기도 시간에 성전으로 들어가는 길에 미문에 앉아 구걸하던 앉은뱅이를 일으키는 베드로의 모습이 있다. 즉 유대인 그리스도인이지만 아직도 성전을 출입하며, 유대인의 기도 시간을 그대로 준수하고 있다는 것이다.

베드로의 모습 중 가장 직접적이고 중요한 의미를 지니는 본문은 고넬료 이야기에서(행 10:1-11:18) 찾아볼 수 있다. 그는 이 이야기에서 율법을 지켜오고 있는 신실한 모습과 또 지키려고 고민하는 흔적을 보여준다.[539] Blomberg는 음식에 관한 베드로의 환상의 핵심 포인트는 "음식에 관한 법이 그리스도 안에서 더 이상 이방인이나 유대인들에게 적용되지 않으며, 유대인과 이방인의 식탁 교제를 가로막는 대부분의 장벽이 제거되었다는 베드로의 인식이다"라고 주장한다.[540]

---

538) Cf. 갈 2:11ff.

539) Blomberg 같은 경우는 "누가의 관심은 그가 보수적 인물이 아니라 교회가 얼마나 율법에서 벗어나고 있는지를 강조하는 모습을 보여준다"고 해석한다. Cf. C.L. Blomberg, 그리스도인과 모세 율법, in: I. Howard Marshall 편저, 류근상 역, 《복음의 증거. 사도행전 신학》(서울: 크리스챤출판사, 2004), 489-513.

540) Blomberg, 앞의 책, 488-489.

그에 의하면 이 이야기의 결론적 언급인 11장 18절에 "그러면 하나님께서 이방인에게도 생명 얻는 회개를 주셨도다"에서 율법을 지키고자 하는 어떠한 단서도 이 '생명'의 전제 조건으로 제시되지 않는다는 것이다. 물론 그의 입장은 전적으로 옳다. 왜냐하면 사도행전에서 율법은 구원의 조건이 아니기 때문이다. 누가는 베드로의 모습 가운데 율법을 진지하게 지키고자 하는 노력을 반영하지만 그 노력은 하나님에 의해 수정된다. 여기서 사도행전 전반적으로 관통하고 있는 하나님 중심의 신학이 나타나고 있으며,[541] 하나님의 뜻에 의해 이방인의 구원이 성취되고 있음을 보여준다.[542] 그리고 이 이야기의 결미는 "하나님께서 이방인에게도 생명 얻는 회개를 주셨도다"라고 마무리 짓는다.

3. 스데반과 율법

사도행전에서 스데반은 율법과 직접적으로 관련되고 있다. 먼저,

541) 누가의 하나님 중심적인 신학(lukanische theozentrick)은 초대교회의 역사의 주관자는 오직 하나님이시며, 하나님의 뜻에 의해 움직이고 있다는 것이다. 예를 들어 예수 그리스도는 상대적으로 수동적으로 나타난다. 특히 그의 사역과 부활에 있어서도 그 주체가 하나님으로 강조되고 있다. Cf. 사도행전 2장 22절의 권능과 기사의 표적의 근본 주체는 하나님이시며, 예수는 그 시행자로 나타난다. 10장 38절에서도 하나님은 예수를 통하여 선한 일을 하시는 분으로 나타난다. 또한 부활에 있어서 '예수'는 항상 목적어로 나타나고, 하나님은 예수를 일으키시는 주어이자 부활을 일으키시는 주체로 나타난다.

542) 사도행전 11장 14절은 "온 집이 구원받을 말씀"에 대하여 언급함으로써 이 이야기가 '이방인의 구원'에 관한 이야기임을 확인시켜 주고 있다.

그는 "율법을 거슬렀다"(행 6:13)는 이유로 공회에서 고소당한다. 이에 대해 스데반은 그의 긴 설교를 통해 고소하고 있는 유대인들 자신이 오히려 "율법을 받고도 지키지 않았다"고 비판한다.[543] 그리고 이 비판의 설교로 인해 돌로 쳐 죽임을 당하게 된다(행 7:54-60). 스데반은 7장 38절에서 모세를 가리켜 "살아 있는 말씀을 받아 우리에게 주던 자"라고 소개한다. '살아 있는 말씀'은 여기서 율법을 다르게 표현한 것이다.[544]

4. 바울과 율법

바울과 율법이 관련되어 나타나는 본문은 베드로나 스데반의 경우보다 훨씬 더 많이 그리고 비중 있게 다루어진다. 가장 먼저 비시디아 안디옥에서의 설교 가운데서 언급된 의롭게 할 수 없는 모세의 율법, 디모데에게 루스드라에서 세례를 준 일, 겐그레아에서 머리를 깎은 일, 야고보의 권유를 받아들여 나실인의 서원을 받아들인 일, 그리고 유대인들에게 율법을 지키지 말라고 가르쳤다는 이유로 체포당하고 고소당하는 일 등은 모두 바울이 율법과 연관되어 빚어진 이야기들이다. 한 가지씩 살펴보면 다음과 같다.

543) 행 7:53.

544) J. Roloff, *Apostelgeschichte*, 123.

1) 비시디아 안디옥 설교(행 13:39)

> "또 모세의 율법으로 너희가 의롭다 하심을 얻지 못하던 모든 일에도 이 사람을 힘입어 믿는 자마다 의롭다 하심을 얻는 이것이라."

바울의 첫 번째 설교의 결론에 해당되는 중요한 부분에서 구원에 관한 핵심적인 언급이 나타난다. Blomberg는 바울 설교에서 율법을 복음 메시지의 일부로 순종하라는 암시가 없다고 분명하게 말한다.[545] 바울 설교에서 모세의 율법에 관한 유일한 언급인 13장 39절에서 강조하는 것은 그것이 '죄 사함을 줄 수 없다'는 내용이다. 이곳에서 문제가 되는 것은 칭의에 관한 부분이며, 바울은 그 칭의가 모세의 율법으로는 불가능하다고 분명히 천명한다. 그리고 '예수를 힘입어' 칭의될 수 있다고 강조하는 것이다. 이것은 바울의 갈라디아서와 로마서에 나타난 이신칭의(以信稱義) 사상과 일치하고 있다. 즉 구원에 있어서 모세의 율법은 아무런 의미가 없다는 것이다.

2) 디모데에게 할례를 실시(행 16:3)

사도 바울은 루스드라에 이르러 주위 사람들로부터 칭찬받는 디모데를 선교의 동역자로 삼는다. 문제의 핵심은 새로운 동역자 디모

545) Blomberg, 앞의 책, 500.

데에게 할례를 행한다는 것이다(행 16:3). 이 부분은 "바울 서신에서 디도의 경우와 상충하는 면이 드러난다"(갈 2:3)고 어떤 학자들은 주장한다.

가장 먼저 이 문제에 의견을 보인 튀빙겐 학파는 바울이 디모데에게 할례를 행한 것은 "결코 신빙성이 없다"(Overbeck, 248)고 일축해 버린다.[546)] 이러한 견해를 이어받아 E. Haenchen, H. Conzelmann, G. Schille, K. Kliesch 같은 학자들은 이 본문의 역사성을 의심한다. 반면에 O. Bauernfeind, G. Stählin, A. Wikenhauser, W. Schmithals, J. Roloff, F. Mußner, R. Pesch 등과 같은 학자들은 역사적인 사건으로 받아들이고 있다. Haenchen은 "할례 받지 않은 채로 있었던 디도(갈 2:1, 3)에 대해 전혀 몰랐던 누가는 바울의 2, 3차 선교여행 동반자가 할례를 받음으로써 유대인들에게 거리낌이 되지 않았다고 독자들에게 말한다"[547)]고 해석한다. 그리고 보수적인 경향의 학자들의 3가지 관점을 아래와 같이 요약한다:

① 할례가 구원을 얻기 위한 것이 아니라 난관들 앞에서 선교활동을 지키기 위한 것이라는 사실을 지적했다.

② 유대인을 얻기 위해 유대인과 같이 되었다(고전 9:20).

③ 바울은 탈선한 유대인이 아니라 그리스도를 위해서 율법에 충실한 유대인을 얻고자 했다는 것이다. "그리스도교적인 유대인을 원

---

546) F. Overbeck, 248; F.C. Baur도 같은 입장이다.

547) E. Haenchen, 이선희/박경미 역. 《사도행전II》. 서울: 한국신학연구소, 2001(6판), 136.

했지 뿌리 없는 유대인을 원하지는 않았다."[548)]

대부분의 학자들은 바울의 이러한 처신에 대해 의문을 제기하면서 동시에 디도의 경우와 비교될 수 없다고 주장한다. 유대인들에게 복음을 전하는 데 있어서 걸림돌이 되지 않기 위해서라는 것이다.[549)] I.H. Marshall은 바울이 "유대인들을 거스르지 않기 위해" 디모데에게 할례를 베풀었지만 이것은 원칙을 포기한 것은 아니라고 주장한다.[550)] 왜냐하면 디모데는 유대인의 혈통을 지녔기 때문이고, 이방인이었던 디도와는 다른 경우라고 본다(행 16:3; 갈 2:3).

결국 바울이 디모데에게 할례를 실시한 것은 구원에 필수적이라는 상징이 아니라, 단순히 선교전략에서 나온 것이라 할 수 있다.[551)] 왜냐하면 유대인들은 바로 직전에도 14장 1절 이하에서, 그리고 14장 19절 이하에서 바울의 선교활동을 적극적으로 방해하였기 때문이다. 그들에게 허점을 노출시키지 않겠다는 바울의 선교전략이라는 것이다. 바울은 디모데에게 할례를 행하면서 'dia'로 이끄는 문장을 통해 "그 지역에 있는 유대인으로 말미암아"라고 할례의 이유를 분명하게 설명하고 있다. 또한 바울은 디모데에게 할례를 행함으로 자신 있게 유대교 공동체로 나아갈 수 있는 것이다.[552)] L.T. Johnson이

---

548) E. Haenchen, 앞의 책, 136-137.

549) Cf. 고전 9:20 - '유대인들에게는 유대인과 같이 된 것'; 고전 7:18-19; 롬 14:3 등.

550) I.H. Marshall, *Luke: Historian and Theologian*, 이한수 역, 《누가행전》 (서울: 도서출판 엠마오, 1993), 278.

551) Cf. J. Zmijewski, *Apostelgeschichte*, 589-590; R. Pesch, *Apostelgeschichte* II, 97.

552) W. Eckey, *Apostelgeschichte* II, 347.

언급하듯이 이러한 행위가 사도행전 21장 21절의 준비라고 보이며,[553] 이러한 경향은 사도행전 중 바울의 묘사에서 두드러지게 나타난다.

3) 머리 깎는 바울(행 18:18)

누가는 바울이 겐그레아에서 머리를 깎았다고 전하면서 그 이유를 "서원이 있었으므로"라고 말한다. 그러나 이 부분에서 많은 학자들은 의구심을 갖는다. 왜냐하면 민수기 6장 19절과 유대 문서들에 따르면(Strack-Bill, II 749-751), 나실인의 서원 맨 마지막 순서가 머리를 깎는 것이기 때문이다. 일반적으로 위험으로부터 구원하심에 대한 감사의 표시로, 또는 그에게 닥칠 불행에 대한 보호를 의미한다고 본다. 그러나 보통 이러한 서원은 예루살렘에서만 이루어질 수 있다는 것이 이 본문을 더욱 어렵게 하고 있다.[554] 결국 누가는 이 본문을 통해 바울로 하여금 율법에 신실한 유대인이라는 사실을 다시 한 번 강조하는 것이다.[555]

4) 나실인의 서약을 따르는 바울(행 21:26)

야고보는 바울에게 나실인의 서약을 따를 것을 권고한다. 그는

553) L.T. Johnson, *The Acts of the Apostles*, Sacra Pagina 5, 290.

554) J. Roloff, *Apostelgeschichte*, 275.

555) A. Weiser, *Apostelgeschichte*, 276.

"유대인 중에 믿는 자 수만 명"을 의식하고 있다. 그러나 정작 문제는 그들이 "율법에 열성을 가진 자들"[556]이라는 것이다.[557] 여기서 누가는 정확히 그들의 정체에 대해 이야기하고 있지 않지만 독자들은 15장 1절과 5절에 언급된 유대인들을 떠올리게 된다.[558] 바울을 비난하는 자들은 '할례 문제'와 '유대인의 관습(=율법 규정)대로 살지 말라'(행 21:21)는 바울의 가르침을 문제 삼고 있다. 야고보는 분명히 이러한 비난이 허위임을 잘 알고 있음에도 불구하고, 이러한 비난에 대해 바울에게 유대인의 율법에 거스르지 않고 오히려 충실하다는 것을 보여주라는 것이다. 그래서 가장 신실한 서원으로 여겨지는 나실인의 서원을[559] 시키고자 하는 것이다.

야고보의 권유는 유대 그리스도인들의 비난의 진위 여부를 떠나, 율법에 대해 어느 정도 수구적인 입장을 가지고 있던 것으로 보이며, 바울 또한 율법에 충실하고 있다는 사실을 보여주기를 요구하고 있는 것이다. 이러한 태도는 결코 구원에 관한 부분이 아니라 누가 공동체와 바울이 직면하고 있는 유대 그리스도인들 간의 관계 문제이다.

5) 바울 재판에서의 율법

---

556) Cf. 갈 1:14; 마카비 하 4:2.

557) C.K. Barrett는 예루살렘에 율법에 열심 있는 그리스도인들만 남게 된 이유를 6장 1절과 8장 1절에 언급하듯이 헬라파 기독교인들은 이미 박해를 받아 이 도시를 떠났기 때문이라고 설명한다. C.K. Barrett, *Acts* II, 1007.

558) C.K. Barrett, 앞의 책, 1007.

559) Cf. 민 6:1-20; 마카비 상 3:49.

바울 재판에서 율법은 빼놓을 수 없는 주제이다. 왜냐하면 바울은 "나는 죽은 자의 부활 때문에 재판을 당한다"고 강조하고 있지만 다른 한편에서는, 즉 유대인들은 부활 때문이 아니라 항상 '율법' 문제로 바울을 고소하기 때문이다(행 21:28, 23:29, 24:5-6). 이와 같은 사실은 가장 먼저 체포과정에서 드러난다. 21장 28절에서 바울의 죄목을 열거하며 바울을 체포한다. 그중 '성전과 율법을 훼방하였다'는 표현은 스데반의 죄목과[560] 상응하고 있다.

그러나 바울은 이러한 죄목 가운데 성전에 관한 죄목은 이어지는 29절에서 누가 스스로 해명을 시도하고 있다. 즉 에베소 사람 드로비모를 데리고 성전 안으로 들어갔을 것이라고 오해했다는 것이다. 이러한 해명은 이어지는 첫 번째 바울의 변호 설교에서 다시 한 번 명확하게 드러난다. 22장 3절에서 누가는 조상들의 율법의 엄격한 교육, 특히 가말리엘 문하에서 교육받았다는 것을 힘주어 강조한다. 물론 이 본문이 바울에게 있어서 자신의 다메섹 체험을 보도하는 중요한 본문이기도 하지만 자신의 '율법에 대한 열심'도 아울러 강조되고 있다.

이어지는 공회에서의 재판에서는 '부활'이라는 주제가 전면에 드러나고, 결과적으로 바리새파의 도움을 받음으로 급하게 마무리된다. 하지만 이 재판의 전반부에서 특이한 점은 죄수인 바울이 대제사장을 오히려 비판한다는 점이다. 그는 율법대로 재판하는 대제사장에게 오히려 율법을 지키지 않는 자, '회칠한 담'으로까지 비난하고 있다. 이와 같은 묘사는 스데반의 설교와 공통점을 갖는다. 즉 율법을

---

560) Cf. 행 6:13.

어겼다고 비난하는 유대인들에게(행 6:13), 오히려 그들 자신이 율법을 어겼다고(행 7:53) 반격하고 있다.

천부장 글라우디오 루시아가 벨릭스 총독에게 보내는 편지에서 바울에 관한 재판은 정치적 문제가 아닌 유대인들 간의 문제이며, 바로 율법 문제라고 보고하는 것은 중요한 의미를 지닌다(행 23:29). 왜냐하면 제3자의 입장에서 객관적인 시각을 제공하기 때문이다.

총독 앞에서 바울 재판은 이전의 형식과 달리 조금 더 격식을 갖추어 진행된다. 더둘로라는 변사는 바울을 죄목이 '전염병, 유대인을 소요하게 하는 자, 나사렛 이단의 우두머리, 그리고 성전을 더럽힘'이라고 말한다(행 24:5-6). 이에 대한 변명으로 바울은 고소자의 죄목에 역순으로 답한다: 첫째, 성전을 더럽힌 일이 없으며(행 24:11-12), 둘째, 이단이라는 도를 좇지만 조상의 하나님도 섬기고, 율법과 선지자의 글은 물론 의인과 악인의 부활을 믿는다고 주장한다(행 24:14-15). 셋째로, 소요케 하는 자가 아니라 오히려 유대인을 위한 구제금도 가져오고 또한 결례(나실인의 서원)까지도 행하였다고 강조한다(행 24:17-18).

벨릭스의 후임자 앞에서의 재판에서도 바울은 마찬가지 변명을 한다: "유대인의 율법이나 성전이나 가이사에게나 내가 도무지 죄를 범하지 아니하였노라"(25:8). 바울의 재판에 있어서 결국 율법을 어겼다고 고소하는 유대인들과 그에 대해 율법에 충실한 사람으로 변명하는 바울의 변명이 극명하게 대조되고 있다.

위에서 본 바와 같이 결코 구원에 있어서 율법은 전혀 의미가 없으며(행 13:39), 율법적인 부분은 항상 유대인과의 관계성에서 빚어지는 문제이다. 즉 유대인이나 유대 그리스도인이나 공히 율법 준수를 요구하고 있으며, 누가는 바울의 모습을 율법을 충실히 준수하는 모습으로 우리에게 전하고 있는 것이다. 바울의 전도여행에서 머리를 깎고, 디모데에게 할례를 행하고, 나실인의 서원을 행하고, 재판 과정에서까지 항상 추구하고 있는 누가의 노력은 율법에 충실하고 있는 바울의 모습이다.

Berger의 지적처럼 이방인을 얻기 위해 이방인과 같이 행동하는 모습은 나타나지 않고(고전 9:21) 오히려 유대인과 같은 모습만 나타나는 것을, 바울이 이방인에게 복음을 전하는 것만큼이나 유대인 전도에, 그리고 유대 그리스도인들에게 전하고자 하는 메시지가 있다는 것을 발견한다.

5. 예루살렘 회의와 율법: 우리 조상과 우리도 능히 메지 못하던 멍에

Marshall에 따르면 누가가 묘사하는 상황은 유대 기독교인들이 율법을 준수했지만 그들은 이방 기독교인들이 할례를 받을 필요가 없다는 것을 인정해야만 한다는 것이다. 그리고 예루살렘 사도회의를 통해 보이고자 하는 그의 주된 관심사는 원칙적으로 이방인들이 교회 내에 받아들여졌다는 사실이다.[561] 그는 또 할례를 받고 모세 율법을 준수해야 할 필요성이 있는가 하는 문제는 불가피하게 있지 않았

561) I.H. Marshall, 앞의 책, 279.

다고 말한다.[562] 그러나 우리는 누가가 전하고 있는 보도에 따라 먼저 이 회의의 문제 제기가 어떻게 되었는지를 살펴보자.

문제 제기: 이방인의 할례와 율법 준수[563]

1절 - 어떤 사람들의 주장: "너희가 모세의 법대로 할례를 받지 아니하면 능히 구원을 받지 못하리라."

5절 - 바리새파 중에 믿는 어떤 사람들의 주장: "이방인에게 할례를 행하고 모세의 율법을 지키라 명하는 것이 마땅하다."

회의 중 베드로의 의견:

11절 - "그들이 우리와 동일하게 주 예수의 은혜로 구원받는 줄을 믿노라."

야고보의 결론적 발언:

19절 - "내 의견에는 이방인 중에서 하나님께 돌아오는 자들을 괴롭게 하지 말고."

20절- "다만 우상의 더러운 것과 음행과 목매어 죽인 것과 피를 멀리하라고 편지하는 것이 옳으니."

---

562) Ebd.

563) 유상현은 단순히 이방인들이 입교 당시 할례를 받느냐가 문제되었다기보다는, 이방인들의 일반적 율법 준수가 그 배후에 자리 잡았을 것이라고 주장한다. Cf. 유상현, 《바울의 제1차 선교여행》 (서울: 대한기독교서회, 2002), 191.

위의 구절에서 보듯이 1절의 '모세의 율법(할례)으로 구원받을 수 있는 가능성'에 대해 "믿노라"는 대답으로 베드로가 11절에서 말하고 있다. 이것은 구원에 관한 근본적인 문제이며, 율법으로의 가능성[以行得義]에 대해 일축하고 믿음으로만 가능하다[以信稱義]는 것을 보여주고 있다. 구원은 모세의 법이 아니라 주 예수의 은혜로 받는다고 재천명하는 것이다.

그리고 이 회의의 의장인 야고보는 이 문제에 대해 아모스 9장 11, 12절을 인용함으로 '이방인 신자들을 같은 공동체로 받아들이는 문제'에 대해 답하고 있다. 즉 5절의 바리새파 중 믿는 자들이 제기한 할례와 모세의 율법을 지켜야만 같은 공동체로 인정할 수 있다는 주장에 대해 다만 '4가지의 최저 수준의 계명'을 제시함으로 마무리 짓고 있다.

즉, 이 회의는 율법의 문제와 함께 이방인 신자의 용납 문제가 동시에 해결되고 있음을 보여주고 있다. 율법에 대한 입장도 분명하게 베드로의 입을 통해 천명된다: 즉, 15장 10절 '우리 조상과 우리도 이 멍에는 당할 수 없었다'는 것이다. 이 말에서는 유대교의 율법이 이방 그리스도인들의 이해와 같이 어떤 인간도 완벽하게 지킬 수 없는 명령과 금령들의 엄청난 집합체로 이해되었다.

유상현은 율법으로부터 자유로운 이방 선교의 정당성을 바울은 안으로부터 입증하였지만 누가는 '밖으로부터'의 입증방법을 취하여 '하나님이 이방 선교를 원하셨다'고 주장한다.[564)]

564) 유상현, 《사도행전 연구》 (서울: 대한기독교서회, 1996), 229.

그러면 사도훈령의 4가지는 무엇을 의미하는가? 전경연은 사도훈령의 제정은 기원 1세기경의 그레꼬-로만 세계에서 이방인의 도덕적 기준이 매우 낮았기 때문에 그리스도인의 도덕적 자의식의 최저선을 제시하기 위하여 필요하였다고 말한다.[565] 야고보의 제안으로 마무리된 이 회의는 이방인 문제에 있어서 바울이 전도함으로 맺어진 결실들이 4가지 최소한의 사도훈령을 지킨다는 조건으로 받아들여지고, 구원받는 부분에 있어서는 불가능한 '모세의 율법(할례)'이 아니라 '예수를 믿음(이신칭의)'으로 가능하다는 중요한 결의를 낳게 된 것이다.

6. 요약적 결론과 신학적 의미

위에서 본 바와 같이 사도행전 전반에 흐르고 있는 유대인과 유대인 그리스도인, 그리고 이방인 그리스도인과의 근본적인 갈등의 핵심은 유대인들 삶의 가장 근간이 되고 있는 율법에 관한 문제이다. 그리고 누가의 공동체에서 특히 문제가 되고 있는 것은 '율법에 열성을 가진 그리스도인들'이다(행 21:20). 율법에 관한 문제는 바울의 전도로 인해 생겨난 이방인들을 교회 구성원으로 인정하느냐의 문제에 있어서 핵심이 되고 있다(행 15:1, 5). 율법(할례)을 지켜야만 구원받는 것이 가능하다고 하는 문제 제기와 주장은 결국 이방인 그리스도인들이 4

565) 전경연, 《원시 기독교와 바울》 (서울: 대한기독교출판사, 1997), 144.

가지 사도훈령을 지키는 조건으로 마무리하게 된다.

스데반에게 유대인들은 율법을 거슬러 말한다고 하였고, 그들은 스데반을 율법에 따라 돌로 쳐 죽였다. 그러나 스데반의 메시지에는 오히려 그들이 모세의 율법을 지키지 않았다고 비판하고 있다. 같은 맥락에서 바울도 공회 앞에서(23장) 유대인의 정치, 종교적 수장(首將)의 역할을 감당하고 있는 대제사장에게 '회칠한 담'과 같고 '율법을 어기는 사람'으로 비판하며, 또한 그들의 고소가 오히려 부당하다고 주장한다.

또한 유대인들의 강력한 율법 준수에 대한 요구는 '믿는 자 중에 수만 명'으로 불어난 '율법에 열성을 가진 자들'의 요구일 것이다. 이러한 요구에 바울은 1) 디모데에게 할례를 행하였으며(행 16:3), 2) 7일간 나실인의 결례를 행하였다(행 21:26). 그러나 위에서 본 바와 같이 율법은 결코 구원과는 상관없는 별도의 전략이라는 것이 드러났다. 예루살렘 회의에서처럼(행 15장) "할례를 받지 않으면 구원을 받지 못한다"라는 주장이 제기되었지만 결국 그 결정은 '율법으로의 구원'이 아니라 유대인이나 이방인이나 동일하게 '주 예수의 은혜로 구원받는다'(행 15:11)는 결정이었다. 즉 율법을 행함으로는 불가능한 것 이행득의[以行得義]이지만, 이것이 예수를 믿음으로는 가능하다[以信稱義]는 바울의 구원사상과 전적으로 일치함을 보여준다.

결론적으로 확인할 수 있는 것은 사도행전에서의 율법에 대한 강조는 그만큼 누가가 율법에 열성이 있는 유대 그리스도인들을 의식한다는 것이며, 율법에 충실한 바울로 나타나는 것은 그들에 대한 바울의 선교전략에서 나온 것이라 할 수 있다.

참고문헌

1. 국내도서(단행본 및 논문)

강선남. "베드로 오순절 설교의 요엘 인용문 연구". 〈신학사상〉 153(2011), 9-46.

______. 《오순절 설교와 구약성서: 사도행전 2:14-41에 나타난 구약성서의 전승과 해석과 적용》. 박사학위 논문. 서울: 서강대학교 신학대학원, 2009.

강현구. "시편 16:8-11과 110:1을 인용하는 사도행전 2:24-36에서의 예수 부활 연구".《성경과 고고학》. 제36호, 2002년 12월호, 17-28. 발행: 한국성서고고학회. 전자저널.서울, 2002, 17-28.

김경진. 《잃어버린 자를 찾아오신 주님》. 서울: 한국성서학연구소, 2000.

______. 《하나님 나라와 윤리》. 서울: 도서출판 그리심, 2003.

______. 《누가 신학》. 서울: UCN, 2005.

______. 《누가 신학의 제자도와 청지기도》. 서울: 솔로몬, 2007.

김득중. 《누가의 신학》. 서울: 컨콜디아사, 1997.

______. "스데반과 빌립: 그들의 정체와 신학". 〈신학과 세계〉(2005 여름/통권 53호), 36-58.

김명수. 《역사적 예수와 Q복음서》. 서울: 대한기독교서회, 2009.

김영봉/오덕호 편.《누가복음 새로 읽기》. 서울: 한들출판사, 2001.

김형동. 《공관복음》. 서울: 한국장로교출판사, 2010.

김희성. 《부활신앙으로 본 신약의 성령론》. 서울: 대한기독교서회, 2000.

박수암. 《신약주석: 사도행전》. 서울: 대한기독교서회, 2006.

성종현. 《성서헬라어 사전》. 서울: 장로회신학대학교출판부, 1999.

송순열. "사도행전의 본문 연구". 서방사본과의 비교 〈성경원문연구〉 5호

(1999).

유상현. 《사도행전 연구》. 서울: 대한기독교서회, 1996.

______. 《바울의 1차 선교여행》. 서울: 대한기독교서회, 2002.

______. 《바울의 제2차 선교여행》. 서울: 대한기독교서회, 2008.

______. 《바울의 제3차 선교여행》. 서울: 대한기독교서회, 2011.

윤철원. 《사도행전 다시 읽기》. 서울: 한국성서학연구소, 2006.

______. 《사도행전의 내러티브 해석》. 인천: 도서출판 바울, 2004.

이민규. "누가의 이사야 인용(눅 4:18)을 통해 본 나사렛 선언에 관한 연구". 〈성경과 신학〉 54(2010), 65-92.

이 달. 《사도행전》. 서울: 한국장로교출판사, 2013.

이승호. 《사도행전》. 서울: 한국장로교출판사, 2008.

이한수. 《신약의 성령론》, 서울: 총신대학출판부, 1994.

정창교. "바울의 비시디아 안디옥 설교 연구". 〈신학과 문화〉 16집(2007). 대전: 이화출판사, 2007, 165-191.

______. "헤롯 아그립바 I세의 죽음의 문학적 기능과 신학적 의미"(행 12:20-23). 〈신학과 문화〉 20집(2011). 대전: 대전신학대학교출판부, 2011, 65-88.

______. "바울의 비시디아 안디옥 설교 연구". 〈신학과 문화〉. 대전: 대전신학대학교출판부, 2007, 165-191.

______. "유럽으로 향하는 발걸음". 〈신학과 문화〉. 대전: 대전신학대학교출판부, 2008, 119-143.

______. "사도행전에서의 부활 관련 구약 인용". 〈신약논단〉 (2012년 겨울) 19권 제4호, 1141-72.

______. "에디오피아 내시 이야기에 나타난 그의 정체성과 하나님의 주도적 장벽 허물기". 〈신약논단〉 (2013년 가을) 20권 제3호, 721-750.

조광호. 《자신과 세상을 바꾼 사람, 바울》, 서울: 비블리아 아카데미아, 2006.

______. "이방인 선교의 관점에서 본 사도행전의 주요 주제들 사도행전의 저술 목적을 파악하기 위한 하나의 시도". 〈신약논단〉 (2013년 봄호), 126-160.

Barclay, W. 정용섭/김성환 역. 《예수의 사상과 생애》. 서울: 대한기독교출판사, 1984.

Dunn, J.D.G. 김득중/이광훈 공역. 《신약성서의 통일성과 다양성》. 서울: 도서출판 솔로몬, 1988.

Jervell, J. 윤철원 역. 《사도행전 신학》. 서울: 한들출판사, 2000.

존 놀랜드. 김경진 옮김. 《누가복음 9:21-18:34》 WBC 35(중). 서울: 도서출판 솔로몬, 2004.

Kaiser, Walter C. Jr. T. 성기문 옮김. 《신약의 구약 사용》. 고양: 크리스챤다이제스트, 2003(초판 3쇄).

Mason, Steve. *Josephus and the New Testament*, Peabody 1993, 유태엽 역. 《요세푸스와 신약성서》. 서울: 대한기독교서회, 2003.

Moyise, S. *The old Testament in the New.* 김주원 역. 《신약의 구약사용입문》. 서울: CLC, 2011.

Powell, M.A. 배용덕 역. 《누가복음 신학》. 서울: 기독교문서선교회, 1995.

______. 이운연 역. 《사도행전 신학》. 서울: 기독교문서선교회, 2000.

페르디난트 한. 김문경 외 5인 역. 《신약성서신학 I》. 서울: 대한기독교서회, 2007.

Haenchen, E. 이선희/박경미 역. 《사도행전 I》. 서울: 한국신학연구소, 2001(7판).

______. 이선희/박경미 역. 《사도행전 II》. 서울: 한국신학연구소, 2001(7판).

Raymond, R.L. 원광연 역. 《바울의 생애와 신학》. 서울: 크리스찬다이제스트, 2005.

2. 외국도서(단행본 및 논문)

Allen, O.W., Jr. *The Death of Herod: the narrative and theological function of retribution in Luke-Acts.* Dissertation. 1996.

Archer, G.L. and Chirichigno, G.C. *Old Testament Quotations in the New*

Testament: A Complete Survey. Chicago: Moody Press, 1983.

Barrett, C.K. *The Acts of the Apostles*, I/II (ICC). Edinburgh: T&T Clark, 1994/1998.

Baterman, Herbert W. IV. "Ps 110.1 and the NT," *Bibliotheca Sacre* 149 (1992). 438-453.

Bauer, W. *Griechisch-deutsches Wörterbuch zu den Schriften des Neuen Testaments und der frühchristlichen Literatur*, hg., von K. Aland/B. Aland Berlin/New York, [6]1988.

Bauernfeind, Otto. *Kommentar und Studien zur Apostelgeschichte*, hg. v.V. Metelmann (WUNT 20). Tübingen, 1980.

Berger, K. *Theologiegeschichte des Urchristentums: Theologie des Neuen Testaments. Tübingen*, [2]1995.

______. *Kommentar zum Neuen Testament. Guetersloh: Guetersloher Verlag-haus*, [2]2012.

Binder, H. "Die angebliche Krankheit des Paulus," *ThZ 32* (1976), 1-13.

Black, Matthew. "The Theological Application of the OT by the NT," *Scottish Journal of Theology* 39.

Blinzler, J. Rechtsgeschichtliches zur Hinrichtung des Zebedäien Jakobus(Apg 12.2), *NT* 5 (1962), 191-206.

Bock, D.L. *Proclamation From Prophecy and Patterns: Lukan Old Testament Christology, JSNTSup 12*. Sheffield: Sheffield Academic Press, 1987.

Bock, Darrell L. Acts. Grand Rapids, Mich.: Baker Academic, 2007.

Boers, H.W. "Psalm 16 and the historical Origin of the Christian Faith," *ZAW* 80(1968), 105-110.

Bovon, F. *Luke the Theologian*. Waco: Baylor University Press, 2006. 2nd Edition.

Bowers, W.P. Paul's Route through Mysia. A Note on Acts XVI.8, *JThS* 27 (1979), 507-511.

Breytenbach, C. *Paulus und Barnabas in der Provinz Galatien. Studien zu Apostelgeschichte 13f.; 16,6; 18,23 und den Adressaten des Galaterbriefes* (AGJU XXXVIII). Leiden 1996.

______. Probable reasons for Paul's unfruitful missionary attempts in Asia Minor(A Note on Acts 16:6-7), in: C. Breytenbach u. J. Schröter, *Apostelgeschichte und die hellenistische Geschichtsscreibung: FS für Eckhard Plümacher zu seinem 65. Geburtstag*. Leiden: Brill, 2004.

Bruce, F.F. St. Paul's Journeys, *BA* 26 (1963), 91-106.

______. "The Davidic Messiah in Luke-Acts," In: Gary A Tuttle (ed). *Biblical and near Eastern Studies: Essays in Honor of William Sanford Lasor.* Grand Rapids: Eerdmans, 1978, 7-17.

______. "Philip and the Ethiopian." *Journal of Semitic Studies*, 34(1989). 377-386.

______. *The Acts of Apostles.* London 1951^3, Grand Rapids, 1990.

Buss, M.F.-J. *Die Missionspredigt des Apostels Paulus im Pisidischen Antiochien. Analysen von Apg 13,16-41 im Hinblick auf die literarische und thematische Einheit der Pauluspredigt*, FzB 38 (1980).

Callan, T. "Psalm 110:1 and the Origin of the Expectation that Jesus will come again," *CBQ* 44 (1982), 622-36.

Carson, D.A./ Douglas J. Moo/ Leon Morris. *An Introduction to the New Testament.* Grand Rapids: Zondervan, 1992.

Cassidy, Richard J. *Society and politics in the Acts of the Apostles. Maryknoll,* New York, 1987.

Conzelmann, H. *Die Apostelgeschichte* (HNT 7). Tuebingen: J.C.B.Mohr, ^{2}1972.

Dahl, Nils A. "The Neglected Factor in New Testament Theology," in idem, *Jesus the Christ.* ed. Donald H. Juel. Minneapolis: Fortress, 1991, 153-63.

Dahl, N.A. "Der Erstgeborene des Satans und der Vater des Teufels (Polyk.7,1 und Joh 8,44)," in *Apophoreta* (Festschrift f. E. Haenchen). Berlin: Topelmann, 1964.

Davis, Barry C. "Is Psalm 110 a Messianic Psalm?" Bibliotheca-Sacra 157 (2000), 160-73.

Davies, W.D. and Allison, D.C. *A Critical Exegetical Commentary on the Gospel according to Saint Matthew XIX-XXVIII.* ICC. Scottland: T&T Clark, 1997.

Delling, D. "Die Jesusgeschichte in der Verkündigung nach Acta," NTS 19 (1972/73), 373-389.

Delling, G. μάγος κτλ, in: *ThWNT IV*, 360-363.

Dibelius, M. *Aufsaetze zur Apostelgeshichte*, hg. von H. Greeven (FRLANT NF 42). Goettingen: V&R, [4]1961.

von Dobbeler, *A. Der Evangelist Philippus* (TANZ 30). Tübingen: Verlag Francke, 1999.

Donahue, J.R. "Two Decades of Research on the Rich and the Poor in Luke-Acts," in *Justice and the Holy* (ed., by D.A. Knight & P.J.) Paris; Atlanta; Scholars Press, 1989.

Dunn, J. *Unity and Diversity in the New Testament.* SCM-Canterbury Press, 2006.

Eckey, W. *Die Apostelgeschichte*, 2 Bde., Der Weg des Evangeliums von Jerusalem nach Rom. Neukirchen-Vluyn, Neukirchner Verlag, 2000.

Ellis, E.E. *Paul's Use of the Old Testament.* Grand Rapids: Eerdmans, 1957.

______. *Prophecy and Hermeneutic in Early Christianity.* Grand Rapids: Eerdmans, 1978.

Evans, C.A. *Luke and Scripture: The Function of Sacred Tradition in Luke-Acts*, J.A. Sanders and C.A. Evans, eds. Minneapolis: Fortress Press, 1993.

Farahian, E. Paul's Vision at Troas(Acts 16:9-10), *Bib* 51 (1970), 235-237.

Fitzmyer, J.A. *The Acts of the Apostles* (AnB 31). New York: doubleday, 1998.

Garrett, S.R. "Exodus from Bondage: Luke 9:31 and Acts 12:1-24," *CBQ* 52 (1990), 656-680.

Gaventa, Beverly R. *From Darkness to Light: Aspects of Conversion in the New Testament.* Overtures to Biblical Theology 20. Philadelphia: Fortress Press, 1986.

Glombitza, O. Acta 13,15-41, Analyse einer lukanischen Predigt vor Juden, in: *NTS* 5, 306-317.

______. Der Schritt nach Europa. Erwägungen zu Act 16,9-15, ZNW 53 (1962), 77-82.

Grassi, J.A. "Emmaus Revisited(Luke 24,13-35 and Acts 8:26-40)," *CBQ* 26 (1964), 463-467.

Groβ, Heinrich/Reinelt, Heinz. *Das Buch der Psalmen.* Teil I (Ps 1-72). (= Geistliche Schriftlesung, Band 18/1 u. 2). Leipzig: St. Benno-Verlag, 1979.

Gundry, Robert H. *A Survey of the New Testament.* Grand Rapids: Zondervan, 1981.

Guthrie, Donald. *New Testament Introduction.* Downers Grove: IVP, 1978.

Hemer, C.J. (ed. C.H. Gempf) *The Book of Acts in its Setting of Hellenistic History.* Tübingen: J.C.B. Mohr, 1989.

Hemer, C.J. "the Adjective 'Phrygia'," *JTS* 27 (1976), 122-126.

Holtz, T. *Untersuchungen über die Alttestamentlichen Zitate bei Lukas.* Berlin: Akademie-Verlag, 1968.

Hur, Ju. *A Dynamic Reading of Holy Spirit in Luke-Acts*, the 1998 Ph. D. thesis at the University of Sheffield.

Jeong, Chang-Kyo. *Die Auferstehung in der Apostelgeschichte.* Göttingen: Cuvillier Verlag, 2005.

Jeremias, J. *Unknown Sayings of Jesus*. London: SPCK, 1957, 77-81.

Jervell, J. *Die Apostelgeschichte* (KEK 3). Göttingen: V&R, [17]1998.

Jobes, K.H. and Silva Moises. *Invitation to the Septuagint*, Grand Rapids: Baker Academic, 2000.

Johnson, L.T. *The Acts of Apostles* (SACRA PAGINA V.5). Collegeville/ Minnesota: the Liturgical Press, 1992.

______. *Acts*, SPS Vol.5. Minnesota: the Liturgical Press, 1992.

Juel, Donald. "Social dimensions of Exegesis: The Use of Psalm 16 in Acts 2.: *CBQ* 43 (1981), 543-56.

Kaiser, Walter C. Jr. "The Promise to David in Ps. 16 its application in Acts 2:25-33 and 13:32-37," *Journal of the Evangelical Theological Society* 23/3 (1990).

Kilgallen, J.J. "Act 20:35 and Thukdides 2.97.4," *JBL* 112 (1994), 312-14.

Kilpatrick, G.D. "Some Quotation in Acts," in *Les Actes des Apotres: Traditions, redaction, theologie*. J. Kremer, ed. Gremloux: Leuven University Press, 1979, 81-97.

Kliesch, K. *Die Apostelgeschichte* (SKK NT 5), Stuttgart, 1986.

Kraus, H.-J. *Psalms* 60-150. Oswald, H.C. trans. Minneapolis: Augusburg, 1989.

______. *Psalm 60-150*, 2. Teilband = BKAT 15/2, Neukirchen-Vluyn (8) 2003.

Kurz, William S. *Farewell Address in the New Testament*. Grand Rapids: Liturgical Press, 1980.

Lake, K. "The Death of Herod Agrippa I," *Beginnings* 5:446-452.

______. Paul's Route in Asia Minor, BEG V, 224-240.

Lambrecht, J. "Paul's Farewell Address at Miletus (ACts 20,17-38)", *Les Actes des Apotres: Tradition, redaction, theologie* (ed. J. Kremer). BETL 48. Leuven, 1979.

Leary, T.J. Paul's Improper Name, *New Testament Studies* 38 (1992), 467-69.

Lee, G.M. the Aorist Participle of Subsequent Act in (acts 16,6), *Bib* 51 (1970), 235-37.

Lindars, Barnarbas. *New Testament Apologetic: The Doctrinal Significance of the Old Testament Quotations.* Philadelphia: Westminster, 1961.

Loader, W.R.G. "Christ at the right hand - Ps. CX.1 in the New Testament," *NTS* 24, 199-217.

Loevestamm, E. *Son and Savior: A Study of Acts 13:32-37.* Copenhagen: Munksgaard, 1961.

Lohfink, G. Christologie und Geschichtsbild in Apg 3,19-21, in: *BZ* 13 (1968), 223-241.

L demann, G. *Das fruehe Christentum nach den Traditionen der Apostelgeschichte.* Ein Kommentar. Göttingen: V&R, 1987.

______. *Paulus, der Heidenapostel I.* Studien zur Chronologie, FrLANT 123, Göttingen. 1991.

MacDonald, D.R. *Does the New Testament Imitate Homer.* New Haven and London: Yale University, 2003.

Marshall, I.H. "Apg 12-ein Schluessel zum Verstaendnis der Apostelgeschichte," Thiede, C.H. *Das Petrusbild in der neueren Forschung.* Wuppertal: Brockhaus, 1987, 192-220.

______. *Luke: Historian and Theologian.* Exter: Paternoster, 1988.

Martin, C.J. "A Chamberlain's Journey and the Challenge of Interpretation for Liberation," *Semeia* 47 (1989), 105-135.

Metzger, B.M. *Textual Commentary on the Greek New Testament.* Stuttgart: Deutsche Bibelgesellschaft, 1995.

Michel, H.-J. Die Abschiedsrede des Paulus an die Kirche Apg 20:17-38. Motiv-geschichtliche und theologische Bedeutung (StANT 35), Muenchen, 1973.

Muβner, F. *Die Apostelgeschichte* (NEB NT 5). Würzburg, 1984.

Nobble A. "Cyprus," in *The Book of Acts in its Graeco-Roman Setting*, D.W. Gill & C. Gempf (ed.). Grand Rapids: Eerdmans, 1994, 280-281.

Nock, A.D. Paul and the Magus, *The Beginnings of Christianity*, ed. F. J. Foakes Jackson and K. Lake. Grand Rapids: Baker, 1966 reprint, V, 164-188.

O'Toole, R.F. "The Role of Jesus's Saying in Acts 20,35 Play in Paul's Address to the Ephesian Elders?" *Bib* 74 (1994), 329-49.

______. "Acts 2:30 and the Davidic Covenant of Pentecost," *Journal of Biblical Literature* 102 (1983), 245-58.

______. Christ's Resurrection in Acts 13:13-52, in: Bibl 60 (1979), 361-372.

______. "Philip and the Ehiopian Eunuch(Acts viii, 25-40)," *JSNT* 17 (1983) 25-34.

Pesch, R. *Die Apostelgeschichte* I, II. (EKK 5.1/2). Zuerich: Benziger/ Neukirchen-Vluyn: Neukirchner Verlag, 1986.

Peterson, D.G. *The Acts of the Apostles*. Grand Rapids: Apollos, 2009.

Philips, Th.E. *Contemporary Studies in Acts*. Georgia: Mercer University Press, 2009.

Pilgrim, W.E. *Good News to the Poor: Wealth and Poverty in Luke-Acts*. Minneapolis: Augsburg, 1981.

Pluemacher, E. *Lukas als hellenistischer Schriftsteller. Studien zur Apostelgeschichte* (StUNT 9). Goettingen: V&R, 1972.

Prast, F. *Presbyter und Evangelium in nachapostolischer Zeit. Die Abschiedsrede des Paulus in Milet (Apg 20,17-38) im Rahmen der lukanischen Konzeption der Evangeliumsverkuendigung* (fzb 29). Sttutgart: Katholisches Bibelwerk, 1979.

Radl, W. "Befreiung aus dem Gefängnis: die Darstellung eines biblischen Grundthemas in Apg 12," *BZ* 27 (1983), 81-96.

Ramaroson, Leonard. "Immorality and Resurrection in the Psalms," *Theology Diget* 32:3 (1985).

Riesner, R. *Die Früzeit des Apostels Paulus. Studien zu Chronologie, Missionsstrategie und Theologie* (WUNT 71). Tübingen, 1994.

Rius-Camps, R. & Read-Heimerdinger, J. *The Message of Acts in Codex Bezae A Comparison with Alexandrian Tradition*, Vol 4. Acts 18.24-28.31. London: T&T Clark, 2009.

Roloff, J. Anfänge der soteriologischen Deutung des Todes Jesu, in: *NTS 19* (1972/73) 38f.

______. *Die Apostelgeschichte* (NTD 5). Goettingen: V&R, 1981. [18]1988.

Sanders, J.T. *The Jews in Luke-Acts*. Philadelphia: Fortress Press, 1987.

Schille, G. *Die Apostelgeschichte des Lukas* (ThHK 5). Berlin: Evangelisches Verlagsanstalt Berlin, 1983.

Schmitt, A. "Psalm 16:8-11 als Zeugnis der Auferstehung in der Apg," *Bibilische Zeitschrift* 17 (1973), 229-48.

Schenke, L. Die Kontrastformel Apg 4,10b, in: BZ 26 (1982), 1-20.

Schlatter, A. *Die Apostelgeschichte* (Erläuterungen zum NT 4). Stuttgart, 1913. [4]1962.

Schmithals, W. *Die Apostelgeschichte* (ZBK NT 3.2). Zürich, 1982.

Schneider, G. *Die Apostelgeschichte* (HThK V/1-2). Freiburg/Basel/Wien: Herder, 1980. 1982.

Schrage, W. *The Ethics of the New Testament*. GNT4. Goettingen: V&R, [2]1989.

Schreckenburg, H. "Flavius Josephus und die lukanische Schriften," ed. Haubeck and M. Bachmann, *Wort und Zeit*. Leiden: E.J. Brill, 1980, 179-209.

Schürer, E. the *History of the Jewish People in the Age of Jesus Christ (175 B.C.-A.D.135)*. Volume III.1. Edinburgh, 1986.

Schwank, B. "Setze über nach Mazedonien und hilf uns!" Reisenotizen zu Apg

16,9-17, 15, *EuA* 39 (1963), 399-416.

Schwartz R. *Agrippa I: The Last King of Judaea* (TSAJ 23). Tuebingen: J.C.B. Mohr, 1990.

Schweitzer, Ed. Zu den Reden der Apg, in: ThZ (1957), 1-11.

Scott, J.M. *Paul and the Nations. The Old Testament and Jewish Background of Paul's Mission to the Nations with a Special Reference to the Destinaton of Galatians* (WUNT 84). Tübingen, 1995.

Stählin, G. *Die Apostelgeschichte* (NTD 5). Göttingen: V&R, [11]1966.

______. to pneuma Jesu, Apostelgeschichte 16:7, in: FS C.F.D. Moule, Cambridge 1973, 229-252.

Steyn, Gert J. *Septuagint Quotations in the Context of Petrine and Pauline Speeches of the Acta Apostolorum.* Kampen: Kok Pharos, 1995.

Strack, H.L. & Billerbeck, P. *Kommentar zum Neuen Testament aus Talmud und Midrash: Das Evangelium nach Markus, Lukas und Johannes und die Apostelgeschichte.* München: Beck'sche, 1924.

Strauss, M.L. *The Davidic Messiah in Luke-Acts: The Promise and Its Fulfillment in Lukan Christology.* JSNTSup 110, Scheffield: Scheffield Academic Press, 1995.

Strobel, A. "Passa-Symbolik und Passa-Wunder im Act 12.3," *NTS* 4 (1958), 210-215.

Suggs, M.J. Concerning about the Date of Paul's Macedonian Ministry, *NT* 4 (1960), 60-68.

Talbert, C.H. *Reading Acts: A Literary and Theological Commentary on the Acts of the Apostles.* Macon, Ga: Smyth & Helwys Publishing, 2005.

Tannehill, Robert C. *The Narrative Unity of Luke-Acts: A Literary Interpretation, vol. two: The Acts of the Apostles.* Philadelphia: Fortress, 1990.

Thompson, Alan J. *One Lord, one people: the Unity of the church in Acts in its literary setting*. New York, 2008.

Turner, M. "The Spirit of Christ and Divine Christology," in: J.B. Green and M. Turner (ebds.), *Jesus of Nazareth Lord and Christ: Essays on the Historical Jesus and New Testament Christology*. Festschrift I.H. Marshall; Grand Rapids: Eerdmans, 1994.

Van Unnik, W.C. "Der Befehl an Phillippus," *ZNW* 47 (1956), 181-191.

Wall, R.W. "Successors to 'the Twelve' According to Acts 12:1-17," *CBQ* 53 (1991), 628-42.

Walton, S. *Leadership and Lifestyle: The Portrait of Paul in the Miletus Speech and 1 Thessalonians*. Cambridge: Cambridge Univ. Press, 2000.

Wehnert, Jürgen. Die Wir-Passagen der Apostelgeschichte. Ein lukanische Stilmittel aus jüdischer Tradition. Göttingen: Vandenhoeck & Ruprecht, 1989.

Weiser, A. *Die Apostelgeschichte* I. II. Guetersloh: Mohn, 1981. 1985.

Wikenhauser, A. *Die Apostelgeschichte* (RNT 5). Regensburg: Pustet, 1961.

Wilcox, M. "The Old Testament in Act 1-15," *ABR* 4 (1956), 1-41.

Wilckens, U. *Die Missonsreden der Apostelgeschichte*. Neukirchen-Vluyn: Neukirchener Verlag, [3]1974.

Wilson, Stephen G. *The Gentiles and the Gentile Mission in Luke-Acts*. Cambridge: Cambridge University Press, 1973.

Witherington, Ben, III. *The Acts of the Apostles: A Socio-Rhetorical Commentary*. Grand Rapids, Mich.: Wm. B. Eerdmans, 1998.

Wright, Tom. *Acts for everyone part I*. London: SPCK, 2008.

von Zedtwitz, K. Die Auferstehung Jesu in der christologischen Interpretation Apg 2,24-31 und 13,32-37. eine Motiv form - und traditionsgeschichtliche Untersuchung, Diss. Freibur, 1980.

Zmijewski, J. *Die Apostelgeschichte*. Regensburg: Pustet, 1994.

하나님 중심적 신학으로 읽는 사도행전

1판 1쇄 인쇄 _ 2016년 2월 20일
1판 1쇄 발행 _ 2016년 2월 25일

지은이 _ 정창교
펴낸이 _ 이형규
펴낸곳 _ 쿰란출판사

주소 _ 서울특별시 종로구 이화장길 6
편집부 _ 745-1007, 745-1301~2, 747-1212, 743-1300
영업부 _ 747-1004, FAX 745-8490
본사평생전화번호 _ 0502-756-1004
홈페이지 _ http://www.qumran.co.kr
E-mail _ qrbooks@gmail.com / qrbooks@daum.net
한글인터넷주소 _ 쿰란, 쿰란출판사
등록 _ 제1-670호(1988.2.27)
책임교열 _ 김영미•오완

 ISBN 978-89-6562-845-3 93230

책값은 뒤표지에 있습니다.

파본(破本)은 구입처에서 교환해 드립니다.